精准扶贫与中国特色发展经济学研究

施 红◎主编

经济日报出版社

图书在版编目（CIP）数据

精准扶贫与中国特色发展经济学研究 / 施红主编
. --北京：经济日报出版社，2018.12
ISBN 978-7-5196-0434-9

Ⅰ. ①精… Ⅱ. ①施… Ⅲ. ①扶贫-研究-中国②中国特色社会主义-发展经济学-研究 Ⅳ. ①F126
②F120.4

中国版本图书馆 CIP 数据核字（2018）第 279297 号

精准扶贫与中国特色发展经济学研究

作　　者	施　红
责任编辑	黄新茹
出版发行	经济日报出版社
地　　址	北京市西城区白纸坊东街 2 号 A 座综合楼 710（邮政编码：100054）
电　　话	编辑部门电话：010-63538621　63567692（发行部）
网　　址	www.edpbook.com.cn
E-mail	edpbook@sina.com
经　　销	全国新华书店
印　　刷	北京九州迅驰传媒文化有限公司
开　　本	710×1000 毫米　1/16
印　　张	17.5
字　　数	257 千字
版　　次	2018 年 12 月第一版
印　　次	2018 年 12 月第一次印刷
书　　号	ISBN 978-7-5196-0434-9
定　　价	48.00 元

目 录

CONTENTS

第一章　导论

发展经济学是研究发展中国家如何摆脱贫困、走向富裕的经济学。中国作为最大的发展中国家，自从新中国成立以来不断发展，特别是在扶贫开发方面取得了举世瞩目的成就。中国发展实践为中国特色发展经济学提供了实践基础，从中国发展实践特别是从中国取得突出成绩的减贫实践，提炼总结中国特色发展经济学，对丰富和发展发展经济学以及促进发展中国家经济发展具有重要意义。

第一节　发展经济学与中国特色发展经济学

二战后发展经济学作为独立经济学科不断发展，形成了结构主义、新古典主义、激进主义等流派，中国发展经济学家也为发展经济学做出了贡献，形成了中国特色发展经济学。针对中国发展面临的问题，中国共产党十八届五中全会提出了“创新、协调、绿色、开放、共享”新发展理念，新发展理念构成了中国特色发展经济学的重要内容。

一、发展经济学的诞生与研究对象

自二次世界大战以来，发展经济学在国外作为一个独立的经济学科，经历了半个世纪左右的发展历程。著名发展经济史学家阿恩特认为，发展经济思想应该追溯到 1945 年之前的演变时期，其将这段时期称为发展经济思想“史前史”；[①] 而我国发展经济学家谭崇台则将斯塔利的《世界经济发展》、曼德尔鲍姆的《落后地区的工业化》和罗森斯坦·罗丹的《东欧和东南欧的工业化问题》三本著作作为发展经济学最早的著作。[②] 世界银行经济学家居里的著作提到，1949 年他率领一个世界银行考察团去哥伦比亚时，还不知道有“发展经济学”这个名词，“这样一种代表团是没有先例的，也确确实实还没有发展经济学这一称呼。我简直认为，那不过是把各种分支经济学应用到一个特定国家的实例，从而我就招募了一组财政学、外汇、运输、农业等方面的专家。”[③]

1950 年前后，世界政治与经济形势发生了巨大变化，殖民体系迅速瓦解。亚洲、非洲、拉丁美洲广大地区的殖民地、半殖民地和附属国纷纷在政治上取得独立，在经济上各自选择不同的发展道路，从而出现了一大批新兴的民族独立国家。在这个时期，欧美资本主义国家认为，共产主义国家产生的根源是贫困落后，为了遏制共产主义在全世界的蔓延，必须对穷国提供经济和军事援助，帮助这些国家发展经济。因此，如 1949 年美国的第四点计划，1950 年英国的科龙波计划（Clombo Plan），还有 1960 年成立的 OECD 援助委员会等计划和组织的建立，迫切需要收集和编撰世界上许多国家尤其是发展中国家的统计资料，这样极大地促进了发展经济学的研究。[④]

50 年代至 60 年代中期以来，西方涌现出大量的发展经济学家。经济发展的根源是什么？经济增长的源泉是什么？如何阐释人类经济发展发展的历程，揭示国家兴衰的奥秘？这是发展经济学家们时常探讨的问题，一代又一代的经济学家做出了不懈的努力。发展经济学家们研究经济发展的倾向性与研究视角不同，但在发展经济学家们看来，发展经济学的研究对象是大家所普遍认同的，发展经济学的研究对象是发展中国家的经济增长和经济发展问题。正因为历史的阶段性、理论上的倾向性和立场的差异性等原因，使得发展经济学这一门新兴学科在发展和演变过程中形成了不同的

① 参见阿恩特：《经济发展思想史》，中文版，商务印书馆，1997 版，第 9 ~ 10 页。

② 谭崇台主编：《发展经济学》，山西经济出版社，2000 版，第 25 页。

③ Currie L. Obstacles to Development，Michigan State University Press.p30 ~ 31.

④ 转引自郭熙保：《发展经济学》，中国金融出版社，2007 年版，第 44 ~ 45 页。

流派。

二、发展经济学的流派和研究的主要问题

对发展经济学流派的研究，最早可以追溯到霍利斯·钱纳里于1975年发表的《结构学派研究发展政策的方法》一文。钱纳里将发展经济学分成三个学派："根据方法论的观点，可以把它们分为新古典学派、新马克思学派和结构学派三大类。前两种方法试图将本来用于研究工业社会的思想体系适用于欠发达国家。结构学派的方法，则试图认清楚那些影响经济调整和发展政策选择的发展中经济结构上独特固定性和落后性以及其他特征。"[①] 钱纳里区别了三个学派的研究方法，这种分法后来被广泛接受，产生了重要的影响。

美国发展经济学家查尔斯·P·金德尔伯格和布鲁斯·赫里克在其经典著作《经济发展》一书中沿用了钱纳里的三分法："为了介绍方便起见，我们选择加以讨论的理论名称是'新古典主义'、'激进主义和马克思主义'和'结构主义'，虽然它们都试图解释发展。"[②] 事实上，钱纳里和金德尔伯格等对发展经济学流派的划分由于他们提出的年代较早，并没有涵盖20世纪80年代以来发展经济学的新变化。

中国发展经济学家张培刚将发展经济学分成三种不同的研究思路或者阶段，这实际上可以看做是对流派的一种划分。"20世纪80年代以前，在西方影响较大的发展理论主要包括如下几种：新古典主义的经济发展理论、结构主义的经济发展理论、激进的和新马克思主义的经济发展理论。80年代以后，经济发展理论出现了一些新的发展，如新制度主义发展理论、内生增长理论等等。"[③] 张培刚先生最近的一本著述则更清晰地阐述了这种划分方法。张培刚认为，"发展经济学兴起于第二次世界大战结束以

---

① 钱纳里：《结构学派研究发展政策的方法》，具体参见外国经济学学说史研究会编：《现代外国经济学论文选》，商务印书馆，1984年辑。

② 金德尔伯格、赫里克：《经济发展》，上海译文出版社，1986年版，第210～211页。

③ 张培刚主编：《发展经济学教程》，北京，经济科学出版社，2001年版，第104页。

后，特别是20世纪50年代和60年代。”这个阶段的发展经济学研究整体以结构主义研究为主，“以刘易斯的二元经济模型、罗森斯坦·罗丹的“大推进理论”、平衡增长理论和纳克斯的贫困恶性循环理论等为代表。”[①]20世纪70年代到80年代初期的发展经济学则经历了“新古典主义的理论几乎渗透到了所有的发展研究领域”的过程；[②]而20世纪80年代中期以后的发展经济学则“呈现多元化的趋势”，“制度分析、交易成本分析、公共选择分析、寻租分析和新古典分析相结合，从而使人们更深入地认识到不发达社会经济结构呈僵化和刚性的实质和原因”[③]。

郭熙保将发展经济学研究分成四种主要思路，即结构主义、新古典主义、激进主义和制度主义。[④]郭熙保认为，“属于结构主义流派的发展经济学家主要有刘易斯、罗森斯坦·罗丹、纳克斯、普雷维什、辛格、缪尔达尔和钱纳里等。”“新古典思路的基础是新古典经济学”；“激进主义思路包括‘支配—依附’等有重要影响的理论”；“制度主义是晚近才兴起的一个学派，但已产生了较大影响，成为发展经济学中不可忽视的理论流派。”[⑤]

林毅夫则在《新结构经济学》一书中，明确地将发展经济学分成四个阶段，或者说是四个流派。林毅夫阐述道，“二战后的后殖民时期，结构主义模式是主流的发展模式，目标是为了改变贫困国家的产业结构，使其与高收入国家的产业结构相似。通常，结构主义者会建议政府采取进口替代策略，通过公共部门的干预来克服‘市场失灵’，称此为‘发展经济学1.0’”；“从‘发展思想’转变成‘自由主义华盛顿共识’，即私有化，自由化，稳定化，这些会给发展中国家带去理想化的市场体系，这些体系在发达国家已经建立起来了，称此为‘发展经济学2.0’”；林毅夫进一步认为，“鉴于发展中国家持续贫困，双边捐助者和全球发展社区越来越关注地区的教育和卫生。我称其为‘发展经济学2.5’”；而“如今，在教育、卫生、缓解贫困和其他人类发展指标方面，都没有使用随机控制实验来设计他们的

① 张培刚、张建华主编：《发展经济学》，北京大学出版社，2009年版，第20页。
② 张培刚、张建华主编：《发展经济学》，北京大学出版社，2009年版，第20页。
③ 张培刚、张建华主编：《发展经济学》，北京大学出版社，2009年版，第24页。
④ 郭熙保：《发展经济学》，中国金融出版社，2007年版，第52~62页。
⑤ 郭熙保：《发展经济学》，中国金融出版社，2007年版，第52页。

社会或经济项目，因此，需要一个‘发展经济学 3.0’”。[①] 徐祥临将发展经济学流派划分为结构主义流派、新古典主义流派、新古典政治经济学流派和激进主义流派四个学派。其中结构主义、新古典主义流派和激进主义流派与上述学者的看法一致，而新古典政治经济学流派则包括了制度主义、文化、政治和社会分析在内的 20 世纪 80 年代以来的学者对发展经济学的研究方法。

三、中国经济发展与中国特色发展经济学

很长一段时期人们把西方发达国家中所形成的政治经济学看做是同样适应于落后国家的基本原理。这不但在资产阶级经济学中是如此，就是在马克思主义经济学中也往往如此。例如在马克思的《资本论》第 1 卷序言中就写到：“问题在于这些规律本身，在于这些以铁的必然性发生作用并且正在实现的趋势。工业较发达的国家向工业较不发达的国家所显示的，只是后者未来的景象。”[②] 但后来，马克思意识到了具有不同国情的国家可能会有不同的经济发展道路，因而在对俄国的情况进行剖析后，认为俄国“有可能不通过资本主义制度的卡夫丁峡谷，而享用资本主义制度的一切肯定成果”[③]。我们认为，发轫于西方经济学土壤的发展经济学，对于发展中国家来讲是一种舶来品。将发展经济学的基本理论应用于发展中国家的实践之中，往往会出现这样或者那样的问题。应当将发展经济学的理论与发展中国家的实际情况相结合，只有这样，才能真正实现经济增长之路。

在理论建设方面，张培刚教授于留学期间完成的《农业国工业化问题初探》论著，是一部从理论和历史角度较为系统地研究发展中国家经济发展问题的专著，获得过哈佛大学 1946—1947 年度最佳论文奖和“威尔士奖金”，在国际上特别是在拉丁美洲有着广泛的影响，张培刚教授被看做是发展经济学的先驱人物之一。发展经济学在中国的广泛传播和迅猛发展，是

---

① 林毅夫著《新结构经济学》，北京大学出版社，2012 年 9 月。

② 马克思：《资本论》第 1 卷，人民出版社，2004 年 1 月第 2 版，第 8 页。

③《马克思恩格斯全集》第 19 卷，人民出版社，1963 年 12 月第 1 版，第 439 页。

改革开放以后的事情。1985年，人民出版社出版了谭崇台教授撰写的《发展经济学》，成为中国第一本系统介绍西方经济发展理论的著作，揭开了发展经济学在中国传播和发展的历史序幕。此后，中国有关经济发展问题的论文、专著、教科书如雨后春笋般地涌现，呈现出了中国发展经济学的春天。中国的发展经济学的教学和研究有着自己的独有特色。和当代国外的主流研究方法所不同，中国的发展学者致力于创立马克思主义的发展经济学，试图在马克思主义指导下，建立崭新的、科学的发展经济学，总结提出具有中国特色的理论、政策及案例研究。在对经济发展方面的研究和实践更是取得了相当的成果，并在国际上以“中国模式”而为人们所关注，在发展经济学界及国际经济实践中都产生了一定影响。

中国处在建立和完善社会主义市场经济体制的历史时期，处在推动经济稳定健康发展的关键时期。经过多年发展，中国经济发展取得历史性成就、发生历史性变革，成为世界经济增长的主要动力源和稳定器。经济结构出现重大变革，经济体制改革持续推进，对外开放深入发展，人民获得感、幸福感明显增强，基本公共服务均等化程度不断提高，形成了世界上人口最多的中等收入群体。对比来看，中国特色发展经济学的特色主要体现在，第一，坚持以马克思主义为指导，借鉴吸收百家有益成果。我国宪法明确强调我们是以马克思列宁主义为指导思想的社会主义国家，因而在经济发展的研究和实践中，以马克思列宁主义为指针，既是国体、政体的基本要求，也是我们做好经济发展的优势所在。马克思主义强调经济发展的立场、方法、观点，强调把经济发展的成果惠及广大的人民群众，并为此在他们的著作中进行了深刻的历史总结，是我们做好经济发展的目标、途径、重点、方式等多方面工作的重要参考和依据。但同时，随着时代的发展，我们也不能固步自封，必须吸收和借鉴一切有助于我们建设好社会主义市场经济体制的新思维、新认识、新理论，使我们能在当今的世界经济舞台上变后发劣势为后发优势，尽快地促进人民群众走进小康社会。第二，坚持实事求是，要以实事求是精神探索发展道路。实事求是被视为马克思主义的精髓，也被实践证明是难以完全做到的。这其中，既有来自对马克思主义的教条化、僵化的理解和运用，把王明式的本本主义看做是马克思主义的正宗；更有对现代西方经济学说的教条化、僵化的理解和运用，把西方经济教科书中的内容奉为圭臬，盲目而机械地搬来作为我们制订经济政策的依据；当然，也有人轻视理论的作用，以违背经济规律为代价，满足于成本最大化、效益最小化的经济成果。这些都表明，在经济发展道路的探索上，强调实事求是的求真务实态度，不仅是必要的，而且是必须的。

第三，坚持新的发展理念。2017年12月中央经济工作会议指出，党的十八以来，我们坚持观大势、谋全局、干实事，成功驾驭了我国经济发展大局，在实践中形成了以新发展理念为主要内容的习近平新时代中国特色社会主义经济思想。我们坚持加强党对经济工作的集中统一领导，保证我国经济沿着正确方向发展；坚持以人民为中心的发展思想，贯穿到统筹推进“五位一体”总体布局和协调推进“四个全面”战略布局之中；坚持适应把握引领经济发展新常态，立足大局，把握规律；坚持使市场在资源配置中起决定性作用，更好发挥政府作用，坚决扫除经济发展的体制机制障碍；坚持适应我国经济发展主要矛盾变化，完善宏观调控，相机抉择，开准药方，把推进供给侧结构性改革作为经济工作的主线；坚持问题导向，部署经济发展新战略，对我国经济社会发展变革产生深远影响；坚持正确工作策略和方法，稳中求进，保持战略定力，坚持底线思维，一步一个脚印向前迈进。习近平新时代中国特色社会主义经济思想，是中国特色社会主义政治经济学的最新成果，也是中国特色发展经济学的最新成果，必须长期坚持、不断丰富发展。新发展理念是党对于发展问题的经验总结与理论提升，是发展理论又一次重大创新，新发展理念构成了中国特色发展经济学的重要内容。我国历代领导人都高度重视发展：毛主席强调发展生产，保障需要；邓小平指出发展才是硬道理；江泽民同志提出发展是党执政兴国的第一要务；胡锦涛同志提出坚持科学发展观；习近平同志指出坚定不移贯彻创新、协调、绿色、开放、共享的发展理念。十八届五中全会指出：坚持创新发展，必须把创新摆在国家发展全局的核心位置，不断推进理论创新、制度创新、科技创新、文化创新等各方面创新，让创新贯穿党和国家一切工作，让创新在全社会蔚然成风。必须把发展基点放在创新上，形成促进创新的体制架构，塑造更多依靠创新驱动、更多发挥先发优势的引领型发展。坚持协调发展；必须牢牢把握中国特色社会主义事业总体布局，正确处理发展中的重大关系，重点促进城乡区域协调发展，促进经济社会协调发展，促进新型工业化、信息化、城镇化、农业现代化同步发展，在增强国家硬实力的同时注重提升国家软实力，不断增强发展整体性；坚持绿色发展，必须坚持节约资源和保护环境的基本国策，坚持可持续发展，坚定走生产发展、生活富裕、生态良好的文明发展道路，加快建设资源节约型、环境友好型社会，形成人与自然和谐发展现代化建设新格局，推进美丽中国建设，为全球生态安全作出新贡献；坚持开放发展，必须顺应我国经济深度融入世界经济的趋势，奉行互利共赢的开放战略，发展更高层次的开放型经济，积极参与全球经济治理和公共产品供给，提高我国在全球经济治理中的制度性话语权，构建广泛的利益共同体；坚持共享发展，必须坚持发展为了人民、发展依靠人民、发展成果由人民共享，作出更有效的制度安排，使全体人民在共建共享发展中有更多获得感，增强发展动力，增进人民团结，朝着共同富裕方向稳步前进。按照人人参与、人人尽力、人人享有的要求，坚守底线、突出重点、完善制度、引导预期，注重机会公平，保障基本民生，实现全体人民共同迈入全面小康社会。十八届五中全会强调，发展是党执政兴国的第一要务，各级党委必须深化对发展规律的认识，完善党领导经济社会发展工作体制的机制，加强党的各级组织建设，强化基层党组织整体功能。

第二节　精准扶贫的实践与中国特色发展经济学

贫困是发展中国家面临的突出问题，许多发展中国家都进行了反贫困的艰苦实践，发展经济学中形成了大量反贫困理论。中国扶贫开发的实践，特别是精准扶贫思想，丰富和发展了中国特色发展经济学。

一、发展经济学中的扶贫理论与发展中国家的扶贫实践

扶贫思想在发展经济学中占有重要地位。发展经济学研究对象主要是发展中国家，发展中国家的主要特点就是生产力水平低下、人均收入水平低下、经济发展不平衡，因此扶贫思想构成了发展经济学的重要内容。

（一）发展经济学的扶贫理论

许多经济学家都对贫困问题进行过深入的研究。从理论渊源上讲，最早对贫困问题进行探讨的是英国经济学家马尔萨斯。马尔萨斯以《人口原理》为人所熟知，他提出的“马尔萨斯陷阱”认为人口数量是社会贫困的主要因素，贫困发生的原因是人口的增长速度超过了农业耕作产生的粮食的生产速度增长水平。马尔萨斯认为人口增长遵循“本性的固有法则”，以几何比例增长，而农业生产的粮食总量则以算数增长率增长。同时，他还认为人口的增加导致劳动力市场供大于求，即劳动力岗位的增加速度低于劳动力的供给速度，工人工资收入下降甚至失业，生活资料的紧缺还必然导致其价格的上涨，人均可获得的生活资料进一步下降。[①] 因此，按照马尔萨斯的观点，在人口自然增长的地区，无论是人均生活资料产出还是人均可获得生活资料都趋于下降。马尔萨斯的两个级数的观点一定程度上在十八世纪中得到验证。但是，“马尔萨斯陷阱”中所暗含着人口繁殖的自然性、生活资料生产相关技术的停滞、劳动力市场岗位供给短缺等假设条件随着人类经济社会的发展不再符合实际。虽然马尔萨斯的贫困思想在长期社会发展中有所缺陷，但是马尔萨斯针对贫困人口数量问题，提出了一些创造性的减贫方法。马尔萨斯认为人口增长会通过“预防性抑制”和“积极抑制”两种方式得以缓解。马尔萨斯减贫理论以人口增长和生产资料的不平衡为致贫原因，他的减贫措施也正是基于此而提出的。

二战以后，世界经济持续增长但两极分化严重，一大批经济学家投入到发展中国家反贫困的理论研究中，形成了不同的发展理论体系。从 20 世

① 托马斯·罗伯特·马尔萨斯：《人口原理》，陕西师范大学出版社，2008 年版。

纪40、50年代到60年代，形成了一些有代表性的思想，包括纳克斯的“贫困恶性循环理论”、纳尔逊的“低水平均衡陷阱”理论、莱宾斯坦的“临界最小努力”理论等。纳克斯的“贫困恶性循环”认为所有欠发达国家贫困的一个共同根源是资本缺乏，在资本形成过程中，存在两个恶性循环：资本形成供给的恶性循环和资本形成需求的恶性循环。前者是指低收入——低储蓄能力——低资本形成——低劳动生产率——低收入，后者是指低收入——低社会购买力——低投资引诱力——低资本形成——低劳动生产率——低收入。基于上述两个导致贫困的恶性循环，纳克斯提出以加速资本扩大化循环为目的的一系列减贫手段。纳克斯认为摆脱贫困恶性循环必须实施“平衡增长”，所谓“平衡增长”手段是指通过对国内不同产业部门同时投资，进而使不同生产部门相互促进，产品市场动态扩大。而加速贫困国家资本形成的具体措施包括两项，一是国内强迫储蓄，提高内部资本积累；二是依靠外国投资，打破资本供给循环困难。他还主张欠发达国家在发展的早期集中力量扩张国内市场，增加国内产品供给，在国内市场扩大的基础之上，动态分析比较利益的产品结构，增加非初级产品出口额。①

纳尔逊提出了不发达国家的低水平均衡陷阱理论，这一理论综合吸纳了马尔萨斯人口论和纳克斯“贫困恶性循环”相关理论。纳尔逊的基本观点是人口增长率与人均国民收入水平非常敏感，并且人均收入在低水平阶段时，二者呈现负相关，由此欠发达国家陷入了低水平的均衡陷阱。基本假设是，一国技术水平、自然资源总量、土地供给稳定不变，资本数量有限。②比较纳尔逊理论和马尔萨斯的人口论，可以发现，纳尔逊对人口增长的观点与马尔萨斯相似，人口增长在一定程度受某种因素抑制，出现了高死亡率和低出生率现象，马尔萨斯将这一现象归于“预防性抑制”和“积极抑制”两个抑制。纳尔逊则更抽象简化为生活贫困致其发生；马尔萨斯认为人口增长陷阱本质是人均生活资料（农产品）不足，纳尔逊进一步将这一因素拓展为技术水平既定下的人均资本、人均土地、人均自然资

① 纳克斯：《不发达国家的资本形成问题》，商务印书馆，1966年版。

② 余波，郭敖鸿：《论人口控制政策对突破低水平均衡陷阱的促进作用》，载《人口学刊》2012年第4期。

源引起的人均收入不足，其购买的生产生活产品（农产品、轻工产品等）有限。因此，纳尔逊理论的欠发达国家反贫困措施是通过大规模的投资，使人均收入增长速度快于人口增长速度，提高人均生活水平。但是与马尔萨斯不同的是，纳尔逊的政策主张并非从控制人口增长出发，而是从资本形成出发，因此，这也和纳克斯的反贫困理论有相似之处，纳尔逊也主张通过提高储蓄和投资，实际上纳尔逊将人口增长因素纳入了“贫困恶性循环”之中，构成了“低水平均衡陷阱”理论，他进一步认为跳出贫困陷阱所需的大规模投资有一个“临界最小努力”点，在这一分界点上，人均收入的增长速度大于人口增长速度。

莱宾斯坦提出“临界最小努力”理论。莱宾斯坦的理论基础是，任何一个经济体在一个时间点表示为一组存量（土地、资本、劳动、习惯、传统、目标、技艺等行为规范），在一段时间内表示为一组流量（生产过程、生育过程、教育过程）。流量的性质由存量的性质所决定，上一期存量和期间的流量的相互关系决定了现期的国家经济发展水平。基于此，他认为落后国家或欠发达国家经济体处于一种“准稳定均衡”状态，落后国家贫困的反复属于“均衡回归”现象。落后国家“均衡回归”的制约因素包括初期的劳动力、土地、资本、习惯等存量及存量引起的流量的系统性制约。从动态分析来看，对于落后经济体的生产部门，他将主要原因归纳于低生产力的农业部门、就业机会短缺的非农业部门；对于人口因素，与纳尔逊的观点一致，人口和人均收入的关系机制使得落后国家陷入“准稳定均衡”状态。虽然莱宾斯坦同样关注人口增长陷阱和生产部门增长乏力问题，但相比其他经济学，他更强调诸如“知识、习惯、传统”等存量因素，这些因素又进一步影响“教育过程”这一流量。贫困的均衡回归更应归结于人口素质和特质的低水平稳定，落后国家反贫困更应该从此类资本入手，因为这类资本的存量具有积累的特性，落后国家经济摆脱贫困均衡回归的希望在于增加知识、技能、发明等的积累。莱宾斯坦认为欠发达国家要想经济不断增长，摆脱贫困，要求“刺激动力”大于“冲击阻力”。通过“正和诱因”（企业家功能、生产技艺增长、人力投资等），形成“成长动因”，抑制人均收入降低。因此，欠发达需要一项或多项保持在一个“临界最小规模”水平之上的初始刺激。“临界最小规模”则有两层含义，一是激发正和诱因的资本投入应保持一定数量水平，使得人均收入高于生存需求，形成人力资本投入的可能性；二是资本投入在一段时间内具有一定增长率，确保资本能够不断积累到一定水平，进而发挥作用。[①]

赫希曼提出“涓滴效应”减贫思想。赫希曼认为增长极对区域经济发展将会产生不利和有利的影响，分别为“极化效应”和“涓滴效应”。在经济发展初期阶段，有利于发达地区经济增长的极化效应居主导地位，会扩大区域经济发展差异。而从长期来看，发达地区对不发达地区带来的投资和就业等发展机会的“涓滴效应”将缩小区域经济发展差异。[②]后来这一研究也由区域经济领域延伸至贫困领域，即“在经济发展过程中并不给与贫困阶层、弱势群体或贫困地区特别的优待，而是由优先发展起来的群体或地区通过消费、就业等方面惠及贫困阶层或地区，带动其发展和富裕”。虽然“涓滴效应”也承认，在经济增长的过程中，穷人只是间接地从中获得较小份额的收益，但随着经济不断增长，收益从上而下如水之“涓滴”不断渗透，形成水涨船高的局面，从而自动改善收入分配状况，贫困发生率也将不断降低，最终实现减缓乃至消除贫困的目的，实现共同富裕。

在经过20世纪50—60年代重工轻农思想之后，以舒尔茨和贝克尔为代表的经济学家提出人力资本理论。人们开始意识到农业尤其是现代农业对于经济发展的重要意义。开始重视发展现代农业，主张农工并举，平衡发展，强调政府对农业的扶持和干预，注重人力资本的作用，通过提高劳动者技能达到提高农业生产力的目的，才能发展现代农业。舒尔茨的反贫困思想体现在他的人力资本理论和传统农业改造理论之中，将人力资本的概念引入到贫困问题研究中。舒尔茨认为现代经济中的生产要素不仅包括物质形态的资本，还包括人力资本，并且后者是现代经济发展的核心力量。舒尔茨认为贫困人口大量集中于农村，现代农业可以成为经济发展的源动力。限制贫困地区经济增长，决定贫富的关键因素是人的能力、素质、知识等人力资本。农村人力资本的缺乏和利用现代生产要素（科学、新技

---

① 姜汝祥：《莱宾斯坦的落后经济理论与中国贫困地区发展》，载《开发研究》1992年第5期。

② 赫希曼，曹征海：《经济发展战略》，经济科学出版社，1992年版。

术）能力的有限性使得科技成果无法大面积推广普及，国外经济援助和技术支持难以奏效。贫困人口人力资本不足，使得他们没有足够的“能力”去追逐生存和发展的机会，进而被社会排斥，过着贫困的生活。舒尔茨强调发展中国家要改变落后的局面，应建立一套制度安排，通过在职培训和职业教育，对农民进行人力资本投资，促进人力资源的全面开发，使农民掌握科学知识和技能，推动新生产要素在农业部门广泛使用，改造传统农业为现代农业。①

20世纪80年代后，制度学派认为贫穷的原因是制度安排的不合理和缺失。缪尔达尔指出：“平等问题在不发达国家的发展问题中处于中心地位。”他的“循环积累因果关系”理论认为，在一个动态的社会过程中，社会经济各因素之间存在着循环累积的因果关系。某一社会经济因素的变化，会引起另一社会经济因素的变化，这后一因素的变化，反过来又加强了前一个因素的变化，并导致社会经济过程沿着最初那个因素变化的方向发展，从而形成累积性的循环发展趋势。缪尔达尔指出：在发展中国家，人均收入水平低，造成生活水平低，卫生健康状况恶化，教育文化落后，人口质量下降，劳动力素质不高，就业困难；反过来，劳动力素质低，劳动生产率也低，产出下降或停滞，造成低产出和低收入，其结果是贫困的进一步恶化。这样，发展中国家总是陷入低收入和贫困的积累性循环中难以自拔。②缪尔达尔分析认为，造成发展中国家贫困的重要原因是资本稀缺、资本形成不足和收入分配的不平等。因此，应当通过权力关系、土地关系以及教育体制方面的改革，逐步使收入趋于平等，增加贫困人口的消费，以刺激投资。随着收入水平的提高，贫困者就可以改善他们的营养和教育状况，从而提高劳动生产率，而劳动生产率的提高又能促进收入的进一步增加，从而形成一种良性的循环。

阿玛蒂亚·森的“赋权”减贫思想在贫困研究史上具有里程碑的意义。阿玛蒂亚·森指出贫困不仅是收入低下的外在表现，更是可行能力的丧失、被剥夺的结果。他认为饥饿是交换权利的函数，饥荒的原因更直接

① 舒尔茨：《改造传统农业》，商务印书馆，2003年版。

② 董剑：《缪尔达尔经济思想评介》，对外经济贸易大学硕士学位论文，2007年。

的表现在个人权利（禀赋权利和交换权利），尤其是交换权利的下降。权利关系体现了不同阶层人群对粮食的控制支配能力、相对地位、经济力量，取决于国家的法律、经济、政治等因素。一旦权利体制不合理，免于饥饿的权利被剥夺，即使粮食的总供给量并非不足甚至粮食丰收，也会导致一部分家庭和个人通过合法渠道取得的食物不足，贫困发生，森将这种贫困引发的饥荒称之为“繁荣型饥荒”。在现代社会中，人的食物权是最基本的权力，贫困人口要想免于饥饿，必须从政治体系、经济体系、社会体系之中获得权力供给，这就需要政府通过有公众参与公共行为，建立社会保障制度，发挥社会保障的“保护”功能（防止生活水平下降）和“促进”功能（提高人民生活水平），扩大基本能力。① 森的理论关注于粮食增长背后的贫困问题，他将贫困的范围由物质食物的缺乏扩展到权利缺乏。既不像福利经济学的反贫困思想，即目标在于福利最大化，也不像传统反贫困理论一样，强调依靠经济增长和提高个人收入，贫困人口自然而然就获得想要的生活产品，摆脱贫困，更不是供给的不足，繁荣也会使社会衰败并破坏。他更多的强调赋予人们应有权利，寻求经济正义。反贫困不仅是个人的事情，而且是政府必须建立的公共体系。

（二）发展中国家减贫的实践

发展中国家主要包括中国、印度、巴西、孟加拉、泰国、印度尼西亚、委内瑞拉、墨西哥等国家。由于这些国家地域不同、经济发展阶段不同、风俗文化不同，从而扶贫发展的历史不完全相同。

1. 巴西的扶贫经验

巴西是南美发展中国家，贫困问题严重，贫困特征主要表现为以下两个方面：一是贫困规模大，贫困人口接近总人口的一半；二是贫困区域分布极不平衡。巴西政府为了解决贫困问题，采用“发展极理论”的扶贫模式，发展极理论是由法国经济学家佩鲁提出的，基于不发达地区资源贫乏状况和非均衡经济发展规律，由主导部门和有创新能力的企业在某些地区

① 马新文：《阿玛蒂亚·森的权利贫困理论与方法述评》，载《国外社会科学》2008 年第 2 期。

或大城市聚集发展而形成的经济活动中心，这些中心具有生产、贸易、金融、信息、服务、决策等多种中心功能，能够对周围产生吸引和辐射的作用，促进自身并推动其他部门和地区的经济增长。1967 年巴西政府首先选择亚马逊首府马斯作为“发展极”，主要措施有：第一，建立专门开发机构指导、组织、实施落后地区开发，并形成自上而下的国家干预体系；第二，制定推行各种落后地区开发计划；第三，实行各种鼓励政策促进“发展极”建设的政策，给予重点投资，并制定特殊优惠政策；第四，加强开发地区基础设施建设，特别是交通运输业和电子信息业建设；第五，用财政刺激办法筹集开发资金，引导私人向落后地区和农业部门投资；第六，通过预算拨款保证区域开发所需资金，使开发计划得以顺利实施；第七，实行农业品最低价格保护政策，鼓励农业发展，特别是保护新开发地区生产者利益。1974 年后，巴西政府又在亚马逊地区相继建立 17 个规模不等的“发展极”，初步形成带动整个区域经济开发的“发展极”网络，并取得明显成效，有力推动了亚马逊地区的经济发展。同时巴西政府在中西部各州建立移民点，组织东南移民迁入定居，开发土地资源，改善了人口和农业布局。此外巴西政府设立自由贸易区，并提供各种优惠政策，吸引国外投资，重点发展技术密集型产业。这些措施有力推动了巴西经济的发展。①

2. 印度的扶贫经验

印度政府在 1962 年率先提出在限定时期内使贫困人口享有一个最低生活水平以满足其最低需要的政策，这个政策分为两个阶段，第一个阶段是以第四个五年计划投资重点由工业转向农业，推行“绿色革命”为主要内容，通过引进、培育和推广高产农作物品种，运用一系列综合农业技术措施来提高产量，解决粮食问题；第二个阶段是第五个五年计划提出的稳定增长，消除贫困，满足最低需要的战略口号，实施包括初等教育、成人教育、农村医疗、农村道路、农村供水、农村电力、农村住房建设等多种计划来促进贫困地区的发展。尽管绿色革命在解决印度粮食供给方面成绩斐然，但就其结果而言，和最初的设想与初衷尚有较大差距。因为绿色革命

① 王俊文：《当代中国农村贫困与反贫困问题研究》，华中师范大学硕士论文，2007 年。

主要是在条件和气候较好的地区进行，国家优惠信贷对象又多半是地主和富农，因此，推行的结果使已存在的地区间和农户间经济差距进一步的拉大。针对这一问题，印度政府对前一阶段的战略进行了调整。

20世纪70年代初，印度政府开始实施公营分配制度的反贫困策略。所谓公营分配系统就是政府控制价格的一系列平价商店，保证以合理价格向广大人民特别是贫弱阶层供应基本消费品。从1992年1月开始对约1700个干旱、沙漠地部落民族区域和某些特定的山区实行公营分配制度。该制度在全国落后地区设立灵活方便的商店，对所涉及家庭提供配额供应比其他供应分配系统商品价格要低，除了粮食和基本必需品外，还供应茶叶、肥皂、豆类和碘盐等。70年代后期起，印度经济计划和政策重点转向缓解农村贫困，并实施了一系列扶贫计划。主要有农村综合发展计划、全国农村就业计划、农村无地者就业保证计划、农村青年自营职业培训计划、农村妇女和儿童发展计划和干旱地区发展计划。印度政府通过福利事业缩小了国民的贫富差距，保障了穷人的最基本生存权利。

1991年开始，印度逐步向私人部门开放运输、电力等基础设施，基建发展取得了一定效果。私人基础设施投资大部分以公私合作方式进行，通过扩大基础设施投资，推动经济发展，进而推动减贫。90年代后，印度注重城镇化建设，通过城镇化，农村剩余人口得以向城市制造业和服务业转移，使得印度农村贫困人口大幅减少。进入21世纪，印度房地产市场的迅猛发展提供了大量就业岗位，加速人口转移，并带动就业和脱贫。①

3. 孟加拉国扶贫经验

孟加拉国以尤努斯教授为首的经济学家们探索出一种独特的扶贫方式，即小额信贷扶贫模式。该模式始于1976年尤努斯教授发起的"乡村银行"研究实验项目。该项目的目标是探索穷人进入农村金融体系的途径，基于三个前提：一是金融无界，不排斥穷人；二是任何贷款都具有初始信任；三是相信穷人的生存技能。该实验试图证明，假设穷人在适当时间和适当条件能获得一定的金融支持，他们一定可以自主开展盈利性活动而不

① 宋志辉：《印度农村反贫困的经验、教训与启示》，载《南亚研究季刊》2009年第1期。

需要其他援助。孟加拉小额贷款的成功经验主要为：一是成功的风险控制使小额信贷成为可能；二是小组 + 中心 + 银行工作人员的信贷制度在一定程度上解决了信息不对称的问题。“小组”即每个贷款申请人都必须加入一个由相同经济与社会背景、具有相似目的的人组成的支持小组，并建立起相应的激励机制，通过这些机制来保证支持小组的成员之间建立起良好的相互支持关系。在支持小组的基础上，孟加拉乡村银行还鼓励各支持小组形成更大的联盟，即“中心”。“中心”是村子里八个小组组成的联盟，每周按时在约定的地点与银行的工作人员开会。中心的负责人是由所有成员选出的组长，负责中心的事务，帮助解决任何单个小组无法独立解决的问题，并与银行指派到这个中心的工作人员密切合作。当孟加拉乡村银行的某一个成员村民在一次会议期间正式提出一项贷款申请，银行工作人员通常会向支持小组组长和中心负责人咨询，组长与中心负责人在决定贷款中担负很大的责任，也有相当大的话语权利；三是高利率政策保证了小额贷款银行的盈利和可持续发展，孟加拉小额贷款银行根据市场情况自行制定利率，利率水平较高，一般年复利在 10% 左右；四是完善的用工制度有助于提高乡村银行员工的整体素质；五是与政府建立良好关系，政府采取有效政策措施促进其健康、有序发展。①

二、中国的精准扶贫及其对中国特色发展经济学的贡献

从新中国成立以来，中国就一直同贫困进行艰苦斗争。随着扶贫开放工作推进，针对贫困问题变化，2013 年中国提出了精准扶贫。中国精准扶贫思想和实践丰富了发展经济学扶贫理论和实践。精准扶贫的实践构成了中国特色发展经济学的重要内容，丰富和发展了中国特色发展经济学，也对发展经济学作出了重要贡献。

① 石晶，李卿语：《孟加拉乡村银行模式对发展我国农村小额信贷的启示》，载《税务与经济》2010 年第 2 期。

（一）中国扶贫开发历程

建国以来尤其是改革开放以来，中国贫困人口数量大幅度减少，扶贫开发取得举世瞩目成就，中国对世界减贫事业做出重大贡献。中国共产党人带领中国人民走出了一条中国特色扶贫开发之路。中国扶贫开发工作大致上可以分为六个阶段：1949 年—1978 年救济式扶贫、1978 年—1985 年农村体制改革扶贫、1986 年—1993 年国家大规模开发式扶贫、1994 年—2000 年国家八七扶贫攻坚计划、2001 年—2012 年新世纪农村扶贫开发计划、2013 年以来精准扶贫阶段。

1.1949 年—1978 年救济式扶贫

建国初期，以毛泽东为代表的党中央第一代领导集体提出：新成立的中央政府必须进行大规模的经济建设和文化建设，扫除旧中国所留下来的贫困和愚昧。1952 年中央政府颁布《中华人民共和国土地改革法》，农民获得了自己的土地，此后又开展了合作化、人民公社化等运动，确立了人民公社集体经济体制。在农村生产力发展方面采取了一系列措施，主要包括：兴建农业基础设施，改善农村灌溉设施和交通条件；建立全国性农村合作信用体系，加强农村金融服务；大力发展农村小学校和乡村卫生所和乡村合作医疗；初步建立以社区五保制度和农村特困人口救济为主的农村社会基本保障体系，减缓贫困取得了一定成效。

（2）1978 年—1985 年农村体制改革扶贫

这段时间是我国农村改革突破阶段，1984 年 9 月 29 日中共中央颁布了《关于帮助贫困地区尽快改变面貌的通知》，这是新中国成立后第一次把扶贫工作作为国家重点任务执行的文件。1982 年我国启动“三西”专项扶贫计划，拉开了有计划、有组织、大规模扶贫开发的序幕。这一时期具体的措施有：第一，推行家庭联产承包责任制为核心的土地制度改革。这种使农民获得土地经营权的变革高度地激发了农民的生产积极性，彻底解决了长期农业生产上激励不足的难题，极大地解放了农村的生产力，促进了农业生产力的发展，对农村减贫起到了至关重要的作用。第二，政府对农村生产、分配以及收购也进行了大的变革，市场逐步解禁，对政府农产品的收购价格进行调整，同时，政府还松动人口流动的限制、促进农村劳动力非农化转移以及发展乡镇企业。在这一时期农产品流通和集市贸易开始逐渐放开，乡镇企业开始在发达地区农村出现和壮大。第三，针对极端贫困地区，设立专项基金，对特定地区采取资源开发方式扶贫。这一时期的体制改革成了中国农村扶贫的主要推动力，推动了农村经济增长，极大缓解了农村贫困现象

（3）1986 年—1993 年大规模有针对性的开发式扶贫

在 20 世纪 80 年代中期，农村地区特别是老少边远地区的经济、社会和文化发展水平开始较大落后于沿海发达地区。因此，这一时期，这些地区的发展成为“需要特殊对待的政策问题”。1984 年 9 月，中共中央和国务院联合发出了《关于帮助贫困地区尽快改变面貌的通知》。1986 年 4 月第六届全国人民代表大会第四次会议通过的《中华人民共和国国民经济和社会发展第七个五年计划》，将“老、少、边、穷地区的经济发展”单列一章。从此，解决大多数贫困地区贫困人口的温饱问题成为中国政府扶贫工作的一个长期目标。1986 年，国务院扶贫和开发领导小组正式成立，致力于协调大型的农村扶贫计划。与此同时，大部分贫困省、市、县也相应成立扶贫领导小组，进而全力推进农村扶贫。自此，我国农村扶贫开始转入有计划、有组织的大规模开发式扶贫——确定开发式扶贫方针、成立专门扶贫机构、制定专门优惠政策、安排专项扶贫资金、核定贫困县、目标瞄准特定地区和人群等。1987 年，《国务院关于加强贫困地区经济开发工作的通知》针对我国 18 个集中连片贫困带划定了 592 个国家重点贫困县，确立以县级行政单元为地域单元的扶贫标准，并针对贫困县出台了一系列优惠政策，通过基础设施建设和特色产业培育等方式，增强贫困地区和贫困人口的内生发展能力。我国扶贫开始走向制度化，扶贫工作也由此跨入新台阶。

（4）1994 年—2000 年国家八七扶贫攻坚计划

随着农村改革的深入和国家扶贫开发力度的不断加大，我国农村贫困人口数量上在逐年减少。但是，由于贫困问题的长期性和复杂性，新的贫困特征也随之出现，主要表现为贫困发生率明显倾斜于中西部地区（深山区、石山区、荒漠区、高寒山区、黄土高原区、水库库区等），且这些地

带多位革命老区或少数民族聚居区，而这些地区自然条件恶劣、基础设施薄弱和社会发育落后等原因致使扶贫工作难度更为显著。1994 年 3 月国务院公布实施《国家八七扶贫攻坚计划》，该计划明确要求集中人力、物力、财力，用 7 年左右的时间，基本解决 8000 万农村贫困人口的温饱问题，明确提出：一是要重新确立国家级贫困县；二是强化扶贫资金、项目进村入户；三是动员全社会力量参与扶贫攻坚；四是加强领导，落实扶贫目标责任制。1998 年制定《残疾人扶贫攻坚计划》，使残疾人扶贫纳入国家扶贫脱贫整体规划中。国内外民间机构开始参与到扶贫脱贫工作中，为社会扶贫奠定了基础。这一阶段，政府在宏观经济政策方面也明确提出了加快中西部地区的经济发展计划。这些措施有力地推进了扶贫脱贫工作。

（5）2001 年—2012 年新世纪扶贫计划

在 20 世纪 90 年代末，中国农村贫困人口规模进一步缩小并集中于西部地区。而且，西部的剩余贫困人口相对分散于不同村庄而非集中于贫困县。同时，贫困也从收入性单维贫困转向贫困人口健康、教育和社会福利等方面的多元贫困。这些贫困新特征对新阶段我国扶贫开发工作提出新要求。2001 年中央政府颁布了《中国农村扶贫和开发纲要（2001—2010 年）》，重新调整扶贫工作重点县，进一步将中央扶贫重点放在西部集中连片地区，贫困县依然保留，贫困村成为扶贫的瞄准对象。同时，扶贫资金的投放将覆盖到非贫困县中的贫困村。新的扶贫纲要更加注重贫困地区的科教文卫事业的发展，强调人力资本的投资，建立贫困者参与式扶贫、以村为基本单位的综合开发和整村推进扶贫模式，为贫困地区贫困人口达到小康水平创造条件。这一阶段建设社会主义新农村、全面取消农业税、实行农村义务教育阶段免费教育、建立农村最低生活保障制度、实行新型农村合作医疗制度等，都对农村扶贫脱贫起到了重要的积极推动作用。

（6）2013 年至今精准扶贫

党的十八大以来，习近平总书记高度重视扶贫开发工作，提出了一系列扶贫开发的新思想、新观点，形成了中国新时期扶贫开发战略思想。他在 2013 年 11 月于湖南湘西考察时，首次提出了“精准扶贫”，2014 年 3 月，习近平总书记参加两会代表团审议时强调，要实施精准扶贫，瞄准扶贫对象，进行重点施策。进一步阐释了精准扶贫理念。2015 年 6 月，习近平总书记在贵州就加大推进扶贫开发工作又全面阐述“精准扶贫”概念，提出“六个精准”，即“扶贫对象精准、项目安排精准、资金使用精准、措施到户精准、因村派人精准、脱贫成效精准”。2015 年 10 月 16 日，习近平总书记在 2015 减贫与发展高层论坛上强调，中国扶贫攻坚工作实施精准扶贫方略，增加扶贫投入，出台优惠政策措施，坚持中国制度优势，注重六个精准，坚持分类施策，因人因地施策，因贫困原因施策，因贫困类型施策，通过扶持生产和就业发展一批，通过易地搬迁安置一批，通过生态保护脱贫一批，通过教育扶贫脱贫一批，通过低保政策兜底一批，广泛动员全社会力量参与扶贫。习近平总书记指出，扶贫开发工作已进入“啃硬骨头、攻坚拔寨”的冲刺期。党的十八届五中全会将农村贫困人口脱贫作为全面建成小康社会的底线目标进行安排部署，明确到 2020 年我国现行标准下农村贫困人口实现脱贫，贫困县全部摘帽，解决区域性整体贫困。2015 年 11 月，中央召开扶贫开发工作会议，颁布《中共中央国务院关于打赢脱贫攻坚战的决定》，全面部署“十三五”脱贫攻坚工作，要求举全党全国全社会之力，坚决打赢脱贫攻坚战。

（二）精准扶贫思想对中国特色发展经济学的贡献

精准扶贫思想极大地完善了中国特色反贫困理论。精准扶贫思想是新时期我国根据扶贫开发实践和贫困问题的总体特征，以实现全面建成小康社会为根本目标逐步形成的，以六个精准即扶贫对象精准、项目安排精准、资金使用精准、措施到户精准、因村派人精准、脱贫成效精准为基本方略，改变过去大水漫灌粗放式扶贫方式，将扶贫政策和措施下沉到村到户，通过对贫困家庭和贫困人口的精准帮扶，从根本上解决导致贫困发生的各种因素。精准扶贫思想是中国特色发展经济学的主要内容，精准扶贫的实践丰富和发展了中国特色发展经济学。

精准扶贫理念丰富了发展经济学扶贫思想，对治理全球性贫困提供了值得借鉴的措施。在此之前发展经济学扶贫思想几乎都是笼统的、粗放的扶贫模式，粗放扶贫基本以行政单元为扶贫对象，行政单元内所有居民不论贫富，都可以无差别享受扶持政策，容易造成资源分配不均，很多贫困人口没有得到相应的补偿。而精准扶贫是粗放扶贫的对称，它针对不同贫困区域环境、不同贫困农户状况，实施精准识别、精准帮扶、精准管理、精准考核的扶贫开发模式。一般来说，精准扶贫主要是就贫困居民而言的，谁贫困就扶持谁。具体地说，就是政府、市场主体和各类社会力量共同参与，重点培育贫困对象自我发展生产的能力，从而达到改善贫困对象生产生活的目的，根据不同贫困对象的致贫原因、所具有的要素禀赋、发展意愿及市场需求，统筹各类帮扶资源，制定并实施最优化的帮扶计划，从而达到解决扶贫对象自我发展的难题。

精准扶贫思想是新发展理念的重要体现。实施精准扶贫精准脱贫的思路、方向、着力点，充分体现了新发展理念的引领作用。实施精准扶贫精准脱贫，要求扶贫开发工作思路和机制重大创新，这是精准扶贫区别于过去扶贫开发的重要体现。精准扶贫精准脱贫，要求要把帮扶资金和项目重点向贫困村、贫困群众倾斜，推进老少边穷地区脱贫减贫，因此精准扶贫是我国城乡、区域协调发展的重要实践。精准扶贫精准脱贫强调“易地搬迁脱贫一批”“生态补偿脱贫一批”，在对生存条件恶劣、自然灾害频发的地方实施易地搬迁，结合生态环境保护和治理探索生态脱贫的新路子，这体现了“绿水青山就是金山银山”的绿色发展理念。精准扶贫思想倡议共建一个没有贫困、共同发展的人类命运共同体，消除全国贫困是人类的共同使命、离不开各国减贫发展合作，这就需要通过内外联动，实现开放发展。实现共同富裕是共产党人的毕生追求，而精准扶贫精准脱贫是促进全体人民共享改革发展成果、逐步实现共同富裕的重大举措，其聚焦贫困地区和人口，强调在扶贫的路上“绝不能让一个少数民族、一个地区掉队，要让13亿中国人民共享全面小康的成果”。

精准扶贫精准脱贫是全球贫困治理的“中国智慧”。20世纪以来，从全球范围看，发展中国家致贫原因多元化、差异化普遍存在，贫困问题复杂性增加，单一力量或单一减贫措施面对复杂贫困问题时很难取得突破性成绩。中国作为最大的发展中国家，在精准扶贫理念指导下的贫困治理经验和减贫实践的积累对于创新国际贫困治理理论同时具有重要的作用，对于推动广大发展中国家摆脱贫困具有很好的理论借鉴意义。精准扶贫中内源式扶贫、合力扶贫、制度扶贫等是从多种层面构建了中国农村反贫困理论，具有很强的针对性、政策性和实践性，也回应了发展中国家贫困问题的复杂化和艰巨性。在贫困治理中，精准扶贫理论科学地回答了“扶持谁”“谁来扶”“怎么扶”“如何退”等重大问题。以扶贫对象需求为导向，分类施策，采取针对性扶贫措施，使扶贫资源供给与扶贫对象需求有效衔接。注重扶贫的综合性与精准度相结合，制定综合性扶贫脱贫思路，实施精准扶贫，实现精准脱贫。精准扶贫理论为全球贫困治理尤其是发展中国家反贫困提供了借鉴。

三、本书的研究框架

新中国成立以来，中国在农村扶贫开发进程中取得了令世界瞩目的减贫成就，为全球减贫发展做出了突出贡献。国际社会对于中国扶贫的经验给予了高度评价。2004 年世界银行行长沃尔芬森在全球扶贫大会上指出：“虽然我们还无法保证让每个国家都取得像中国这样的扶贫成就，但我们至少可以尽可能学习这些优秀的扶贫经验并在全球将其推而广之”。亚洲开发银行副行长范林登认为，中国作为世界最大的发展中国家和人口最多的国家，应以更积极的姿态参与国际扶贫，这将有力推动全球减贫进程，中国自身也将从中受益。

消除贫困是全人类的共同目标。本书从中国扶贫开发特别是精准扶贫切入，对中国特色发展经济学进行研究。中国精准扶贫的成就取得不仅与精准扶贫政策有关，也和中国经济发展紧密联系在一起，因此，本书首先研究精准扶贫政策，然后，进一步研究精准扶贫与二元结构、四化同步、人力资本、绿色发展、对外开放、制度供给等的关系，最后，在这些研究基础上探讨中国特色发展经济学理论体系。本书特色是研究精准扶贫，进而展开对中国特色发展经济学研究。本书的框架是：首先研究习近平总书记扶贫开发重要思想和精准扶贫政策体系（第二章）；其次，分别研究精准扶贫与二元结构（第三章）、精准扶贫与四化同步（第四章）、精准扶贫与人力资本（第五章）、精准扶贫与绿色发展（第六章）、精准扶贫与对外开放（第七章）、精准扶贫与制度供给（第八章）；最后，研究精准扶贫与中国特色发展经济学理论体系。

（本章撰稿人：施红　徐祥临　杨玉林）

第二章 习近平扶贫开发重要思想和精准扶贫实践

习近平总书记扶贫开发重要思想是中国特色社会主义发展经济学的重要组成部分。习近平总书记扶贫开发重要思想是中国共产党领导中国人民立足于中国国情的反贫困实践的理论升华和经验总结，是新时期中国反贫困事业必须坚持和发扬的行动指南与理论纲领。2013 年以来我国实施的精准扶贫战略是习近平扶贫开发思想的集中体现。

第一节 习近平扶贫开发重要思想

习近平总书记扶贫开发战略思想，是经过长期实践探索逐步形成的，内容丰富，思想深刻，具有极强的思想性、理论性、指导性。习近平扶贫开发重要思想源于习近平总书记扶贫开发实践探索，习近平总书记在 2015 减贫与发展高层论坛上说，“40 多年来，我先后在中国县、市、省、中央工作，扶贫始终是我工作的一个重要内容，我花的精力最多。”同时，习近平扶贫开发思想也是马克思主义扶贫理论以及几代中央领导人扶贫思想的发扬和创新。

一、习近平扶贫开发重要思想实践基础

习近平总书记对扶贫开发的重视一以贯之。习近平总书记始终牵挂着

贫困群众，始终关注扶贫工作，不断探索、不断深化、不断推进，为形成扶贫开发战略思想打下了坚实基础。

（一）梁家河知青插队——贫困认知阶段

习近平总书记七年插队生活期间，成为他长期关注贫困与反贫困的起源。在这一时期，习近平总书记到陕西延川县梁家河村插队，在那里一干就是7年，对中国三农和贫困问题有了深刻理解。习近平总书记说："我一直在跟扶贫打交道，其实我就是从贫困窝子里走出来的。"在梁家河担任村支部书记期间，习近平总书记带领贫苦农民修路、打坝淤地、造良田、打深水井，为梁家河修建了陕北第一口沼气池，并且兴办铁业社、缝纫社、代销点、磨坊等产业，从此，梁家河村开始走上脱贫之路。七年的知青生涯使得习近平充分了解到了基层的贫苦。

（二）正定实践——扶贫实践起步期

在河北正定期间，针对正定"高产穷县"的现状和靠近石家庄的区位优势，习近平总书记提出"依托城市，引进智力，加速'两个转化'"的发展新战略，和"经济上农业单打一，农业上粮食单打一"的发展模式，实施了工业兴县、科技兴县、人才兴县、文化兴县、旅游兴县等扶贫发展策略，掀起了一股经济发展热潮。[①] 习近平总书记一方面向上级提出核减正定的征购粮指标，降低了当地群众生产生活压力。另一方面，习近平总书记开展了积极有效的产业扶贫。在习近平总书记的领导下，正定县摆脱了只发展粮食产业状况，开始大力发展多种经营，并在县里成立了多种经营办公室。在旅游方面，建立了荣国府，正定县旅游产业开始兴起。在畜牧产业方面，从内蒙古引入高质量的畜牧品种。在习近平总书记的带领下，正定逐渐走向"半城郊型"经济发展道路。

---

① 新华网.《习近平总书记的扶贫情结》，http：//www.xinhuanet.com/politics/2017-02/24/c_129494688.htm。

（三）福建探索——扶贫开发重要实践期

福建是习近平扶贫开发重要的实践期，将近18年的扶贫经验使得习近平扶贫思想逐渐成熟，尤其在宁德期间，习近平主抓扶贫工作，形成了行之有效、举世瞩目的“宁德模式”。他大力倡导的“滴水穿石”精神、“弱鸟先飞”意识、“行动至上”作风和“四下基层”制度，不仅使当地贫困户的温饱问题得到了基本解决，更深度影响了闽东乃至福建后续的发展道路。

（四）浙江实践——习近平扶贫开发重要思想成熟时期

从浙江实际出发，习近平总书记进一步系统提出和探索实践了欠发达地区摆脱贫困的路径。虽然本世纪初的浙江已经消除了贫困县，但是习近平总书记提出，“现代化建设不能留盲区死角，实现全面小康一个乡镇也不能掉队”。2007年1月他强调，“把扶贫这件事扎扎实实做好。勿以善小而不为，虽然比例是小的，人口是少的，好像无关浙江省大局，错了，一个也不能少”。

党的十八大以来，习近平总书记亲自研究、亲自部署、亲自推进、亲自督战扶贫工作。2012年习近平总书记到革命老区河北阜平，进村入户看真贫，提出了“两个重中之重”（三农工作是重中之重，革命老区、民族地区、边疆地区、贫困地区在三农工作中要把扶贫开发作为重中之重）、“三个格外”（对困难群众要格外关注、格外关爱、格外关心）、科学扶贫、内生动力等重要思想；2013年在湖南湘西十八洞村首次提出精准扶贫，2014年进一步提出精细化管理精确化配置、精准化扶持等重要思想；2015年习近平总书记到云南、陕西、贵州调研考察扶贫工作，分别在延安、贵阳召开扶贫座谈会。在党的十八届五中全会上亲自就“十三五”规划建议作说明，把脱贫攻坚作为重点说明的问题。在减贫与发展高层论坛会议上习近平总书记发表重要讲话，深刻阐述了中国共产党和中国政府的主张和部署；2017年6月23日习近平总书记在深度贫困地区脱贫攻坚座谈会上指出：“党的十八大以来，我最关注的工作之一就是贫困人口脱贫。每到一个地方调研，我都要到贫困村和贫困户了解情况，有时还专门到贫困县调研。这次到吕梁山区后，全国 11 个山区集中连片特困地区，包括六盘山区、秦巴山区、武陵山区、乌蒙山区、滇桂黔石漠化区、滇西边境山区、大兴安岭南麓山区、燕山－太行山区、吕梁山区、大别山区、罗霄山区，我都走到了。”这些为形成习近平扶贫开发战略思想打下了实践基础。

二、习近平扶贫开发重要思想理论基础

习近平扶贫开发重要思想既是马克思主义贫困理论在我国的最新理论成果，又是对我国历届领导人扶贫开发重要思想的继承和创新，是中国特色社会主义发展经济学的主要组成部分。

（一）马克思主义对贫困的论述

马克思主义关注了资本主义世界贫困产生和消亡的整个过程。马克思认为在资本主义社会中，工人贫困的命运是社会的必然结果，即便是在对工人有利的情况下，也免不了“劳动过度和早死，沦为机器，沦为资本的奴隶，发生新的竞争以及一部分工人饿死或行乞”。在《英国工人阶级状况》、《1844 年经济学哲学手稿》以及《资本论》中，马克思恩格斯描述了资本家剥削工人、无产阶级贫困的历史事实。马克思将贫困的根源指向资本主义制度和其生产方式。在资本主义制度下，工人沦为机器和资本的奴隶，资本主义的生产方式必然使得生产资料在资本家一端大量集中，而“生产资料越是大量集中，工人也就越要相应地聚集在同一个空间”，“资本主义的积累越迅速，工人的居住状况就越悲惨”，因此，生产资料的分化导致财富在资本家和工人阶段的分化加剧。在资本主义社会中，不仅工人贫困程度加剧，而且根据资本主义积累的一般规律，工人贫困人口同样不断膨胀，“可供支配的劳动力同资本的膨胀力一样，是由同一原因发展起来的。因此，产业后备军的相对量和财富的力量一同增长。但是同现役劳动军相比，这种后备军越大，常备的过剩人口也就越多，他们的贫困同他们所受的劳动折磨成正比。最后，工人阶级中贫苦阶层和产业后备军越大，官方认为需要救济的贫民也就越多。这就是资本主义积累的绝对的、一般

的规律”。因此，在资本主义社会中，工人无产阶级只有通过暴力革命获取政权，建立共产主义制度。消灭剥削，摆脱贫困的根本目的是实现共同富裕。在具体如何实现共同富裕方面，马克思强调发展生产力的重要性，在《政治经济学批判》中，他提出了社会生产力迅速发展从而导致生产以所有人的富裕为目的的思想。在《哥达纲领批判》中，马克思预言随着奴役性分工，脑力劳动和体力劳动对立的消失，随着个人的自由全面发展和生产力的增长，社会就能够各尽能，按需分配，从而使每个人都过上富足的生活。

（二）毛泽东扶贫思想

党的历代领导人都将共同富裕作为党的基本目标。新中国成立以后，以毛泽东为首的党的第一代领导集体面对一穷二白的基本国情，认为工业化和合作化是反贫困的主要手段。当时农民是社会的主体，也是主要的贫困群体。1955 年，毛泽东在《关于农业合作化问题》中提出“共同富裕”理念，并阐述了通过农民合作化实现共同富裕的具体设想，“在逐步地实现社会主义工业化和逐步地实现对于手工业、对于资本主义工商业的社会主义改造，即实行合作化，在农村中消灭富农经济制度和个体经济制度，使全体农村人民共同富裕起来”，“全国大多数农民，为了摆脱贫困，改善生活，为了抵御灾荒，只有联合起来，向社会主义大道前进，才能达到目的”。

立足于中国实际，毛泽东在《关于正确处理人民内部矛盾的问题》中提出了农业合作化的基本目标：“使现在还存在的农村中一小部分缺粮户不再缺粮，除了专门经营经济作物的某些农户以外，统统变为余粮户或者自给户，使农村中没有了贫农，使全体农民达到中农和中农以上的生活水平”[①]。毛泽东扶贫思想主要基于当时我国普遍贫穷落后这一基本国情的认识，将扶贫政策内涵与我国经济发展等基本政策相统一，反贫困目标旨在从大局、整体上提高我国经济实力，改变我国落后的经济社会现状。通

① 毛泽东：《毛泽东选集》第 3 卷，人民出版社，1991 年版。

过农村土地改革和技术进步，以及农村基础教育、医疗卫生及社会保障等一系列广义的扶贫措施，逐步提高了全国人民的收入和福利水平，取得了一定的减贫成效。同时毛泽东关于共同富裕的思想及追求平等的反贫困实践，为后期国家领导人进一步深化共同富裕思想以及中国的扶贫开发积累了经验。但是这一时期的扶贫思想尚未形成对中国贫困问题的系统认识，亦没有设置专门性的扶贫机构，做出政策安排。

（三）邓小平扶贫思想

邓小平的扶贫思想在改革开放的过程中形成，是适应中国社会发展的时代产物。邓小平对于如何建设社会主义有过大量的论述，其中很多论述就是关于如何使中国脱贫致富，他将共同富裕与社会主义本质属性相统一，深刻阐述了共同富裕的基本内涵，并且提出社会主义制度是实现共同富裕的制度基础，大力发展生产力、坚持改革开放是扶贫开发的必须条件。

1. 邓小平将共同富裕与社会主义本质属性相统一

邓小平认为共同富裕作为扶贫开发的根本目标，是社会主义的本质属性，社会主义社会应当并且能够实现全体人民的共同富裕。“从一九五八年到一九七八年这二十年的经验告诉我们：贫穷不是社会主义，社会主义要消灭贫穷”、“经济长期处于停滞状态总不能叫社会主义。人民生活长期停止在很低水平总不能叫社会主义”。1985 年 3 月 7 日邓小平在全国科技工作会议上说：“社会主义的目的就是要全国人民共同富裕，不是两极分化。如果我们的政策导致两极分化，我们就失败了。”1986 年 9 月他对外国记者说：“社会主义财富属于人民，社会主义的致富是全民共同致富。”他在《社会主义必须摆脱贫穷》的谈话中指出：“我们坚持社会主义，要建设对资本主义具有优越性的社会主义，首先必须摆脱贫穷。”1992 年初，邓小平在南方谈话中指出：解放生产力，发展生产力，消灭剥削，消除两极分化，最终达到共同富裕。这些论述表明了邓小平从人民的根本利益出发，从捍卫和展示社会主义制度的优越性着手，阐明了社会主义社会与扶贫的内在一致性，为我国扶贫开发奠定坚实的理论基础。

2. 邓小平阐释了共同富裕的基本内涵

邓小平认为共同富裕不等于同步富裕、同等富裕，中国要摆脱贫困落后的面貌，需要经历长期艰苦的努力，而在这一过程当中，基于我国人口众多、幅员辽阔、地区差异特别大的基础环境，要允许一部分人先富起来，先富带动后富最终达到共同富裕。“社会主义的根本目标是实现共同富裕，然而平均发展是不可能的，过去搞平均主义，吃‘大锅饭’，实际上是共同落后、共同贫穷，我们就是吃了这个亏。改革首先要打破平均主义，打破‘大锅饭’，现在看来这个路子是对的。”1978 年 12 月，邓小平在中央工作会议上所作的《解放思想、实事求是，团结一致向前看》讲话中强调“农村、城市都要允许一部分人先富裕起来，勤劳致富是正当的。一部分人先富裕起来，一部分地区先富裕起来”。”鼓励一部分地区、一部分人先富裕起来，也正是为了带动越来越多的人富裕起来，达到共同富裕的目的。”1992 年邓小平在南方视察中再度指出“共同富裕的构想是这样提出的：一部分地区有条件先发展起来，一部分地区发展慢点，先发展起来的地区带动后发展的地区，最终达到共同富裕。”当然对于先富带后富，邓小平在 1986 年就指出：“我们的政策是让一部分人、一部分地区先富起来，以带动和帮助落后的地区，先进地区帮助落后地区是一个义务。”对先富起来的人来说，扶贫不是慷慨解囊，而是一项义务，帮扶贫困最终也将使自己受益。对于东西扶贫协作，邓小平提出了“两个大局”思想：“沿海地区要加快对外开放，使这个拥有两亿人口的广大地带较快地先发展起来，从而带动内地更好地发展，这是一个事关大局的问题。反过来，发展到一定的时候，又要求沿海拿出更多力量来帮助内地发展，这也是个大局。那时沿海也要服从这个大局。”这一思想成为实现我国共同富裕和东西部扶贫协作的重大战略思想和指导方针。90 年代初邓小平根据我国已经形成的东、中、西部发展不平衡的状况，再次明确提出发达地区“通过多交利税和技术转让等方式大力支持不发达地区”的构想，以“逐步顺利解决沿海同内地贫富差距的问题”。

3. 邓小平指出扶贫减贫必须大力发展生产力，坚持改革开放

邓小平要求通过大力发展生产力，带领人民群众脱贫致富。在这方

面，邓小平有大量的论述。1985年他在谈到如何坚持社会主义时说：“社会主义的首要任务是发展生产力，逐步提高人民的物质和文化生活水平。贫穷不是社会主义，社会主义要消灭贫穷。”邓小平还进一步指出，“坚持社会主义的发展方向，就要肯定社会主义的根本任务是发展生产力，逐步摆脱贫穷，使国家富强起来，使人民生活得到改善。没有贫穷的社会主义。”邓小平认为只有通过改革，从根本上改变束缚生产力发展的经济体制，才能促进生产力的发展，促进扶贫开发工作的开展。他说：“中国不走这条路，就没有别的路可走。只有这条路才是通往富裕和繁荣之路。”“要摆脱贫困，在经济政策和对外政策上都要立足于自己的实际，不要给自己设置障碍，不要孤立于世界之外。根据中国的经验，把自己孤立于世界之外是不利的。要得到发展，必须坚持对外开放、对内改革，包括上层建筑领域的政治体制的改革。”① 改革开放以后，农村建立以家庭承包经营为基础的双层经营体制，放开农产品价格和市场，乡镇企业快速发展，农村青壮年在乡镇企业工作或进城务工，增加了收入，贫困问题大面积缓解。他还提倡将发展乡镇企业作为农民经营致富、集体致富的重要形式。他说，“农村改革中的一大特点就是发展乡镇工业”。党的十一届三中全会以后，乡镇企业在广大农村茁壮成长起来，并成为农民增加就业和收入的主渠道。

4. 邓小平认为社会主义制度是实现共同富裕的制度基础

邓小平认为，不坚持社会主义道路，在中国实现共同富裕是不可能的。“中国根据自己的经验，不可能走资本主义道路。道理很简单，中国十亿人口，现在还处于落后状态，如果走资本主义道路，可能在某些局部地区少数人更快地富起来，形成一个新的资产阶级，产生一批百万富翁，但顶多也不会达到人口的百万分之一，而大量的人仍然摆脱不了贫困的问题，甚至连温饱问题都不可能解决。只有社会主义制度才能从根本上解决摆脱贫困的问题。”因此，扶贫开发不只是一项艰巨任务，还是一项政治任务，要通过改革进行扶贫。

① 邓小平：《邓小平文选》第三卷，人民出版社，1993年版。

5. 邓小平强调扶贫机构、政策、体制建设

中共中央、国务院于1986年成立了国务院贫困地区经济开发领导小组，各级政府也相继成立了类似的机构，我国扶贫事业形成了比较完整的工作体系，扶贫开发工作责任逐层落实，中国扶贫“有组织、有计划、大规模的农村扶贫开发活动”拉开序幕。1980年代，国家对西部地区实行区域补偿，先后设立了支援不发达地区发展基金、“三区”地区专项建设基金等扶贫专项基金，加强对“老少边穷”地区的扶持力度。同时，国家把扶贫开发作为一项主要内容列入了“七五”和“八五”国民经济发展计划。1984年中共中央、国务院联合发出《关于帮助贫困地区尽快改变面貌的通知》，开始有组织、有领导地进行全国范围的扶贫工作。1986年4月全国人大六届四次会议原则批准国务院制订的《中华人民共和国国民经济和社会发展第七个五年计划》，提出了在“七五”期间基本解决农村贫困人口温饱问题的设想。

另外，邓小平指出了我国扶贫开发的长期性和艰巨性。他说：“落后国家建设社会主义，在开始的一段很长时间内生产力水平不如发达的资本主义国家，不可能完全消灭贫穷。所以，社会主义必须大力发展生产力，逐步消灭贫穷，不断提高人民的生活水平”。

（四）江泽民扶贫思想

江泽民继承毛泽东、邓小平关于共同富裕的思想，总结了从毛泽东到邓小平时期的扶贫开发实践，将共同富裕和扶贫开发具体工作相结合，既深化了共同富裕的思想，又明确提出了扶贫开发的相关思想，回答了扶贫实践中“扶谁”、“谁扶”、“怎么扶”、“扶多久”等农村扶贫的一系列基本问题。

1. 坚持“他扶”与“自扶”的有机统一

江泽民明确指出：“我们的政府是人民的政府，帮助贫困地区群众脱贫致富，是党和政府义不容辞的责任。”一方面，各级政府和社会各界都参与农村扶贫，为农村贫困人口提供必要的外部扶持；另一方面，政府的作用是主导性的，但这并不等于可以忽视民间力量的作用和贫困地区的自

我积累、自我发展的能力。农村贫困人口要通过增强自我发展能力，实现自立自强，艰苦奋斗。江泽民指出："帮助贫困地区人民摆脱贫穷，不仅是党和政府的任务，也是全社会的共同责任。""广泛动员全社会力量参与扶贫，是扶贫工作的一条重要方针。坚持这条方针，不仅可以加快脱贫进度，而且有利于发扬良好的社会风尚。"而"坚持贯彻'发展是硬道理'的思想，最重要的就是要不断增强贫困地区自我发展的能力"。"一个贫困的地方，要改变贫穷落后面貌，需要国家的扶持和社会有关方面的帮助，但最根本的还是要靠当地干部群众自身的努力，靠干部带领群众苦干实干。离开了这一条，再多的扶持也难以奏效，再优惠的政策也难以发挥作用。这是已经脱贫地方的根本经验，也是一些地方虽经长期扶持仍然山河依旧的主要教训"。"贫困地区的干部群众有没有改天换地、战胜贫穷的艰苦奋斗的雄心壮志，有没有不等不靠、积极进取的自力更生的顽强意志，决定着脱贫致富的进程和成效。外部的支持帮助只有与内部的艰苦努力结合起来，才能真正发挥作用。在国家的扶持和社会各界的帮助下，只要贫困地区的各级党组织和干部群众同心协力，开动脑筋，实干苦干，脱贫的办法就会越想越多，致富的路子就会越走越宽"。

2. 强调树立长期扶贫开发思想

扶贫开发是贯穿整个社会主义初级阶段的一项重要任务。江泽民指出，"扶贫开发是贯穿整个社会主义初级阶段的一项重要任务。下个世纪，扶贫开发还要继续深化，并不断向更高的水平推进。""到本世纪末，农村虽然可以基本解决贫困人口的温饱问题，但标准还很低，而且很不稳定。许多地方还没有从根本上改变落后的生产条件，一遇自然灾害，一部分人仍可能饱而复饥，温而复寒。改变这些地方长期形成的生产力不发达状况，还要进行长期努力。""基本解决农村贫困人口的温饱问题这项任务以后，扶贫开发仍然不能放松。下个世纪继续开展扶贫开发，要首先解决剩余贫困人口的温饱问题，巩固扶贫成果，使已经解决温饱的人口向小康迈进，同时在稳定解决温饱的基础上，全面推进贫困地区经济发展。这项工作，必须同我们对下个世纪整个经济发展战略的考虑结合起来，同加快中西部地区建设、缩小东西部地区发展差距，实现共同富裕的目标结合起来。”“我国将长期处于社会主义初级阶段，由于客观条件和历史的原因，地区之间发展很不平衡，贫困地区、贫困人口和贫困现象在我国将长期存在。初级阶段就是由贫困人口占很大比重、人民生活水平比较低，逐步转变为全体人民比较富裕的历史阶段。”[①]

3. 重视开发式扶贫和科技扶贫

针对传统的救济式扶贫形成的部分地区“等、靠、要”思想，江泽民明确提出了开发式扶贫的方针，通过开发性生产，增强贫困地区自我发展的能力，这成为我国扶贫开发政策的基础和核心。1999 年 7 月江泽民在中央扶贫开发工作会议上的讲话中指出：“坚持开发式扶贫的方针，首先帮助贫困农民发展种养业，大力加强农田水利基本建设，改善基本生产和生活条件，推广适用科技，发展教育，提高劳动者的素质，落实科教扶贫的各项措施”。他强调开发式扶贫必须长期坚持下去，“实践说明，实行开发式扶贫，以市场需求为导向，依靠科技进步，开发利用当地资源，发展商品生产，不仅能解决温饱，而且可以脱贫致富。这样，把国家的扶持同贫困地区干部群众自力更生、艰苦奋斗结合起来，立足当地实际搞开发性生产，效果很好。搞开发扶贫，是扶贫工作的一个根本性转变，是一个重大创造，这个方针必须长期坚持”。开发式扶贫基本宗旨就是动员民众、组织民众，倡导和鼓励贫困地区的贫困农户和地方政府发扬自力更生、艰苦奋斗、自强不息、改变命运的精神，在国家必要的扶持下，逐步形成自我积累、自我发展的能力，在劳动过程中发展生产，创造财富，解决温饱问题。开发式扶贫离不开科技脱贫，江泽民强调：“加快发展教育，推广适用技术，普遍提高劳动者素质。这是脱贫致富的重要条件，也是经济发展后劲所在。”在开发式扶贫中，强调农业扶贫，尤其是农业科技扶贫，特别是坚持以发展种养业和改变贫困农户基本生产生活条件为重点。江泽民认为这不仅是扶贫工作的重点，而且也是扶贫资金投入的重点。1996 年中央政府明确强调，在目前情况下不允许用国家扶贫资金发展地方工业，包括加工工业。在解决贫困地区农村温饱问题过程中，这是一条非常有效的

---

① 江泽民：《江泽民文选》第三卷，人民出版社，2006 年版。

做法和重要经验。江泽民时期，科学技术，特别是农业先进实用技术，是改变贫困地区传统生产方式、提高生产力水平的一项有效措施，是事半功倍的有效办法。为提高扶贫开发的科技水平，中央政府采取了一系列重要措施，包括动员大专院校、科研院所在贫困地区积极推广农业先进实用技术，组织科技人员到贫困地区挂职任教，组织科研单位到贫困乡、村通过各种形式宣传普及农业实用技术，推广和普及类似温饱工程的实用技术。这些措施有效地改变了贫困地区落后的生产方式，提高了土地的单位面积产量，迅速增加了农民收入。同时，科学技术广泛运用和普及，在一定程度上改变了贫困地区以破坏生态为代价的掠夺性经营，有利于贫困地区可持续发展。

4. 开展东西扶贫协作

1996 年中央政府号召沿海地区从大局出发，按照“优势互补、互惠互利、共同发展”原则，开展对口帮扶西部贫困省区的“东西扶贫协作”工作。对于东西扶贫协作，江泽民指出，“东部发达地区要继续帮扶西部贫困地区，以改变贫困地区基本生产生活条件为重点，按照优势互补、互惠互利、长期合作、共同发展的原则，开展多层次、多渠道、多形式的经济技术合作，把东西扶贫协作推向一个新的阶段。”中国青少年发展基金会、中华慈善总会、中国扶贫基金会等民间社团也积极参与了扶贫济困活动。

5. 将扶贫工作上升至国家发展新高度

对扶贫开发的认识，江泽民继承了邓小平的社会主义本质论思想，进一步从党的根本宗旨和国家长治久安的战略高度来认识和领导扶贫工作。“在贫困地区，要把解决群众的温饱问题作为压倒一切的中心。我们是社会主义国家，我们党的宗旨是全心全意为人民服务，还有什么问题比贫困群众吃不饱、穿不暖更大呢！”“全党同志都要从坚持党的宗旨的高度来认识这个问题，都要把解决农村贫困人口的温饱问题作为一项重大的政治任务，义不容辞地完成好。”“中央反复强调，加快贫困地区的发展，不仅是一个重大的经济问题，而且是一个重大的政治问题，就是因为它直接关系国家的安定团结和长治久安。全党同志必须从改革、发展、稳定的全局高度，深刻认识做好扶贫开发工作的重大意义。”

6. 建立了完整的扶贫政策体系

首先，加强了对扶贫工作领导。1993 年中央决定将国务院贫困地区经济开发领导小组改为国务院扶贫开发领导小组，下设办公室，作为专门领导扶贫工作的机构。其次，坚持实行以省为主的扶贫工作责任制，做到任务到省、责任到省、权力到省、资金到省，各省、自治区、直辖市，对贫困地区、贫困县也要层层实行责任制，以县为扶贫攻坚的基本指挥单位。江泽民还特别强调扶贫过程中基层党组织建设的重要性。“要加强贫困地区基层组织建设，特别是村级组织建设。一个贫困村要改变面貌，关键是要有好的带头人。抓扶贫要同抓基层组织建设紧密结合。‘给钱给物，更要帮助建一个好支部。’这是解决贫困村问题的治本之策。”第三，制定扶贫工作计划。1994 年中共中央、国务院制定了《国家八七扶贫攻坚计划》，明确提出集中人力、物力、财力，争取用 7 年左右的时间，基本上解决 8000 万贫困人口的温饱问题。1996 年中共中央、国务院对东西扶贫协作进行了统一部署，明确要求沿海 6 个省、3 个直辖市和 4 个计划单列市对口帮扶西部 10 个省、区，形成了结对扶贫协作的良好态势。此外，还动员中央国家机关、企事业单位定点扶贫；号召社会各界送温暖、献爱心，通过不同形式支持贫困地区，解决温饱问题；国家还从投资政策、财政转移支付政策等方面给予贫困地区倾斜等等。从“八七扶贫攻坚”开始，改变了过去单纯生活救济的扶贫方式，转变为集中的综合经济开发扶贫，即在国家的资金、物资、技术扶持下利用贫困地区的自然资源，面向市场需要，进行综合开发性建设，启动贫困地区的内在活力，依靠自身力量脱贫致富。党中央推出了《中国农村扶贫开发纲要（2001—2010）》，凸显国家贫困治理的责任和主导能力，不断加大对欠发达地区一般性转移支付和扶贫开发专项资金的投入，逐步形成了多部门合作的贫困治理体制，形成各种积极力量共同推动扶贫事业发展的合力。由此，全国范围内开展了有计划、有组织和大规模的开发式扶贫，我国的扶贫工作进入了一个新的历史时期，我国扶贫事业逐渐形成了专项扶贫、行业扶贫、社会扶贫相结合的“大扶贫格局”。

7. 将扶贫对象由贫困地区转为贫困人口

自上世纪 90 年代以来，江泽民多次强调，扶贫不能不分贫富、平均扶持，必须进一步缩小扶贫对象规模，实现由扶持贫困地区向扶持贫困人口的战略性转变，即要以尚未解决温饱问题的贫困农户和贫困农户占绝大多数的自然村为基本扶贫对象。“各项扶贫工作都要狠抓落实，逐一落实到贫困村、贫困户，帮助每个贫困户制定符合实际的解决温饱的措施。”他强调：“能否实现贫困地区的脱贫目标，取决于能否解决贫困村、贫困户的问题。因此，这场扶贫攻坚战必须一个村一个村地打，一户一户地帮。要确保重点，不能把有限的资金到处撒胡椒面。要以贫困村为重点，以贫困户为对象，把扶贫任务分解到村，把扶贫措施落实到户，做到‘真扶贫，扶真贫’。”他要求“必须把扶贫资金落实到贫困村、贫困户，减少一切可能消耗扶贫资金的中间环节”。

8. 将扶贫上升至人权高度

对中国这样的人口众多的发展中国家而言，人权的首要内容是生存权和发展权。在我国解决了温饱问题就是解决了最大的人权问题。江泽民明确指出：“实现和保障广大人民群众的生存权和发展权，是我们维护人权的最基础最首要的工作。不首先解决温饱问题，其他一切权利都难以实现。”

9. 将扶贫与农村可持续发展相结合

江泽民认为，农村实现可持续发展，必须做到“三个结合”：一是扶贫开发与计划生育相结合，控制贫困地区人口增长速度，尽快改变越穷越生、越生越穷的恶性循环状态；二是扶贫开发与资源保护相结合，坚持资源开发与节约并举，把节约放在首位，努力提高资源利用效率；三是扶贫开发与生态建设相结合，围绕改善农民生活问题，发动农民治水、改土、种树、植草，以改善农村生产条件和生态环境，努力开创和谐发展之路。另外，江泽民还强调扶贫过程中要注重处理公平与效率的关系，“我们发展社会主义市场经济体制，既要追求资源配置的效率目标，也要兼顾公平原则，更要对贫困地区采取有效的扶持政策。”

（五）胡锦涛扶贫思想

科学发展观的根本方法是统筹兼顾，胡锦涛将扶贫与科学发展观、国家发展战略相统筹，其基本思想是“统筹”。胡锦涛扶贫实践则是统筹兼顾的具体实践。胡锦涛扶贫思想对扶贫工作大量的指示和指导体现在全面建设小康社会、贯彻落实科学发展观等一系列重大战略中，他将扶贫开发的重要性和扶贫开发的目标置于更广阔、更深刻的背景之下。

1. 扶贫开发与全面建设小康社会，构建社会主义和谐社会相统筹

胡锦涛指出："全面建设小康社会，一个重要内容就是要帮助贫困地区和欠发达地区加快发展，使群众尽早脱贫致富。"他强调扶贫是构建社会主义和谐社会的关键一环，指出"没有贫困地区的和谐稳定，就没有全国的和谐稳定。""扶贫开发是建设中国特色社会主义事业的一项历史任务，也是构建社会主义和谐社会的一项重要内容。"在2011年中央扶贫开发工作会议上，胡锦涛进一步强调："实现全面建设小康社会宏伟目标，最艰巨最繁重的任务在农村，更在贫困地区。没有贫困地区的全面小康，就没有全国的全面小康；没有贫困地区的和谐稳定，就没有全国的和谐稳定。"

2. 扶贫开发与城乡发展、"三农"工作、建设社会主义新农村相统筹

胡锦涛在十六届三中全会上强调："要把解决农村贫困人口的生产生活问题作为农村工作的一个重点，以改善生产生活条件和增加农民收为核心，采取各种有效措施，加大工作力度，提高扶贫开发成效。"同时，他强调贫困地区是新农村建设的一大阻力，新农村建设的首要任务就是减少和消除贫困。2006年2月14日胡锦涛在省部级主要领导干部建设社会主义新农村专题研讨班上强调："要加大农村扶贫开发力度，因地制宜地实行整村推进的扶贫开发方式，继续对缺乏生存条件地区的贫困人口实行易地扶贫，对丧失劳动能力的贫困人口实行救助制度。"在2011年中央扶贫开发工作会议上他进一步阐明了实行扶贫开发的统筹大思路。他指出，"坚持统筹城乡发展，坚持扶贫开发与推进城镇化、建设社会主义新农村相结合。"①

3. 扶贫开发与制度脱贫相统筹

胡锦涛指出，"要坚持开发式扶贫的方针，进一步加大扶贫工作力度。要注重激励贫困地区广大干部群众发扬自力更生、艰苦奋斗的精神，合理

---

① 胡锦涛：《在中央扶贫开发工作会议上发表重要讲话》，2011年11月30日，《人民日报》。.

开发利用当地资源，积极培育特色优势产业，着力增强贫困地区自我积累、自我发展能力，走出一条依靠自己力量脱贫致富的路子”。2007年全国农村建立最低生活保障制度，将符合条件的农村贫困人口全部纳入保障范围，从制度上解决了全国农村贫困人口的温饱问题。但是制度脱贫并不等于放弃扶贫开发，2007年胡锦涛在宁夏视察期间进一步强调，在全国范围建立农村最低生活保障制度，并不意味着扶贫开发就不需要搞了。“要坚持开发式扶贫方针，同时实行扶贫开发和农村最低生活保障制度有效衔接，把扶贫开发作为脱贫致富的主要途径，把社会保障作为解决温饱问题的基本手段。”

4. 扶贫开发与生态保护相统筹

胡锦涛认为，农村贫困地区之所以积贫积弱，很大部分原因是由于当地没有处理好人口发展、资源环境保护和经济社会发展的关系。他说要“坚持扶贫开发与生态环境保护相结合，促进经济社会发展与人口资源环境相协调。”早在主政贵州时期，他就亲自倡导成立毕节地区开发扶贫、生态建设试验区，并提出要把毕节办成一个生态试验区，确定生态建设、扶贫开发、人口控制三大主题，努力探索一条人与自然和谐相处、经济社会可持续发展的道路。

5. 强调扶贫开发工作动态化

胡锦涛担任总书记期间，我国农村贫困人口大幅减少，贫困地区经济全面发展、基础设施明显改善、社会事业不断进步、群众收入水平稳步提高，农村居民生存和温饱问题基本解决，人民生活总体上实现由温饱到小康的历史性跨越。针对这一发展现状，胡锦涛提出了一些列扶贫开发新要求、新目标。一是扶贫阶段论。他强调“我国扶贫开发已经从以解决温饱为主要任务的阶段转入巩固温饱成果、加快脱贫致富、改善生态环境、提高发展能力、缩小发展差距的新阶段。”二是提高扶贫标准。2007年胡锦涛在中央经济工作会议上，他提出“在完善农村最低生活保障制度、基本解决贫困人口温饱的基础上，适当提高农村扶贫标准，深入推进扶贫开发，让广大农民更好共享发展成果。”在十七大报告中提出了到2020年“绝对贫困现象基本消除”，“逐步提高扶贫标准和最低工资标准”，“提高扶贫开发水平”，“加大对革命老区、民族地区、边疆地区、贫困地区发展扶持力度”的论述。在2011年中央扶贫开发工作会议上他进一步明确了到2020年深入推进扶贫开发总体目标，即“稳定实现扶贫对象不愁吃、不愁穿，保障其义务教育、基本医疗和住房。贫困地区农民人均纯收入增长幅度高于全国平均水平，基本公共服务主要领域指标接近全国平均水平，扭转发展差距扩大趋势。”2011年中央扶贫开发工作会议上，党中央决定把2008年1067元的国家扶贫标准大幅提高到2300元。

6. 坚持党的领导与扶贫开发相结合

扶贫开发的总要求是“省负总责、县抓落实、工作到村、扶贫到户”。胡锦涛在研究扶贫开发工作面临的形势和任务指出：“强化扶贫开发责任，加强扶贫机构队伍建设，加强扶贫法制化建设，努力实现到2020年扶贫开发目标任务”。另外，胡锦涛还强调各方扶贫力量相统筹，构筑扶贫工作大格局。他指出，要“着力巩固和发展专项扶贫、行业扶贫、社会扶贫大扶贫格局”，“要充分发挥社会力量在扶贫开发中的重要作用，广泛动员社会各界参与扶贫开发。”扶贫开发与区域发展相统筹。2007年胡锦涛总书记在全国人大会议期间参加广西代表团讨论时所强调：要坚持公共资源向贫困地区、边境地区、少数民族地区倾斜。

三、习近平扶贫开发重要思想主要内容

习近平总书记扶贫开发重要思想体现了中国特色扶贫开发道路的理论创新和实践创新，贯彻了创新、协调、绿色、开放、共享的五大发展理念，体现了马克思主义世界观和方法论，是治国理政思想的重要组成部分，是做好当前及今后一个时期脱贫攻坚工作的科学指南和根本遵循。

1. 扶贫开发价值取向——实现人的全面发展

我国扶贫的短期目标是到2020年，围绕全面建成小康社会，做到“两不愁三保障”、“一高于一接近”和“两个确保”。具体说就是，稳定实现农村贫困人口“两不愁三保障”，即不愁吃、不愁穿，义务教育、基本医疗和住房安全有保障；实现贫困地区农民人均可支配收入增长幅度高于全国

平均水平，基本公共服务主要领域指标接近全国平均水平；确保我国现行标准下农村贫困人口实现脱贫，贫困县全部摘帽，解决区域性整体贫困。扶贫减贫的长期目标是共同富裕，其价值取向是实现人的全面发展。扶贫开发的根本出发点和落脚点是满足人们的物质文化生活需要、促进人的全面发展。习近平指出："脱贫致富从直观上说，是贫困地区创造物质文明的实践活动。但是，真正的社会主义不能仅仅理解为生产力的高度发展，还必须有高度发展的精神文明——一方面要让人民过上比较富足的生活，另一方面要提高人民的思想道德水平和科学文化水平，这才是真正意义上的脱贫致富。"反贫困是"物质扶贫"和"精神扶贫"相统一。"物质扶贫"主要就是通过发展经济，提高人们的收入水平，从物质上解决贫困人口的温饱问题。"精神扶贫"主要就是通过发展教育和开展社会主义精神文明建设，提高人们的思想道德水平和科学文化水平，增强贫困人口摆脱贫困的能力、信念和信心。只有同时摆脱物质上和精神上的贫困，人才能实现自由、全面的发展。

2. 扶贫开发基本理念——精准化

习近平扶贫开发的基本理念是以精准化思维提高扶贫减贫效率，实现精准扶贫精准脱贫。习近平说："精准扶贫就是要对扶贫对象实行精细化管理，对扶贫资源实行精确化配置，对扶贫对象实行精准化扶持，确保扶贫资源真正用在扶贫对象身上、真正用在贫困地区。"可以看出习近平的精细化理念，强调扶贫对象、扶贫资源以及扶贫资源都需要精准精细管理。他在总结数十年扶贫工作经验教训基础上，根据目前中国贫困群体状况提出了一系列针对性的精准措施，即六个精准：扶持对象精准、项目安排精准、资金使用精准、措施到户精准、因村派人精准、脱贫成效精准。首先是扶贫对象的确定，做到扶贫识别精准，防止目标偏移，保证瞄准扶贫对象。通过"扶持对象精准"，把贫困人口、贫困程度、致贫原因等搞清楚。一直以来，我国农村扶贫的方式是实施区域瞄准，没有识别到户，是一种"大水漫灌"式的扶贫模式，这种模式难以真正惠及贫困群众。其次是通过"因村派人精准"，向贫困村选派第一书记和驻村工作队，解决扶贫主体的问题。第三，根据致贫原因，有针对性地通过"项目安排精准"、"资金使用精准"、"措施到户精准”扶持贫困群体，实现贫困户的精准帮扶。第四，对贫困户的动态管理和贫困地区的精准考核，根据扶贫进展及时调整，建认贫困退出机制，明确贫困退出标准、程序和核查办法，对扶贫工作进行实时跟踪和把控，使得“脱贫成效精准”。[①] 因此，精准化理念是习近平扶贫思想的基本观点。

3. 扶贫主体多元性——大扶贫格局

脱贫攻坚不仅是一个重大的经济问题，同时也是一个重大的政治和社会问题，是全社会的共同责任，需要全党全社会的广泛参与。习近平认为扶贫开发强调要构建一种“坚持专项扶贫、行业扶贫、社会扶贫等多方力量、多种举措有机结合和互为支撑的‘三位一体’大扶贫格局”。这意味着，扶贫开发要构建以政府、社会、市场为主要主体协同推进专项扶贫、行业扶贫、社会扶贫的有机结合的大扶贫格局，形成跨地区、跨部门、跨单位的多元主体参与的扶贫体系。同时他也强调政府在各种主体中的主导地位，坚持政府投入在扶贫开发中的主体和主导作用。政府主导是我国反贫困的一大特色，既是执政党宗旨所决定，也是社会主义制度优势所在。

4. 内源式扶贫——强调扶贫内因

贫困是多方面因素的导致的。在贫困地区，尤其是深度贫困地区，愚昧、低素质、懒惰等精神、文化贫困是致贫的深层次原因，也是脱贫后“返贫”的直接诱因。树立脱贫信心、营造脱贫环境，帮助贫困群体充分认识到自身优势以及主观能动性的重要性，在精神上与贫困绝缘，是习近平扶贫思想的重点。习近平总书记指出：“要坚持扶贫同扶智、扶志相结合，注重激发贫困地区和贫困群众脱贫致富的内在活力，注重提高贫困地区和贫困群众的自我发展能力。”文化贫困主要表现在低素质的劳动力缺乏必要的现代劳动生产技术，与贫瘠的土地资源相结合导致的低水平生产力，小农个体自给自足的自然经济，与现代市场经济链条相脱节等方面。精神贫困表现在对贫困听天由命、不敢想不敢干、消极无为、安于现状、封闭保守、懒散、“等、靠、要”。“扶贫既要富口袋，也要富脑袋。要坚持以促进人的全面发展的理念指导扶贫开发，丰富贫困地区文化活动，加强贫困

① 中共中央党史和文献研究院、国务院扶贫办：《习近平扶贫论述摘编》，中央文献出版社，2018年版。

地区社会建设，提升贫困群众教育、文化、健康水平和综合素质，振奋贫困地区和贫困群众精神风貌。”

5. 绿色扶贫——破除贫困外因

习近平总书记认为，地区生态环境是贫困发生和消灭的重要因素，保护生态环境和脱贫致富并非对立的关系，而是相辅相成的关系。一方面，贫困地区绝大多数是生态脆弱地区，资源承载能力有限。恶劣的生态环境导致贫困发生，脱贫难度大。例如吕梁山片区基本上是黄土高原丘陵沟壑水土保持生态功能区；燕山—太行山片区承担着京津风沙源治理、三北防护林等重点生态建设任务，是海河、滦河重要水源涵养区。对于这些生态脆弱的敏感地区，扶贫开发决不能以破坏生态环境为代价。因此，要结合生态环境保护，在保护生态环境的基础上寻求最佳的反贫困路径。其中对居住在生存条件恶劣、生态环境脆弱、自然灾害频发等地区的贫困人口实施易地扶贫搬迁，成为习近平的绿色扶贫的重要途径。习近平指出，“有的地方实在是穷山恶水，可以整体搬迁，也可以分散移民，但一定要选好搬迁和移民的地点”。通过实施易地扶贫搬迁，物理空间上改变贫困居民的生存生活环境，破解贫困发生的地理瓶颈；另一方面，良好的生态环境是最公平的公共产品，是人民的最普遍的民生福祉，是一种新的生产力。他强调指出：“要正确处理好经济发展同生态环境保护的关系，牢固树立保护生态环境就是保护生产力、改善生态环境就是发展生产力的理念。”“我们既要绿水青山，也要金山银山。宁要绿水青山，不要金山银山，而且绿水青山就是金山银山。”2015年习近平总书记在浙江调研时还提出“‘美丽经济’，印证了绿水青山就是金山银山的道理。”习近平总书记认为保护环境、改善生态环境和脱贫致富并不是相互矛盾的，而是可以互相促进乃至齐头并进的。绿水青山既是自然财富，又是社会财富、经济财富，绿水青山和金山银山决不是对立的。中央政府可以通过制定政策“生态补偿来脱贫一批”，帮助有劳动能力的贫困人口就地转成保护生态的工作人员，帮助一部分贫困地区、贫困群众脱离贫困，加大贫困地区生态保护的修复力度；贫困地区也可以立足贫困地区的自然条件，着眼于特色资源，大力发展特色农业、农产品加工业、红色旅游产业等特色产业，实现脱贫和保护环境双赢。

6. 制度扶贫——建设扶贫新机制

改革旧制度、构建新制度，已经成为我国反贫困的一个主要手段。完善的制度建设，是精准扶贫的必要保障。制度脱贫有两层含义，一是通过制度建设，扶贫措施得以落地、扶贫成效得以实现；二是通过完善城乡制度改革，构建平等正义的制度环境。对于前者，习近平认为要求以制度创新作为突破口，通过消除现存体制和机制上的障碍，建立更加科学有效的评价、考核等各种机制，以完备的制度来规范扶贫开发行为，他指出“要改革创新扶贫开发体制机制，特别是考核机制，贫困地区要把提高扶贫对象生活水平作为衡量政绩的主要考核指标。”对于后者，就是要注重“社会保障兜底一批”，习近平指出，要消除农村地区的贫困一定要反制度贫困，尤其要破除城乡二元制度。城乡二元的土地、户籍、劳动就业、社保、教育、养老、医疗等体制机制，成为农村摆脱贫困的主要障碍。“我们一定要抓紧工作、加大投入，努力在统筹城乡关系上取得重大突破，特别是要在破解城乡二元结构、推进城乡要素平等交换和公共资源均衡配置上取得重大突破，给农村发展注入新的动力，让广大农民平等参与改革发展进程、共同享受改革发展成果。”

7. 扶贫开发要坚持发挥政治优势和制度优势

要加强党对打赢脱贫攻坚战的组织领导。习近平总书记指出：凡是有脱贫攻坚任务的党委和政府，都必须倒排工期、落实责任、抓紧施工、强力推进。特别是脱贫攻坚任务重的地区党委和政府要把脱贫攻坚作为‘十三五’期间头等大事和第一民生工程来抓，坚持以脱贫攻坚统揽经济社会发展全局；要层层签订脱贫攻坚责任书、立下军令状；要建立年度脱贫攻坚报告和督查制度；形成五级书记抓扶贫，全党动员促攻坚的局面。

第二节　精准扶贫的实践

实施精准扶贫战略是习近平扶贫开发思想的集中体现。党的十九大报告指出:“坚决打赢脱贫攻坚战。让贫困人口和贫困地区同全国一道进入全面小康社会是我们党的庄严承诺。要动员全党全国全社会力量,坚持精准扶贫、精准脱贫,坚持中央统筹省负总责市县抓落实的工作机制,强化党政一把手负总责的责任制,坚持大扶贫格局,注重扶贫同扶志、扶智相结合,深入实施东西部扶贫协作,重点攻克深度贫困地区脱贫任务,确保到二〇二〇年我国现行标准下农村贫困人口实现脱贫,贫困县全部摘帽,解决区域性整体贫困,做到脱真贫、真脱贫。”

一、精准扶贫精准脱贫的背景、成效和挑战

针对我国贫困人口分布发生变化和致贫原因多元化,习近平总书记提出精准扶贫精准脱贫。我国精准扶贫取得了显著成效,但精准扶贫任务艰巨,时间紧、任务重,深度贫困地区脱贫更是脱贫攻坚战中“硬仗”中的“硬仗”。

(一)精准扶贫精准脱贫的背景

从国内看,首先,我国贫困人口和贫困地区分布发生变化。改革开放初期,我国农村贫困发生率为97%,穷人占大多数,经过过去几十年的扶贫,大多数贫困人口都走上了脱贫致富的道路,一些贫困县也已经实现脱贫,但是这些贫困县中并没有全部脱贫,每个县都还有零星贫困现象,贫困人口的分散现象已经日趋严重。到目前为止,我国的贫困分布呈现集中连片和零星分散并存的局面。截至2016年,全国还有14个较为特殊困难的集中成片状分布地区,全国确定了592个国家级扶贫攻坚重点县,12.8万个贫困村,将近3000万贫困户,4335万贫困总人口。其次,我国开发式扶贫效果发生转变。长期以来,我国实施的是政府主导、市场和社会共同参与的扶贫开发模式。开发式扶贫以市场主体为重要推动力量,通过推动地区经济增长为农村持续大规模减贫提供动力。随着市场经济发展和大规模农村劳动力向城镇非农就业转移,贫困农户非农收入快速增加,农村大规模持续减贫效果明显。在这一时期,政府贫困治理中存在的一些问题以

及减贫效益问题被忽略，并不会对减贫整体产生较大影响。我国进入经济增长新常态后，我国产业结构发生重大转变，地区经济增长带动减贫效益下降。推动经济新增长的新业态益贫性低，通过劳动力转移、农业经营增收脱贫的局限性逐步明显。在这一时期，过去的大水漫灌式的粗放式输血式扶贫已经不能适用目前的扶贫工作，过去政府贫困治理能力问题在此进一步显现，贫困治理困境与贫困固化趋势增强。第三，新扶贫标准下贫困成因多样化。2011 年中央扶贫开发工作会议决定将农民人均纯收入 2300 元（2010 年不变价）作为新的国家扶贫标准。新扶贫标准下，不同的贫困地区贫困人口、贫困状况、贫困原因复杂多样，贫困原因既有主观原因也有客观原因，有因病致贫也有由于懒惰等原因致贫有由于懒惰等原因致贫。第四，我国扶贫实力增强。我国综合实力的稳步提升，国家治理能力和治理体系的现代化水平明显提高，经济总量稳居世界第二，科技及其应用的日新月异发展变化，已经完全具备全面脱贫攻坚的整体实力，人、财、物等方面的积累为新阶段奠定了扎实的物质基础，也创造了物质条件。

从国际看，贫困问题作为影响全球发展的共同尖锐问题，历来被世界各国所重视。联合国可持续发展目标的首要目标是计划在 2030 年消除极端贫困。贫困形成的原因是多方面的，而反贫困也是多元化的。世界各国都在积极探索符合自身国情实际特点的有针对性和有效性的扶贫计划和措施。例如，印度的扶贫计划方案主要分为工资就业计划、自雇计划、粮食安全计划、社会保障计划、城市扶贫计等项目；巴西的农村扶贫项目则采取了综合社会和经济分析方法来解决社区一级的贫困问题；摩洛哥社会重点项目的总体目标是协助政府实施增加贫困人口获得基本社会服务的战略，加强社会保障，为贫困人口参与经济生产活动创造新的机遇。由此可见，世界诸多国家对于扶贫工作都做出了卓有成效的探索和实践，同时也为我国扶贫战略的形成与发展提供了重要的借鉴作用。

（二）精准扶贫精准脱贫的成效和挑战

党的十八大以来，以习近平同志为核心的党中央把脱贫攻坚摆到治国理政重要位置，举全党全国全社会之力全面打响脱贫攻坚战，脱贫攻坚力度之大，规模之广，影响之深，前所未有。五年来，我国共减贫6600多万人，年均减少1300万人以上。贫困发生率从2012年底的10.2%下降到2016年底的4.5%。2017年我国贫困人口数量是3046万，贫困发生率是3.1%。贫困地区农村居民收入增幅高于全国平均水平，贫困地区生产生活条件明显改善，贫困群众获得感明显增强，农村基层治理能力和管理水平明显提升。

我国精准扶贫精准脱贫取得显著成效。总的来看，党中央确定的中央统筹、省负总责、市县抓落实的管理体制得到了贯彻，四梁八柱的顶层设计基本形成。在中央政治局第39次集体学习时，习近平总书记指出："在实践中我们形成了不少有益经验，概括起来主要是，加强领导是根本、把握精准是要义、增加投入是保障、各方参与是合力、群众参与是基础。这些经验弥足珍贵，要长期坚持。"

我国脱贫攻坚面临的任务仍然十分艰巨。从总量上看，2017年底全国农村贫困人口还有3500多万人。今后平均每年需要减少贫困人口近1100万人，越往后脱贫成本越高、难度越大。从结构上看，现有贫困大都是自然条件差、经济基础弱、贫困程度深的地区和群众，是越来越难啃的硬骨头。在群体分布上，主要是残疾人、孤寡老人、长期患病者等"无业可扶、无力脱贫"的贫困人口以及部分教育文化水平低、缺乏技能的贫困群众。在脱贫目标上，实现不愁吃、不愁穿"两不愁"相对容易，实现保障义务教育、基本医疗、住房安全"三保障"难度较大。从脱贫工作看，一些地方还存在贫困户识别不精准、帮扶不精准等问题。

精准扶贫精准脱贫目标是，在"十三五"期间，围绕全面建成小康社会和实现党的第一个百年奋斗目标，做到"两不愁三保障"、"一高于一接近"和"两个确保"。即到2020年，稳定实现农村贫困人口不愁吃、不愁穿，义务教育、基本医疗和住房安全有保障；实现贫困地区农民人均可支配收入增长幅度高于全国平均水平，基本公共服务主要领域指标接近全国平均水平；确保我国现行标准下农村贫困人口实现脱贫，确保贫困县全部摘帽，解决区域性整体贫困。党的十九大报告指出："确保到2020年我国现行标准下农村贫困人口实现脱贫，贫困县全部摘帽，解决区域性整体贫困，做到脱真贫、真脱贫。”2018 年中央经济工作会议指出：“打好精准脱贫攻坚战，要保证现行标准下的脱贫质量，既不降低标准，也不吊高胃口，瞄准特定贫困群众精准帮扶，向深度贫困地区聚焦发力，激发贫困人口内生动力，加强考核监督。”在中央政治局第 39 次集体学习时，习近平总书记指出：“要把握好脱贫攻坚正确方向。要防止层层加码，要量力而行，真实可靠，保证质量。要防止形式主义，扶真贫、真扶贫，扶贫工作必须务实，脱贫工作必须扎实，脱贫结果必须真实，让脱贫成效真正获得群众认可，经得起实践和历史检验。要实施最严格的考核评估，开展督查巡查，对不严不实、弄虚作假的，要严肃问责。”

二、精准扶贫精准脱贫的重要举措

党的十九大报告指出：要动员全党全国全社会力量，坚持精准扶贫、精准脱贫，坚持中央统筹省负总责市县抓落实的工作机制，强化党政一把手负总责的责任制，坚持大扶贫格局，注重扶贫同扶志、扶智相结合，深入实施东西部扶贫协作，重点攻克深度贫困地区脱贫任务。

（一）落实扶贫责任制

按照中央统筹省负总责市县抓落实的要求，建立各负其责、合力攻坚的责任体系，形成“五级书记抓脱贫，全党动员促攻坚”的局面。脱贫攻坚县（市）要承担其主体责任，充分发挥贫困村第一书记作用，强化驻村帮扶工作。帮扶工作队要真正起到对贫困户帮扶作用。强化村两委建设，充分发挥党支部的战斗堡垒作用。加大东西部扶贫协作力度。实施最严格的评估考核，提高评估考核的针对性和指导性，发挥评估考核的作用。加大扶贫工作监督力度，以监督促进扶贫工作。严查扶贫工作中的形式主义、官僚主义和腐败问题。

（二）坚持精准扶贫精准脱贫基本方略

习近平总书记指出：要在精准扶贫、精准脱贫上下更大功夫，做到扶持对象精准、项目安排精准、资金使用精准、措施到户精准、因村派人（第一书记）精准、脱贫成效精准。要实施扶贫攻坚行动计划，通过扶持生产和就业发展一批，通过移民搬迁安置一批，通过低保政策兜底一批，通过医疗救助扶持一批，实现贫困人口精准脱贫。精准扶贫精准脱贫基本方略核心内容是做到“六个精准”，实施“五个一批”。“六个精准”解决扶持谁、谁来扶、怎么扶、如何退的问题。“五个一批”是脱贫攻坚的实现途径。全国扶贫开发工作会议指出：抓实推进精准施策，按照“五个一批”的基本思路，因地制宜、因人因户因村分类施策。在产业扶贫中，不仅要抓生产环节，更要重视销售环节。产业扶贫形式多样，比如有的地方采用“龙头企业 + 合作社 + 农户”的形式，有的地方采用“互联网 +”的模式等。在劳务输出脱贫中，要注重加强贫困人口外出务工技能培训，提高就业能力。在易地搬迁扶贫中，要做到搬得出、稳得住、能致富。在生态保护扶贫方面，可以将部分贫困人口转为护林员等生态保护人员。要开展好医疗保险和医疗救助扶贫、教育扶贫、资产收益扶贫以及兜底扶贫等。在中央政治局第 39 次集体学习时，习近平总书记指出：“要坚持精准扶贫、精准脱贫。要打牢精准扶贫基础，通过建档立卡，摸准贫困人口底数，做实做细，实现动态调整。要提高扶贫措施有效性，核心是因地制宜、因人因户因村施策，突出产业扶贫，提高组织化程度，培育带动贫困人口脱贫的经济实体。要组织好异地扶贫搬迁，坚持群众自愿原则，合理控制建设规模和成本，发展后续产业，确保搬得出、稳得住、逐步能致富。要加大扶贫劳务协作，提高培训针对性和劳务输出组织化程度，促进转移就业，鼓励就地就近就业。要落实教育扶贫和健康扶贫政策，突出解决贫困家庭大病、慢性病和学生上学等问题。要加大政策落实力度，加大财政土地等政策支持力度，加强交通扶贫、水利扶贫、金融扶贫、教育扶贫、健康扶贫等扶贫行动，扶贫小额信贷、扶贫再贷款等政策要突出精准。”

（三）坚持大扶贫格局

坚持专项扶贫、行业扶贫、社会扶贫等多方力量、多种举措有机结合和互为支撑的“三位一体”大扶贫格局。精准扶贫精准脱贫是全社会的共同责任，要构建政府、社会、市场协同推进的扶贫格局。进一步做好东西部扶贫协作和对口支援工作，进一步加强定点扶贫工作，鼓励民营企业、社会组织和个人参与扶贫开发，形成全社会支持和参与精准扶贫精准脱贫工作的氛围。

（四）注重扶贫同扶志、扶智相结合

扶贫与扶志、扶智相结合，就是要激发内生脱贫动力。习近平总书记指出，智和志就是内力、内因。一些地方出现干部作用发挥有余、群众作用发挥不足现象，一些贫困群众“等、靠、要”思想严重，“靠着墙根晒太阳，等着别人送小康”。在中央政治局第39次集体学习时，习近平总书记指出：“干部群众是脱贫攻坚的重要力量，贫困群众既是脱贫攻坚的对象，更是脱贫攻坚的主体。要注重扶贫同扶志、扶智相结合，把贫困群众积极性和主动性充分调动起来，引导贫困群众树立主体意识，发扬自力更生精神，激发改变贫困面貌的干劲和决心，靠自己的努力改变命运。”全国扶贫工作会议指出：加强政策引导、教育引导、典型引导，发挥村规民约作用，注重扶贫与扶志扶智结合，加快补齐贫困群众“精神短板”，让贫困群众想干、敢干、能干、会干。教育是阻断代际贫困的治本之策，要加强教育扶贫工程，让贫困家庭子女享受有质量的教育。

（五）深入实施东西部扶贫协作和定点扶贫

习近平总书记指出：东西部扶贫协作和对口支援，是实现先富帮后富，最终实现共同富裕目标的大举措，充分彰显了中国共产党领导和我国社会主义制度的政治优势，必须长期坚持下去。西部地区特别是民族地区、边疆地区、革命老区、集中连片特困地区贫困程度深，扶贫成本高，脱贫难度大，是脱贫攻坚的短板。必须采取系统的政策和措施，做好东西部扶贫协作和对口支援工作，全面打赢脱贫攻坚战。全国扶贫开发工作会议指出：认真落实中央关于进一步加强东西扶贫协作工作和中央单位定点扶贫工作的决策部署，按照精准扶贫精准脱贫要求，更好搞好帮扶，在减贫成效、劳务协作、产业合作、人才支援、资金支持等方面取得实质性

进展。

（六）加大扶贫开发投入

习近平总书记强调：扶贫开发投入力度，要同打赢脱贫攻坚战的要求相匹配。支持贫困县围绕本县突出问题，以脱贫规划为引导，以重点扶贫项目为平台，把专项扶贫资金、相关涉农资金、社会帮扶资金捆绑使用。2013—2017年，中央财政专项扶贫资金累计投入2787亿元，平均每年增长22.7%，省级财政扶贫资金累计投入1825亿元，平均每年增长26.9%。安排地方政府债务1200亿元，用于改善贫困地区生产生活条件。金融扶贫力度明显加大。我国在2018年到2020年期间要进一步加大扶贫投入力度，确保如期实现脱贫目标。

三、深度贫困地区精准扶贫精准脱贫

我国贫困问题具有区域特征，现有贫困大多集中在深度贫困地区。习近平总书记指出：脱贫攻坚本来就是一场硬仗，而深度贫困地区脱贫攻坚是这场硬仗中的硬仗。我们务必深刻认识深度贫困地区如期完成脱贫攻坚任务的艰巨性、重要性、紧迫性，采取更加集中的支持、更加有效的举措、更加有力的工作，扎实推进深度贫困地区脱贫攻坚。

（一）脱贫攻坚的主要难点在深度贫困地区

习近平总书记指出：现在看，脱贫攻坚的主要难点是深度贫困。主要难在以下几种地区：一是连片的深度贫困地区，西藏和四省藏区、南疆四地州、四川凉山、云南怒江、甘肃临夏等地区，生存环境恶劣，致贫原因复杂，基础设施和公共服务缺口大，贫困发生率普遍在20%左右；二是深度贫困县，据国务院扶贫办对全国最困难的20%的贫困县所做的分析，贫困发生率平均在23%，县均贫困人口近3万人，分布在14个省区；三是贫困村，全国12.8万个建档立卡贫困村居住着60%的贫困人口，基础设施和公共服务严重滞后，村两委班子能力普遍不强，四分之三的村无合作经济组织，三分之二的村无集体经济，无人管事、无人干事、无钱办事现象突出。习近平总书记指出：根据河北省的调查，深度贫困的特征可以概括为“两高、一低、一差、三重”。“两高”即贫困人口占比高、贫困发生率高；“一低”即人均可支配收入低；“一差”即基础设施和住房差；“三重”即低保五保贫困人口脱贫任务重、因病致贫返贫人口脱贫任务重、贫困老人脱贫任务重。《关于支持深度贫困地区脱贫攻坚的实施意见》指出，深度贫困地区包括西藏、四省藏区、南疆四地州和四川凉山州、云南怒江州、甘肃临夏州（以下简称“三区三州”），以及贫困发生率超过18%的贫困县和贫困发生率超过20%的贫困村，自然条件差、经济基础弱、贫困程度深，是脱贫攻坚中的硬骨头，补齐这些短板是脱贫攻坚决战决胜的关键之策。

深度贫困地区、贫困县、贫困村，致贫原因和贫困现象有许多共同点。一是集革命老区、民族地区、边疆地区于一体。深度贫困县中，有革命老区县55个，少数民族县113个。自然地理、经济社会、民族宗教、国防安全等问题交织在一起，加大了脱贫攻坚的复杂性和难度；二是基础设施和社会事业发展滞后。深度贫困地区生存条件比较恶劣，自然灾害多发，地理位置偏远，地广人稀，资源贫乏。这些地方的建设成本高，施工难度大，要实现基础设施和基本公共服务主要领域指标接近全国平均水平难度很大；三是社会发育滞后，社会文明程度低。由于历史等方面的原因，许多深度贫困地区长期封闭，同外界脱节；四是生态环境脆弱，自然灾害频发。深度贫困地区往往处于全国重要生态功能区，生态保护同经济发展的矛盾比较突出。还有一些地方处在地质灾害频发地带，实现脱贫和巩固脱贫成果都存在很大不确定性；五是经济发展滞后，人穷村也穷。深度贫困县村均集体收入只有8800多元，同所有贫困县平均5万元相比，差距较大。

（二）推进深度贫困地区脱贫攻坚的举措

在中央政治局第39次集体学习时，习近平总书记指出：“今后几年，我国脱贫攻坚面临着艰巨的任务。越往后脱贫难度越大，因为剩下的大都是条件较差、基础薄弱、贫困程度较深的地区和群众。要把深度贫困地区作为区域攻坚重点，确保在既定时间节点完成脱贫攻坚任务。”推进深度贫困地区脱贫攻坚主要做好以及几方面工作：

1. 合理确定脱贫目标。按照“十三五”脱贫攻坚的总体目标确定深度贫困地区脱贫目标。要使深度贫困地区的群众实现“两不愁三保障”，使这些地区基本公共服务主要领域指标接近全国平均水平。

2. 加大投入支持力度。新增脱贫攻坚资金主要用于深度贫困地区，新增脱贫攻坚项目主要布局于深度贫困地区，新增脱贫攻坚举措主要集中于深度贫困地区。各部门安排的惠民项目要向深度贫困地区倾斜，深度贫困地区新增涉农资金要集中整合用于脱贫攻坚项目。在财政方面，各级财政要加大对深度贫困地区的转移支付规模；在金融方面，增加金融投入对深度贫困地区的支持；在土地方面，要增加建设用地对深度贫困地区支持力度，新增建设用地指标优先保障深度贫困地区发展用地需要，允许深度贫困县将城乡建设用地增减挂钩指标在省域范围内使用。《关于支持深度贫困地区脱贫攻坚的实施意见》提出，中央统筹，重点支持“三区三州”。新增脱贫攻坚资金、新增脱贫攻坚项目、新增脱贫攻坚举措主要用于深度贫困地区。加大中央财政投入力度，加大金融扶贫支持力度，加大项目布局倾斜力度，加大易地扶贫搬迁实施力度，加大生态扶贫支持力度，加大干部人才支持力度，加大社会帮扶力度，集中力量攻关，构建起适应深度贫困地区脱贫攻坚需要的支撑保障体系。中央和国家机关有关部门要落实行业主管责任，对“三区三州”和其他深度贫困地区、深度贫困问题，予以统筹支持解决。重点解决因病致贫、因残致贫、饮水安全、住房安全等问题，加强教育扶贫、就业扶贫、基础设施建设、土地政策支持和兜底保障工作，打出政策组合拳。

3. 集中优势兵力打攻坚战。要重点解决深度贫困地区公共服务、基础设施以及基本医疗有保障的问题。对居住在自然条件特别恶劣地区的群众加大易地扶贫搬迁力度，对生态环境脆弱的禁止开发区和限制开发区群众增加护林员等公益岗位，对因病致贫群众加大医疗救助、临时救助、慈善救助等帮扶力度，对无法依靠产业扶持和就业帮助脱贫的家庭实行政策性保障兜底。

4. 区域发展必须围绕精准扶贫发力。集中连片的贫困区要着力解决健全公共服务、建设基础设施、发展产业等问题。在深度贫困地区促进区域发展的措施必须围绕如何减贫来进行。深度贫困地区重点发展贫困人口能够受益的产业，如特色农业、劳动密集型的加工业和服务业等。

5. 加大各方帮扶力度。要加大东部地区和中央单位对深度贫困地区的帮扶支持。对东西部扶贫协作和对口支援、中央单位定点帮扶的对象在深度贫困地区的，要在资金、项目、人员方面增加力度。东部经济发达县结对帮扶西部贫困县“携手奔小康行动”和民营企业“万企帮万村行动”，都要向深度贫困地区倾斜。

6. 加大内生动力培育力度。要注重调动贫困群众的积极性、主动性、创造性，注重培育贫困群众发展生产和务工经商的基本技能，注重激发贫困地区和贫困群众脱贫致富的内在活力，注重提高贫困地区和贫困群众自我发展能力。要弘扬中华民族传统美德，勤劳致富，勤俭持家。《关于支持深度贫困地区脱贫攻坚的实施意见》要求，打赢深度贫困地区脱贫攻坚战，要继续发挥我们的政治优势和制度优势，发挥贫困地区贫困群众主动性创造性，凝聚起各方面力量。

7. 加大组织领导力度。深度贫困地区党委和政府要坚持把脱贫攻坚作为“十三五”期间头等大事和第一民生工程来抓，坚持以脱贫攻坚统揽经济社会发展全局。县级党委是全县脱贫攻坚的总指挥部，县委书记要统揽脱贫攻坚，统筹做好进度安排、项目落地、资金使用、人力调配、推进实施等工作。各级党政机关要积极向贫困地区选派干部，向贫困村选派第一书记和驻村工作队。要把夯实农村基层党组织同脱贫攻坚有机结合起来，选好一把手、配强领导班子，发挥好村党组织在脱贫攻坚中的战斗堡垒作用。还要依法打击村霸黑恶势力，严防他们干扰基层政权运行。在中央政治局第 39 次集体学习时，习近平总书记指出：“要加强基层基础工作。要加强贫困村两委建设，深入推进抓党建促脱贫攻坚工作，选好配强村两委班子，培养农村致富带头人，促进乡村本土人才回流，打造一支“不走的扶贫工作队”。“要充实一线扶贫工作队伍，发挥贫困村第一书记和驻村工作队作用，在实战中培养锻炼干部，打造一支能征善战的干部队伍。”《关于支持深度贫困地区脱贫攻坚的实施意见》提出，地方要统筹整合资源，紧盯最困难的地方，瞄准最困难的群体，扭住最急需解决的问题，集中力量解决本区域内深度贫困问题。要落实脱贫攻坚省负总责的主体责任，明确本区域内深度贫困地区，制定计划，加大投入。要做实做细建档立卡，加强贫困人口精准识别和精准退出，实现动态管理，打牢精准基础。要加强驻村帮扶工作，调整充实第一书记和驻村工作队，明确工作任务，加强日常管理。要实施贫困村提升工程，推进基础设施和公共服务体系建设，改善生产生活条件，发展特色优势产业，壮大村集体经济。

8. 加强检查督查。要实施最严格的考核评估，坚持年度脱贫攻坚报告和督查制度，加强督查问责，对不严不实、弄虚作假的严肃问责。要加强扶贫资金管理使用，对挪用乃至贪污扶贫款项的行为必须坚决纠正、严肃处理。扶贫工作必须务实，脱贫过程必须扎实，脱贫结果必须真实，让脱贫成效真正获得群众认可、经得起实践和历史检验。中央扶贫工作会议指出：从 2018 年至 2020 年持续在全国范围内开展扶贫领域腐败和作风问题专项治理。2018 年作为脱贫攻坚作风建设年，集中力量解决扶贫领域作风突出问题。

（本章撰稿人：施红　郝武峰　宋高旭）

第三章　精准扶贫与二元结构

发展中国家存在着典型的二元经济结构，其成为制约这些国家走向富裕和繁荣重要因素。经济学家威廉·阿瑟·刘易斯首次对二元结构问题能够深入研究，奠定了二元经济结构的理论基础。中国作为最大的发展中国家，既具有二元结构的典型特征，也具有自身的特色。改革开放以来，中国学者结合国情对中国的二元经济结构进行了大量研究，从而丰富和发展了二元经济结构理论。在改革开放进程中，如何通过制度改革和政策调整，破解二元经济结构难题，实现城乡要素自由流动与合理配置，对于实现精准扶贫、脱贫攻坚的目标，促进中国经济持续健康发展具有重要理论和实践意义。

第一节　发展经济学中二元结构理论

在发展经济学中，二元经济结构理论对于理解发展中国家的经济结构转换与经济发展过程提供了重要理论分析工具。诺贝尔经济学家得主、英国经济学家刘易斯从新古典经济学的视角出发，提出了二元经济结构的基本理论模型。在此基础上，其他经济学家根据发展中国家面临的特定经济约束条件，进一步扩展了二元经济结构的理论维度，从而不断增加这一理论对现实经济发展的解释力。

一、二元经济结构的基本理论模型

形成于20世纪50年代的发展经济学，旨在研究欠发达国家如何摆脱贫穷落后的面貌，实现经济起飞和持续发展，最终走向富裕和繁荣。在发展经济学中，二元经济结构既是一个核心概念，也是一个基础理论，它为分析发展中国家为何具有与发达国家不同的经济社会结构，以及制约这些国家发展的主要因素提供了一个理论基点。尽管关于二元经济的思想在西方学术界发轫已久，如德国社会学家马克斯·韦伯就曾运用二元分类法将社会划分为传统社会和现代社会，前者被看作落后的社会结构，后者被看作先进的社会结构，居间的属于过渡性社会结构。但在经济学中，真正把二元结构用新古典经济学的视角和研究方法清晰加以表述，并将其系统化为理论模型的，当属诺贝尔经济学家得主威廉·阿瑟·刘易斯。在 1954 年发表的经典论文《无限劳动供给条件下的经济发展》中，刘易斯明确指出，发展中经济体存在典型的二元经济特征，从而奠定了二元经济结构理论的基础。刘易斯的分析是建立在三个假设基础上：第一，“零值劳动力”假设，即“在那些相对于资本和自然资源来说人口如此众多，以至于在这种经济的较大的部门里，劳动的边际生产率很小或等于零、甚至为负数的国家里，劳动力的无限供给是存在的”；第二，“工资不变”假设，即“维持生计部门的收入决定资本家部门工资的下限”，“在最低收入水平时，存在着无限的劳动力供给”；第三，“资本家剩余”假设，即“资本主义部门由于把剩余再投资于创造新资本而扩大，并吸收更多的人从维持生计部门到资本主义部门就业。剩余越来越多，资本形成也越来越大，而且这个过程要一直继续到剩余劳动力消失为止”。[①] 由此，刘易斯阐述了二元经济的发展过程：（1）欠发达经济中存在两个部门：一个是以传统生产方法进行生产、劳动生产率很低、收入仅够维持生计的传统部门；另外一个是以现代化方法进行生产、劳动生产率和工资水平超过传统部门的城市工业部门；（2）传统部门存在大量的剩余劳动力，劳动供给的弹性是无限的，因此工业部门只要支付略高于农村维持生计收入水平的工资，就会获得无限的劳动力供应；（3）二元经济的发展表现为一个现代部门不断扩张和传统部门逐渐缩小的过程，而这个过程是通过收入分配向利润倾斜所导致的现代部

① 威廉·阿瑟·刘易斯：《二元经济论》，北京经济学院出版社，1989 年版，第 1~46 页。

门迅速的资本积累以及现代工业部门从传统部门吸收劳力和经济剩余来实现的。对于刘易斯的二元经济结构理论，我们可以用一个简单模型加以说明。[①]

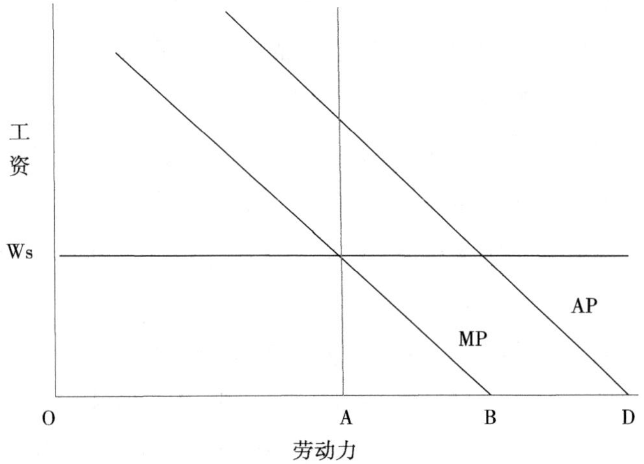

图 3.1 农业部门

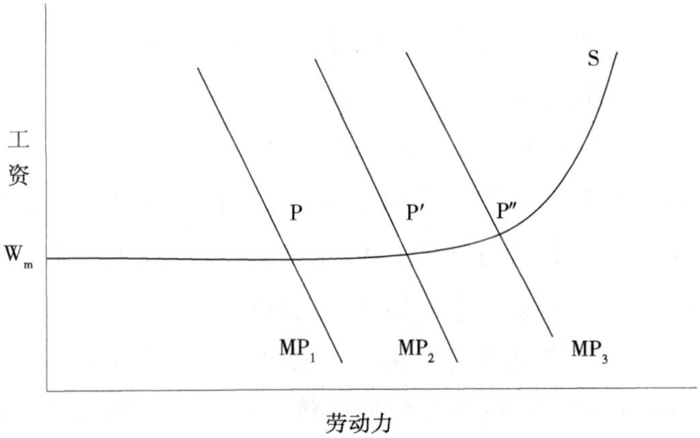

图 3.2 工业部门

图 3.1 代表一个国家经济发展初期，农业部门的状况。其中纵轴代表劳动生产率和工资水平，横轴代表劳动力的数量。MP 和 AP 分别代表农业部门的边际生产率曲线和平均生产率曲线。由于在经济发展初期，农业部

① 该模型参考了斯图亚特 · R. 林恩著：《发展经济学》，格致出版社，2009 年版，第 56~58 页。

门的劳动力十分充裕，接近于无限供给，因此劳动力供给曲线是一条水平的直线，它与边际生产率曲线相交决定了农业部门维持生计的工资水平为Ws，而这一点对应的农业部门的最优劳动力供给数量为0A。根据刘易斯模型的假定，由于农业部门存在大量剩余劳动力（超过A点的部分AD），由于存在劳动的边际生产率递减规律，因此，这部分剩余劳动力的边际生产率低于其维持生计的工资水平，甚至一些剩余劳动力的边际生产率为0。这一部分边际生产率为0的剩余劳动力在图3.1中表现为BD数量的劳动力。如果这一部分劳动力退出农业部门根本不会使农业产出下降。由于从A点之后，农业劳动力的边际生产率小于其生计工资水平，因此，AD数量的农业劳动力实际上处于隐性失业状态。

图3.2代表这个国家的工业部门。纵轴代表工业部门的劳动生产率和工资水平，横轴代表工业部门的劳动力供给状况。MP曲线代表工业部门的边际生产率曲线。其中，工业部门的劳动力供给曲线S与边际生产率曲线MP的交点决定了工业部门的工资水平Wm，由于工业部门的劳动生产率高于农业部门，因此工业部门的工资水平要高于农业部门，但是在经济发展初期，这个工资水平不会比农业部门维持生计的工资高太多。在经济发展初期，由于劳动力供给充裕，因此，S曲线的前半段接近于水平状态，这时，随着工业部门的扩张，对劳动力的需求增加，不会引起工业部门的工资水平上涨。但是，随着工业部门的进一步扩张，使得经济中的剩余劳动力被吸收完毕，从而出现劳动力供给不足时，工业部门的工资水平将会出现明显的上涨，即S曲线超过p''点时出现的上扬状态。

刘易斯的二元经济结构模型实际上表明，在一个存在二元结构的国家中，经济发展的核心问题就是如何使经济的重心从传统的农业部门转向现代的工业部门，这个过程可以通过两个部门的劳动力流动，逐步促进现代工业部门的就业和产出增长来衡量。

二、二元经济结构理论的扩展

刘易斯的二元理论为分析发展中国家的经济发展提供了一个理论起

点，此后，不少学者沿着二元结构的思路对经济发展问题进行研究，并提出其他类型的二元经济结构理论。

第一，技术二元结构论。这一理论最初是由本杰明·希金斯提出的。在1968年出版的《经济发展》一书中，希金斯指出，发展中国家传统部门和现代部门的差异可以用技术状况的差异加以描述。在以农业为主的传统部门，主要的生产要素是土地和劳动，以及少量资本。各种生产要素之间的替代弹性较大，即农业部门的生产可以在不同的要素组合之下进行，生产的技术类型主要是劳动密集型。在以工业为主的现代部门，生产要素主要是大量资本和少量土地和劳动力，这种生产方式缺乏要素替代弹性，主要是资本密集型生产。技术上的二元结构将会对发展中国家的就业和经济结构转变产生影响。在现代部门，由于其技术具有资本密集性的特点，因此工业部门的扩张导致其吸纳就业的能力在不断下降。在传统部门，由于存在大量剩余劳动力，因此更倾向于采取劳动密集型的生产方式，而缺乏采取劳动节约型技术的动力，最终导致劳动力生产率提高缓慢。① 技术二元结构论实际上表明，促进一国的经济发展不仅需要实现农村剩余劳动力的转移，而且需要通过技术进步，提高农业部门的劳动生产率。

第二，金融二元结构论。1964年，海拉·明特首次提出在经济落后国家存在明显的金融二元性问题。为了推动国家的工业化，政府将稀缺的资本和外汇资源优先提供给城市和工业部门，而传统的农业部门则承担了相应的成本。后来，美国经济学家爱德华·肖和罗纳德·麦金农分别出版了《经济发展中的金融深化》和《经济发展中的货币与资本》，进一步对金融二元结构进行了研究。总体而言，二元金融结构是指一国经济中现代化金融机构与传统金融机构并存的金融状态。现代化金融机构是指以现代化管理方式经营的大银行与非银行金融机构（包括外国金融机构），它们往往有雄厚的资本和资金实力，精良的设备和技术，先进的制度与管理方式，主要集中在经济和交通发达的大中城市；传统金融机构是指以传统方式经营的钱庄、放债机构、当铺之类的小金融机构，它们大都经营规模较小，

---

① 陶济：《二元结构理论的又来及发展》，载《资料通讯》2001年第12期。

风险大，在商品经济发展中的作用力较弱，主要分布在广大的农村和经济落后或偏远的小城镇，从事近乎地下的民间金融活动。肖和麦金农认为，这种金融二元结构主要是由于国家采取“金融抑制”政策导致的。因此，消除金融二元结构的一个重要途径就是实行“金融自由化”政策，以实现“金融深化”和经济发展。主要包括：冲破金融垄断，鼓励和支持民营金融业和政府金融业共同发展；把非正规的金融活动纳入国家有组织的正规金融活动；扩展金融工具的数量、品种、期限等，刺激实际货币需求；保持货币供给的稳定增长，同时抑制通货膨胀率，实现金融深化。[①]

第三，劳动力市场和人力资本二元结构。刘易斯的二元结构理论实际表明，在发展中国家的劳动力市场存在着明显的二元结构。这种二元结构主要体现为传统部门的劳动力和现代部门的劳动力存在收入上巨大差别。这种差别主要是由以下原因导致的：一是城市生活费用普遍高于农村，城市居民要支付较高的房租、水电等费用；二是农业劳动者习惯于乡村的散漫、自由的生活和工作环境，一旦进入城市工作就会受到比较严格的约束，因此一部分收入要作为弥补心理上的不适应的成本；三是为了诱导农村居民到城市工作，必须有一部分额外的收入作为刺激；四是城市部门存在工会的力量，也是导致工资上升的一个因素。此外，工业部门的劳动生产率普遍高于农业部门的劳动生产率，因而工业部门的工资水平必然高于农业部门；一些国家的政府还可能采取一些牺牲农业而支持工业的政策，如农产品和工业品的价格剪刀差，进一步导致农业部门和工业部门的收入差距。[②]导致农业部门和工业部门收入差距的一个重要因素来自人力资本的二元结构。现代人力资本理论的主要代表人物是诺贝尔经济学奖得西奥多·舒尔茨。所谓人力资本主要是指对生产者进行教育、职业培训等支出及其在接受教育时的机会成本等的总和，表现为蕴含于人身上的各种生产知识、劳动与管理技能以及健康素质的存量总和。舒尔茨通过对农业经济问题的研究发现，从20世纪20年代到50年代，促使美国农业生产率和农业产量迅速提高的因素已经不再是土地、人口数量或资本投入的增加，而

① 汪小勤：《二元经济结构理论发展述评》，载《经济学动态》1998年第1期。

② 陈宗胜：《发展经济学——从贫困走向富裕》，复旦大学出版社，1999年版，第79~80页。

是人的能力和技术水平的提高。对现代经济而言，人的知识、能力和健康等人力资本的提高，对经济增长的贡献远比物质资本和劳动力数量的增加重要。[①] 从人力资本角度看，在发展中国家，农村部门的劳动力享受到的教育、医疗、社会保障等公共服务的水平和质量明显低于城市部门的劳动力，必然导致两个部门劳动力的人力资本存在二元结构，这种人力资本的差异不仅导致两个部门的劳动者在劳动力市场上具有不同的竞争力，必然导致收入水平的差异，而且总体上导致农村部门和城市部门的经济社会发展差距。

第四，区域发展的二元结构论。在发展中国家，通常存在区域发展的二元结构。在一些发达地区，工业部门比较集中，主要从事制成品的生产，而且政治机构集中；不发达地区通常是传统农业集聚的地区，主要从事初级产品生产，政治机构分散。诺贝尔经济学奖得主，瑞典经济学家冈纳·缪尔达尔运用“扩散效应”、“回波效应”和“循环积累因果关系”等一系列概念研究了区域二元结构的形成机制。在经济发展的初始阶段，各地区的发展处于均衡状态，其中某些区域在外部因素下先发展起来，打破平衡。这种不平衡在“循环积累因果关系”的作用下进一步加强。这是由于，在相当长的时间内，发达地区对欠发达地区产生“回波效应”，也就是将欠发达国家的资本、技术、人力资源等优质资源吸引过来，不断集聚，从而使得发达地区和欠发达地区的发展差距进一步扩大。只有经过相当长时间，发达地区由于人口过度稠密、基础设施紧张、生产成本递增、资源不足、资本过剩以及外部不经济等因素导致发展速度减缓时，“扩散效应”才会发生，要素向发达地区流动的趋势才会逆转。因此，防止出现区域发展差距扩大，单独依靠市场的自发力量难以解决，政府必须制定相应的制度和政策，帮助落后地区，促进区域平衡发展。[②]

第五，组织制度二元结构论。1985 年，海拉·明特发表了题为《组织二元结构和经济发展》的论文，首次提出“组织二元结构”这一概念。

---

① 于同申：《发展经济学——新世纪经济发展的理论与政策》，中国人民大学出版社，2002 年版，第 100 页。

② 陈宗胜：《发展经济学——从贫困走向富裕》，复旦大学出版社，1999 年版，第 81~82 页。

组织二元结构主要指在发展中国家，市场组织、政府行政组织和金融组织中存在着二元结构现象。市场组织二元结构集中体现为相同产品或生产要素在两种不同的经济部门具有完全不同的价格。从商品市场看，这种价格差别通常表现为“批零差价”、“地区差价”、“季节差价”等。在发展中国家，由于市场组织不发达、运输成本和营销成本高昂，导致这些价格差往往高于发达国家。从资本市场看，主要体现为发展中国家存在有组织的资本市场和无组织的资本市场，二者之间存在较大的利率差别。就政府行政组织机构和金融组织机构而言，二者的差别主要体现在运行效率和提供服务的质量存在差异。在发展中国家，随着行政首脑机关所在地向遥远的边缘地区的空间转移，政府组织机构的工作效率呈现递减状况。由于传统部门高度分散以及落后的交通基础设施，政府对传统部门的管理，以及提供与现代部门相同的公共服务（如教育、医疗卫生等）必须支付更高的成本，因此导致这些服务的质量低下。明特认为，政府行政组织机构和金融组织机构中存在的二元结构，是导致发展中国家总体存在二元结构的一个基本因素。

第二节　中国二元经济结构理论与实践

中国是一个具有典型二元结构特征的发展中国家。改革开放以来，许多中国学者在刘易斯二元结构理论模型的基础上，探讨了中国二元经济结构的特征、形成机理以及发展方向，从而丰富和发展了经济学中的二元结构理论。

一、关于中国二元经济结构的理论探讨

尽管以刘易斯为代表的经济学家提出的二元结构理论比较准确地描述了发展中国家经济结构的一个典型特征，但由于模型所作出的严格假定，

以及这一理论主要以西方国家走过的发展道路为原型，因此在运用到分析包括中国在内的发展中国家的经济发展问题时，需要做出必要的修正和拓展。在这方面，中国的经济学家们一致在进行不懈探索，也做出许多重要的理论贡献。

我国著名经济史学家吴承明先生指出，二元结构理论的一个重要缺陷就是把以农业为代表的传统经济部门看作是一个落后的部门，把以工业为代表的现代部门看作是一个先进部门，由此，经济发展或现代化就被视为主要由工业拉动的，以工业替代农业的过程，而完全忽视了传统经济部门对经济发展的作用，这一点与中国和日本的经济发展的历史事实相矛盾。传统经济包括农、工、商、运输、服务等部门，原为完整的经济体系，在中国更是一个十分发达的传统经济体系。与西方二元结构理论的描述不同，传统经济的非农业部门人数众多，基本上不存在剩余劳动力（古代和近代中国），在早期它们是与现代化产业并行发展的，并成为吸收农业剩余劳动力的重要力量。事实上，在地区辽阔、人口众多、传统经济十分发达的中国，二元经济将持续相当长的时间。这期间，经济上是现代的与传统的对立统一体，二者不仅有对立的一面，还有互补作用的一面。传统经济和传统文化一样，有它有价值的东西，有它的能动作用。二元经济的发展也不是简单地用现代产业去替代传统产业，而是多途径的，扬长避短，发展前者，也改造后者，二者共同创造发展中国家的现代化道路。① 例如，在工业化初期，农业部门就为工业部门提供了大量的经济剩余，促进了工业化的原始积累。没有农业的发展，工业化进程也必然会受到制约，这一点在前苏联和中国的工业化进程中都得到有力的证明。

著名发展经济学家张培刚教授指出，尽管刘易斯的二元结构模型存在诸多缺陷，尤其是忽视了农业在经济发展中的重要作用，但不能因此否定经济发展中客观存在的二元性或多元性。从发展中国家的现实看，代表先进生产技术的城市现代工业部门和代表落后技术的农村传统农业的并存及其所引起的城乡差距是客观存在的。特别是在人口众多的发展中大国，

① 吴承明：《论二元经济》，载《历史研究》1994 年第 2 期。

占人口绝大多数比重的农业人口与极其有限的耕地，不可避免地对农业技术进步产生压力，因此，为了促进农业技术进步和劳动生产率的提升，农业人口必然要实现非农化转移。但是关键之处在于如何有序、有效推动这一转移进程。从发展中国家看，无法复制西方发达国家对外殖民扩张和掠夺资源、对内残酷压榨农业来实现工业化的模式。特别是面对过大的人口压力、传统农业薄弱的资金积累能力，发展中国家很难迅速完成工业化的资本积累，实现二元结构的转变，这就要探寻适合国情的发展道路。中国在改革开放过程中，逐步探索出一条独特的道路。其突出特征就是乡镇企业的发展。中国的乡镇企业在很大程度上是以城市大工业为依托发展起来的，这就与传统的乡村工业具有显著不同，这种在城乡二元经济之间生长出的乡镇企业，虽然有许多不足，但是对于促进农村劳动力转移和农民增收，对弥补二元结构的巨大差异发挥了重要的支撑点作用。这也预示着在幅员辽阔、人口众多的发展中大国，可以形成一种有利于结构升级改造的城市大工业、乡镇企业和农业三元结构发展的新的工业化道路。①

正是基于中国特殊的工业化和结构变迁路径，一些研究者明确提出了中国经济的“三元结构”。时任共青团中央书记处书记的李克强，于1991年在《中国社会科学》上发表了题为“论我国经济的三元结构”的论文，对我国经济三元结构的演化历程、趋向、生成条件、发展中的特殊课题以及可能选择的对策进行了分析和研究。中国的三元结构是伴随着农村改革的推进而逐步形成的。家庭联产承包制的实施，使农民释放了长期受到压制的生产积极性，农产品产量的迅速增长和农业生产率的大幅提升，导致农村中出现大量公开化的剩余劳动力。在比较利益机制的驱动下，农民开始向收益较高的非农产业转移。而在城乡经济社会体制仍然分割的条件下，兴办乡镇企业就成为农民进入非农产业的主要途径。乡镇企业的崛起使中国农村工业部门逐步形成，它既不同于现代工业部门，又有别于传统农业部门，成为介乎两者之间的新兴部门，从而使中国的二元经济结构发生变革，中国国民经济呈现出三元结构的新格局。农村工业部门的发展不

① 张培刚、方齐云：《经济发展与二元经济的改造》，载《求是学刊》1997年第2期。

仅极大改变了农村的生产结构，使农业产值所占份额下降，非农产值份额上升，而且也大同了农村剩余劳动力向工业转移的通道，使农业就业份额明显下降。乡镇企业在中国的迅猛发展，还进一步促进小城镇的蓬勃兴起。文章进一步指出，由二元结构向三元结构转换并不意味着国民经济结构一元化的道路更漫长，而是使向一元结构的转换在中国特定条件下成为可能与现实，加快了结构转换进程。尽管三元结构的长期存在是处于现实的需要，但最终还是要转变为一元结构，因此，三元结构可以被视为结构转换中的一个过渡性结构，而最终实现结构转换要依靠城镇化的推进以及有效协调工业发展与农业发展的关系。①

中国二元经济结构的特殊性显然与中国特定的经济发展阶段和体制结构具有密切的关联。一些学者从中国转型与发展的双重特性出发，进一步提出了“双层刚性二元经济结构”和“转型二元经济结构”，具体表现为四种形式：一是工业化的二元结构。主要表现为乡镇工业和城市工业同时并存，在城市工业中传统工业和现代工业同时并存。二是劳动力市场和就业的二元结构。中国转型进程中的劳动力市场呈现“二元四级”特征。整个劳动力市场分为二元，一元是城市劳动力市场，另一元是农村劳动力市场。在二元市场中，每一元又分为两层，即城市劳动力市场分为正规部门（一级市场）和非正规部门（二级市场）；农村劳动力市场又分为传统部门的劳动力市场（四级市场）和非农产业部门的劳动力市场（三级市场）。三是城乡市场体系的二元结构。城市和农村市场是全国统一大市场的两个板块，城市家庭居民户和农村居民户市场经济主体的两个组成部分。由于经济结构的二元性，导致城乡市场的分割，使城市市场体系与农村市场体系不对接，形成了城乡市场体系的二元性。四是区域经济的二元经济结构。在中国发展进程中，经济发达地区与经济落后地区的二元并存性，而且随着市场经济的进一步发展，这种区域经济发展的二元性进一步明显，使区域经济发展的差距日益扩大。②

学者们普遍认为，中国改革开放进程中取得了优良的经济发展绩效，

---

① 李克强：《论我国经济的三元结构》，载《中国社会科学》1991 年第 3 期。

② 任保平：《论中国的二元经济结构》，载《经济与管理研究》2004 年第 5 期。

与城乡二元结构转换过程中，大量农村剩余劳动力向城市转移，从而推动中国工业化和城镇化进程具有密切关联。尤其是大量年轻的、廉价的劳动力向城市工业部门的涌入，为中国经济发展提供了丰厚的“人口红利”。所谓人口红利是指一国的劳动年龄人口占总人口比重较大，抚养率较低，为经济发展创造有利的人口条件，国民经济出现高储蓄、高投资和高增长的局面。根据有关数据测算，在转型的前三十年里，中国的人口年龄结构处于人口红利上升阶段，每年的劳动力供给数量大约为1000万，劳动人口比重较高，满足了经济增长对劳动力的需求。同一时期，人口的总抚养比①不断下降，即由1982年的62.6%下降到2011年的34.9%。②然而，随着经济发展和人口结构的变化，我国劳动年龄人口在2012年达到峰值之后，出现了持续的负增长状态。相应地，劳动力供给由富裕转向不足，劳动力成本不断上升，因而学者们普遍认为二元结构转换的“刘易斯拐点”已经到来。要克服刘易斯拐点到来后，劳动力供给不足和成本上涨对中国经济发展的不利影响需要采取一系列改革和政策调整，主要包括：调整人口政策，扩大劳动力增量；改革户籍制度，促进城乡劳动力自由流动和配置；通过加大教育和职业培训，提高劳动者的素质和技能，以质量代替数量；规范用工制度，引导劳资关系，形成劳资两利的和谐劳资关系等。

二、中国二元经济结构演化的轨迹和成因

1978年以来，随着市场化、工业化、城镇化的持续推进，我国传统的二元经济结构也在相应发生变化。对于这一变化过程，发展经济学界有许多指标可以加以测度和描述，如比较劳动生产率、二元对比系数、城乡居民收入差距、城乡恩格尔系数等。这里我们借鉴学术界通常使用的两个指标——二元对比系数和二元反差系数，对改革开放以来中国二元经济结构的演变过程做出直观描述和实证分析。

所谓二元对比系数是指在二元经济中农业与飞农业比较劳动生产率的

① 总抚养比也称总负担系数，指人口总体中非劳动年龄人口数与劳动年龄人口数之比。

② 《人口红利下降将倒逼产业升级》，腾讯财经观察：http：//finance.qq.com/zt2013/cjgc/worker.htm。

比例，用公式表示为$\frac{GDP_1/GDP}{L_1/L} \div \frac{GDP_2/GDP}{L_2/L}$，其中数字 1，2 分别代表农业和非农产业。二元对比系数的取值范围为 0–1，0 代表农业比较劳动生产率最小，二元结构最显著，1 代表农业比较劳动生产率与非农业比较劳动生产率相同，二元结构差异趋于消失。

所谓二元反差系数是指农业与非农业部门收入比重与劳动力比重之差的绝对值的平均数，用公式表示为$\frac{1}{2}\sum_{i=1,2}|y_i - l_i|$，其中 $yi=GDP_i/GDP$，$l_i=L_i/L$。二元反差系数为 0 时，意味着经济中的二元结构消失，因此二元反差系数越大，意味着经济中的二元结构越显著。

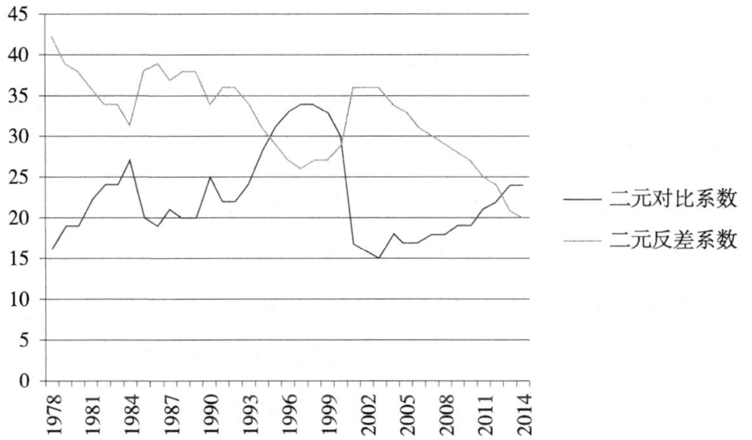

图 3.3　中国改革开放以来的二元结构演化轨迹

图 3.3 分别利用二元对比系数和二元反差系数，对改革开放以来，我国二元经济结构变化的轨迹进行了描述，从图中轨迹看，二元结构演变大致可以划分为以下阶段：①

第一个的阶段大致为 1978–1984 年，这一时期二元经济结构趋缓，城乡发展差距缩小。导致城乡二元结构趋缓的因素主要有两个。一是农村改革先行一步，随着家庭联产承包责任制的试验取得明显成效并在全国得到推广，农民生产经营的积极性得到极大提高，从而促进农业劳动生产率的

① 对我国二元经济结构演变的分析参考了赵颖文、吕火明：《改革开放以来我国二元经济结构的历史演变与发展对策》，载《农业经济与管理》2016 年第 5 期。

提升和农产品产量的大幅度提高，不仅解决了长期以来的饥荒问题，而且获得了粮食的大丰收。同时，国家采取缩小农产品统购派购范围，降低征购指标，提高农副产品收购价格，开放城乡农产品集贸市场等措施，促进了农民收入的增长。二是乡镇企业的发展为农村剩余劳动力的转移提供了一个主要渠道。进入乡镇企业工作的农村劳动力的收入水平较从事农业生产更高，同时乡镇企业生产经营获得的收益的一部分被用于服务农村集体经济，改善村庄的基础设施和公共服务，从而进一步改善农村的发展环境。

第二个阶段大致为 1985 年至 1990 年，这一时期城乡二元结构有所扩大，并且呈现固化格局。1984 年以后，经济体制改革的重点由农村转向城市，国有企业放权让利、承包制的实行，在一定程度上激发了国有企业职工生产的积极性，使国有企业的效率和职工的收入水平有所提升。同时，为了解决返城知青就业难的问题，国家允许和鼓励城市开展多种经营形式，通过发展个体经济、集体经济广开就业门路，解决就业问题。在这一政策的驱动下，我国个体经济乃至私营经济得到不断发展，城市资源配置效率和经济活力不断提升。与之相反，这一阶段，前期农村改革的制度红利逐步释放完毕，农业和农村发展又面临一系列新的问题。一是粮食等农产品产量在经历了持续几年的快速增长之后，从 1985 年开始出现滑坡，并且在随后几年中出现停滞中的起伏状态。受粮食价格低迷、个体农户生产经营基础薄弱、缺乏社会化服务体系和市场风险分担机制等因素的影响，农民收入增长困难的问题越来越突出。1985 年至 1988 年，农民收入急剧下降，实际增长率只有 1.2%。1989 年至 1991 年，农民实际收入年增长率只有 0.7%，其中 1989 年还出现了负增长。二是乡镇企业从 20 世纪 80 年代末开始也进入一个调整时期。1988 年，为控制通货膨胀和经济过热，国家对乡镇企业实行“双紧政策”，严格控制对乡镇企业的财政拨款和信贷规模，强化对乡镇企业的税收征管工作，关闭了较为重要的生产资料市场，乡镇企业原材料供给面临困难。为了加强对乡镇企业的整顿，仅 1989 年国家就关闭了 300 多万个乡镇企业，停建乡镇企业再建项目 2 万多个，这些措施的实行使得乡镇企业发展面临空前困境，使乡镇企业总户数在 1989 年减少 20 万个，1990 年又减少 18 万个，乡镇企业职工也从 1988 年的 9545.5 万人减少到 1990 年的 9264.8 万人，减少 280 万人。乡镇企业发展遭遇困境显然对我国城乡二元结构转换带来不利影响。[①]

第三个阶段大致为 1991 年至 1996 年，这一时期我国城乡二元结构差异又出现了缓和的趋势。1992 年邓小平南方谈话和党的十四大的召开，标志着我国进入全面建设社会主义市场经济体制的新阶段。新一轮改革使得市场化、工业化和城市化的速度和步伐大大加快。农村剩余劳动力已经不只局限在向乡镇企业转移，越来越多的劳动力进入城市地区，成为农民工，为工业化和城镇化发展做出重要贡献，同时也使得农民的收入水平得到一定提高。另一方面，随着农村非农产业的发展以及剩余劳动力的转移，小城镇也得到快速发展。1992 年召开的十四届三中全会明确提出："逐步改革小城镇的户籍制度，允许农民进入小城镇务工经商，发展农村第三产业，促进农村剩余劳动力的转移。" 1997 年 6 月，国务院批转《公安部关于小城镇户籍管理制度改革试点方案和关于完善农村户籍制度的意见》，对于打破城乡二元分割、促进生产要素在城市和农村之间合理流动和配置、推动农村剩余劳动力转移，发挥了积极的促进作用。在上述举措的推动下，中国小城镇发展从上世纪 90 年代后期开始又掀起了新一轮的高潮，对于缓和二元经济结构，促进城乡协调发展发挥重要作用。

第四个阶段大致为 1997 年至 2003 年，这一时期城乡二元经济结构再次出现了不断强化的趋势。随着改革进入攻坚阶段，经济结构也进入调整时期。但是制约城乡协调发展的二元分割的经济社会体制仍然没有从根本上发生改变。与此同时，1997 年东亚金融危机的爆发，对我国经济造成比较严重的冲击，尤其是沿海地区以出口为导向的民营企业面临困境，不少企业采取裁员的方式以度过难关，这就使得许多农民工失去就业岗位，重新回到乡村，收入水平也出现下降。在这一时期，城市改革的重点开始向国有企业推进。为了减轻国家财政负担，提高经营效率和效益，国家对国有企业"抓大放小"、对国有经济布局进行战略调整、实施国有企业三年脱困计划等改革措施，这就使得城市出现大量国有企业职工下岗失业的问题。

① 董辅礽主编：《中华人民共和国经济史》（下），经济科学出版社，1999 年版，第 212–213 页。

为了保障民生、维护社会稳定，国家将更多资源投入对城市的扶持之中，尤其是社会保障体制的建设和投入明显向城市国有部门倾斜。最后，受金融危机冲击以及国内市场结构总体由“短缺经济”向“过剩经济”转变等因素的影响，农产品出口受到限制，国内市场需求不旺也导致农产品价格持续走低，农民收入增加的渠道进一步收窄。上述因素的综合作用，无疑使城乡发展差距进一步扩大。

第五个阶段大致从2003年至今，我国城乡二元结构得到不断改善。改革开放以来，受城乡二元结构的长期影响，城乡居民收入差距从20世纪90年代末开始呈现不断扩大的趋势。1988年，城镇居民可支配收入与农村人均纯收入之比为2.17：1，到2002年，这一比例扩大到3.11：1。城乡发展差距扩大的问题受到中央的高度重视。2003年1月召开的中央农村工作会议明确提出，“三农”问题是全党工作的重中之重，随后采取了一系列改革政策，以形成“反哺”农业的体制机制，促进二元经济结构的转换和城乡一体化发展。一是提高粮食补贴和减轻农民税费负担。2004年2月，国务院通过对种粮农民进行直接补贴的实施意见，“直补”在全国范围内开始实施。2004年6月，国务院常务会议决定，加大税费改革力度，取消农业特产税，五年内取消农业税。2005年12月，十届全国人大常委会第19次会议高票通过关于废止农业税条例的决定，9亿中国农民从2006年开始告别农业税。此外，国家还安排了大量资金用于农业综合开发，实施扶贫开发战略，构建农村最低生活保障体制；二是推进农村综合改革。2006年2月，中共中央、国务院发出《关于推进社会主义新农村建设的若干意见》，要求全面贯彻落实科学发展观，统筹城乡经济社会发展，实行工业反哺农业、城市支持农村和“多予少取放活”的方针，按照“生产发展、生活宽裕、乡风文明、村容整洁、管理民主”的要求，协调推进农村经济建设、政治建设、文化建设、社会建设和党的建设。同年10月，国务院发布《关于做好农村综合改革工作有关问题的通知》，规定了农村综合改革的目标和总体要求，力争在“十一五”期间或用更长一段时间基本完成乡镇机构、农村义务教育、县乡财政管理体制改革任务，建立精干高效的农村行政管理体制和运行机制、覆盖城乡的公共财政制度、政府保障的农村义务教育体制，促进农民减负增收和农村社会失业发展；三是推进土地和林权制度改革。2004 年 8 月，财政部和国土资源部联合印发《用于农业土地开发的土地出让金收入管理办法》，明确规定具体标准和资金使用管理，初步遏制乱征滥占耕地县乡，清理退换农民征地补偿费欠款，保障农民的土地权益。同时，国家还开展国有、集体林权改革，这一改革是农村生产责任制的丰富和完善，是农村生产责任制在林地上的延伸，是农村经济社会发展的第二次革命，对于解放农村生产力，破解“三农”问题发挥积极作用；四是注重保障农民工权益。在 1982–2000 年的近 20 年的时间里，农村向城镇转移人口 2.05 亿人，由于缺少保护进城农民的相关法律，农民工普遍面临各种乱收费、子女接受教育难、拖欠工资等问题。为此国家出台多项措施推动城市户籍制度改革、解决农民工子女教育问题、解决拖欠农民工工资问题，使农民工的权益得到有效保障。

党的十八大以来，中央高度重视城乡发展不平衡问题，把推进城乡一体化发展作为破除二元经济结构，破解“三农”问题的有效途径。2013 年 10 月召开的党的十八届三中全会出台了《中共中央关于全面深化改革若干重大问题的决定》。《决定》明确指出，城乡二元结构是制约城乡发展一体化的主要障碍，必须健全体制机制，形成以工促农、以城带乡、工农互惠、城乡一体的新型工农城乡关系，让广大农民平等参与现代化进程、共同分享现代化成果。主要举措包括：一是改革和完善农村土地制度，对集体土地所有权、承包权、经营权实施三权分置改革，以促进土地流转和集约化经营，保障农民对承包土地的合法权益；二是加快构建新型农业经营体系。坚持家庭经营在农业中的基础地位，推进家庭经营、集体经营、合作经营、企业经营等共同发展的农业经营方式创新；三是赋予农民更多财产权利。赋予农民对集体资产股份占有、收益、有偿退出及抵押、担保、继承权，探索农民增加财产性收入渠道。建立农村产权流转交易市场，推动农村产权流转交易公开、公正、规范运行；四是推进城乡要素平等交换和公共资源均衡配置。维护农民生产要素权益，保障农民工同工同酬，保障农民公平分享土地增值收益，保障金融机构农村存款主要用于农业农村。健全农业支持保护体系，改革农业补贴制度，完善粮食主产区利益补偿机制。完善农业保险制度。鼓励社会资本投向农村建设，允许企业和社会组织在农村兴办各类事业。统筹城乡基础设施建设和社区建设，推进城乡基本公共服务均等化；五是善城镇化健康发展体制机制。坚持走中国特色新型城镇化道路，推进以人为核心的城镇化，推动大中小城市和小城镇协调发展、产业和城镇融合发展，促进城镇化和新农村建设协调推进。优化城市空间结构和管理格局，增强城市综合承载能力。推进农业转移人口市民化，逐步把符合条件的农业转移人口转为城镇居民。创新人口管理，加快户籍制度改革，全面放开建制镇和小城市落户限制，有序放开中等城市落户限制，合理确定大城市落户条件，严格控制特大城市人口规模。在上述各项改革措施的推动下，我国二元经济结构转换加快，城乡一体化发展取得明显成效。其中一个重要表现就是城乡收入差距持续缩小。从 2012 年到 2016 年，农村人均收入增长率连续 5 年超过城镇居民收入增长水平。2016 年城镇居民人均可支配收入 33616 元，比 2012 年增长 39.3%，实际增长 28.6%，年均实际增长 6.5%。2016 年农村居民人均可支配收入 12363 元，比 2012 年增长 47.4%，实际增长 36.3%，年均实际增长 8.0%。2016 年城乡居民人均可支配收入之比为 2.72（农村居民收入 =1），比 2012 年下降 0.16。此外，现代农业建设取得积极进展，农产品供求关系得到极大改善；农村基础设施建设步伐加快，城乡差距扩大趋势有所减缓；农村社会事业发展取得较大进步，公共服务水平有所提高。

纵观我国二元经济结构演变的轨迹，我们可以将影响我国二元经济结构的主要因素归纳如下：

经济发展战略选择。新中国成立后，为了迅速改变自身贫穷落后的面貌，实现国家现代化的发展目标，因而选择了优先发展重工业为核心的赶超式发展战略。在工业化起步阶段，国家为了将有限资源集中投入到重工业部门，国家采取强制手段将农业部门的经济剩余汲取到工业部门。其中一个主要手段是工农业价格剪刀差。1952–1978 年，国家通过价格剪刀差积累了几千亿元资金，农民每年向国家缴纳的农业税大约为 27–37 亿元，累计有几百亿；通过农民储蓄这一途径，国家积累了大约 155.5 亿元。上述三项积累相加，国家在 1952–1978 年间依靠农业积累的资金达到 4452 亿元，每年大约为 171 亿元，占国民收入积累的比重达到 30% 以上。尽管农业剩余的积累对国家工业化做出重要贡献，但在很大程度上导致农业经济薄弱，制约了农村经济发展。

体制机制因素制约。长期以来形成的城乡分割的体制机制，成为导致二元经济结构固化的重要原因。为了支持重工业化发展战略，最大程度汲取农业剩余，同时为了避免重工业发展过程中由于农村劳动力转移给城市带来的压力，政府实施了一系列相关制度和政策，如户籍制度、统购统销制度、人民公社制度以及由此衍生的就业制度、公共服务供给制度在内的城市偏向制度体系。这套制度在很大程度上加剧了城乡分割状态和二元经济结构。改革开放以来，随着粮食统购统销制度的废除、人民公社的解体以及户籍制度的改革与放松，农村剩余劳动力的流动更加容易，高度僵化的城乡二元结构也发生松动，促进了城乡一体化发展的进程。[①]

城乡人口因素。在中国改革与发展进程中，城乡的双重人口过剩在很大程度上制约了劳动力在城乡之间的转移。改革开放以来，我国一直面临城乡两方面的就业压力，特别是进入 20 世纪 90 年代后，全国每年平均新增 1700 万人口，其中至少有 800 万人需要在城镇安置就业。由于农村人口基数庞大，但城市化发展滞后，因而导致城市第二、第三产业吸收农村剩余劳动力的能力有限，而第一产业吸纳劳动力的比重过高，进而加重了农村人多地少的矛盾，制约了农业生产率水平的提高。

城乡人力资本差异。由于城乡居民在享受的教育、医疗、社会保障等公共服务的数量和质量存在差异，也导致城乡劳动者的人力资本存在很大差距。一般而言，劳动者人力资本存量越丰厚，素质越高，在竞争中就会占据有利地位，因而更容易找到技能型、智能型工作，收入水平越高。这些素质较高的劳动者往往倾向于向生活条件比较优越的地方流动。反之，人力资本存量越薄弱，劳动者素质越低，就会在竞争中处于不利地位，只能从事技术含量较低的工作，因而收入水平较低，甚至这些劳动者在城市中会慢慢沦落为城市贫民。因此，由于人力资本存在差异，农村中那些素

---

① 王颂吉：《中国城乡双重二元结构研究》，西北大学博士学位论文，2014 年，第 27 页。

质和技能较低的劳动力很难流入城市，只能待在农村，因而会加剧二元经济结构转换的困难。①

第三节　精准扶贫与中国破解二元结构

中国长期存在的二元经济结构成为阻碍城乡要素自由流动、平等交换，制约公共资源均衡分配的一个重要因素，因而也成为影响农村地区贫困人口脱贫致富的一个重要不利因素。因此，实施精准扶贫与破解二元结构具有一种双向互动的关系。一方面，突破二元经济结构制约，促进城乡一体化发展，有利于提升农业劳动生产率，改善农村地区的发展环境，提高农业发展的质量和效益，不断提高农民的收入水平，从而为实现精准扶贫的目标创造有利的条件；另一方面，通过实施精准扶贫，增强农村地区经济社会发展的内生动力，大幅减少贫困人口，也有利于缓和二元经济结构，缩小城乡发展差距，促进城乡一体化发展进程。在长期的扶贫实践中，我国已经形成了一系列有效地扶贫方式，在促进贫困人口脱贫的同时也有利地促进城乡二元结构的转换。

一、制度创新与突破二元结构制约

中国二元经济结构长期固化的一个最主要的因素就是城乡二元分割的体制机制阻碍了要素的自由流动和均衡配置，因此，推动制度变迁与创新就成了突破二元结构转换和为精准扶贫创造有利制度环境的一个重要因素。

影响我国二元经济结构转换的一个重要因素就是户籍制度。世界上大多数国家没有户籍制度，人口的迁徙是自由的选择，人口的自由流动也促进了资源优化配置和社会均衡发展，推动了城市化进程。而因为户籍制

① 马利：《我国二元经济结构转化的新思路》，中央民族大学硕士学位论文，2007年。

度，无论是农村人口进入城市，还是中小城市人口进入大城市，都面临着落户门槛。落户往往是享有医疗、教育、社会保障等公共服务的前提，这也成为制约我国二元经济转换和城市化进一步提升的障碍。

改革开放以来，随着户籍制度的放松，我国的城镇化和二元经济转换进程也开始加速。1980 年技术干部的农村配偶可落户城市，国家供口粮，“农转非”指标也有所放宽，从不超过当地非农业户口人数的 1.5% 上调至 2%。1984 年开始，农民可自带口粮落户城市，户籍管理开始由指标控制向准入条件控制过渡。“农转非”政策放宽后，城市人口快速增加，但是由于粮食的统购统销政策仍存，“农转非”人数仍受国家粮食供给的制约，1989 年国务院要求严格控制“农转非”过快增长，户籍制度改革出现了反复。直到 90 年代，市场经济改革使得粮票、油票成为历史，这为户籍制度改革创造了一个关键性条件。1997–2001 年的一系列政策，使得小城镇的落户限制全面放开，2008–2013 年的一系列政策，使得中等城市的户口限制进一步放开。①

2014 年国务院出台户籍制度改革顶层设计，取消农业户口和非农户口的性质区别，户籍二元制将逐步退出历史舞台。2014 年《国家新型城镇化规划（2014–2020 年）》提出：“到 2020 年实现户籍人口城镇化率达到 45% 左右，努力实现 1 亿左右农业转移人口和其他常住人口在城镇落户。”2014 年 7 月国务院发布《关于进一步推进户籍制度改革的意见》，首次提出“取消农业户口与非农业户口性质区分和由此衍生的蓝印户口等户口类型，统一登记为居民户口，体现户籍制度的人口登记管理功能”。这也就意味着不再依据户口性质统计农业人口与非农业人口，改为根据户口登记地的城乡地域属性划分统计城镇户籍人口和农村户籍人口。② 户籍制度改革的深化无疑为推动城镇化、促进二元结构转换创造有利条件。当然，户籍制度改革是一项十分复杂的系统过程，它涉及城乡居民利益格局调整、城乡公共财政、城乡基本公共服务、土地制度、投融资体制、城乡规划、城市管理体制等多个领域的改革，因此要坚持统筹谋划，协同推进相关领域配套政策制度改革。户籍制度改革要遵循规律、积极稳妥，坚持从实际出发，全面

① 王慧：《中国户籍制度的建立、演进与改革》，https：//www.sohu.com/a/116383636_481642。
② 王慧：《中国户籍制度的建立、演进与改革》，https：//www.sohu.com/a/116383636_481642。

实施差别化落户政策；坚持存量优先原则，逐步满足符合条件的农业转移人口落户需求；坚持加快促进中小城市发展，增强集聚人口和提供公共服务能力；要以人为本，顺应民意，充分尊重城乡居民自主定居的意愿，切实保障农业转移人口合法权益；加快推进城镇基本服务常住人口全覆盖，在制度安排上为各类社会群体提供更多选择。

破解二元经济结构制约的另一个重要制度因素就是推进农村土地制度改革。改革开放以来，我国农村形成了以家庭联产承包责任制为基础、统分结合的双层经营制度。在这一基本经营制度下，农村土地的所有权归集体所有，土地的承包权和经营权归农户所有。尽管这一制度极大调动了农民生产的积极性、主动性和创造性，促进了生产力的巨大发展，但在运行中也存在不少缺陷。一是土地所有权主体仍然不清晰。尽管《土地承包法》规定农村土地实行集体所有，但法律并未对“集体”做出清晰界定，因而土地所有权在法律上仍然是模糊的。改革开放以来，国家致力于解决保持土地承包关系的长期问题，但在实践中受各种因素的影响，一些地区的承包土地还是时常发生调整，导致土地承包关系不稳定；二是农村土地转让权受到限制。转让权是农土产权完整性的重要标志，但是在目前城乡二元分割的土地制度之下，法律规定农村集体土地只能通过征用的方式从农村集体所有转变更为国家所有，农地使用权转变只能通过农户的相互转包和集体调整来实现；三是土地流转价格体系不健全。土地使用权的流转价格本应由土地价格市场价格决定，但我国土地流转价格并非由农地供求关系决定，而是取决于土地“所有者”；四是征地范围界定模糊，存在滥用征地权力问题。国家征地过程中行使强制权力，所以必须严格限制在公共利益范围内，但在实践过程中，往往出现滥用征地权力的问题；五是征地补偿标准偏低。我国征地制度规定，政府征收土地按照农业用途的一定比例赔偿给农户，最低标准是“不得低于原来生活标准”，但是土地有偿使用是以市价出租。土地征收价格与市价之间的差额形成国家征地权的“权力租金”。[①]由于存在上述弊端，导致农民的土地权益缺乏有效的法律保障，阻碍了土地流转和农业规模化经营带来

① 李永亮：《农村土地制度对二元经济结构转化的影响研究》，西北农林科技大学硕士学位论文，2011年，第15~16页。

的效率提升，也使得农民难以运用土地这一最重要的资产获取收益，因而农民的财产性收入较少。这些缺陷不仅制约了农村剩余劳动力向城市的有效转移，而且导致城乡收入分配差距较大，农民难以运用土地权利大幅增加收入，从而摆脱贫困状态。

党的十八大以来，中央出台了一系列深化农村土地制度改革的重要举措：一是对农村承包土地实施三权分置改革，即在坚持集体所有制的前提下，一方面要保障农民的基本权益，稳定承包权，另一方面要提高土地要素配置效率，放活经营权。党的十九大报告在强调巩固和完善农村基本经营制度，深化农村土地制度改革的基础上，进一步提出保持土地承包关系稳定并长久不变，第二轮土地承包到期后再延长三十年。这一举措有利于形成长期稳定的承包关系，激发农民增加农业投入、发展生产的积极性；有利于形成农村土地所有权、承包权、经营权“三权”分置格局，促进土地经营权流转，发挥新型经营主体引领作用，把小农户引入现代农业发展轨道，形成多种形式适度规模经营，推进农业现代化。有利于保护和实现进城农民的土地承包权益，促进有条件的农业人口放心落户城镇，推进农业转移人口市民化，加快形成城乡融合发展格局；[①] 二是分类实施农村土地征收、集体经营性建设用地入市、宅基地制度改革试点。制定缩小征地范围的办法。建立兼顾国家、集体、个人的土地增值收益分配机制，合理提高个人收益。完善对被征地农民合理、规范、多元保障机制。赋予符合规划和用途管制的农村集体经营性建设用地出让、租赁、入股权能，建立健全市场交易规则和服务监管机制；三是推进农村集体产权制度改革。开展集体资产清产核资，对集体所有的各类资产进行全面清产核资，摸清集体家底，健全管理制度，防止资产流失。推进经营性资产股份合作制改革，将农村集体经营性资产以股份或者份额形式量化到本集体成员，作为其参加集体收益分配的基本依据，保障农民集体资产股份权利，实施赋予农民对集体资产股份占有、收益、有偿退出、抵押、担保、继承权改革试点，

① 本书编写组：《党的十九大报告学习辅导百问》，党建读物出版社，2017 年版，第 88 页。

在此基础上，采取多种形式发展集体经济。[①]

对农村土地制度进行的上述改革和创新在保障农民合法权益的同时，有助于盘活农村土地等资源存量，提高了各种生产要素的使用效率，进一步激发了农民运用土地等资产脱贫致富的积极性、主动性和创造性，并且在实践中出现了许多典型的创新模式。在精准扶贫中，贵州省六盘水市探索出的“三变”改革模式颇具代表性。所谓“三变”指的是“资源变股权、资金变股金、农民变股民”。“资源变股权”是指村集体以集体土地、森林、草地、荒山、滩涂、水域等自然资源性资产和房屋、建设用地（物）、基础设施等可经营性资产的使用权评估折价变为资产，通过合同或者协议方式，以资本的形式投资入股企业、合作社、家庭农场等经营主体，享有股份权利；“资金变股金”指的是包括财政资金变股金、村集体资金变股金及村民自有资金变股金。这些资金在不改变姓“农”的前提下，可以量化为村集体或农民持有的股金，通过民主议事和协商等方式，投资入股经营主体，享有股份权利。这些资金主要包括：生产发展类资金、农村设施建设类资金、生态修复和治理类资金、财政扶贫发展类资金、支持村集体发展类资金。“农民变股东”是指农民自愿以自有耕地、林地的承包经营权、宅基地的使用权，以及资金（物）、技术等，通过合同或者协议方式，投资入股经营主体，享有股份权利。[②]由此可见，“三变”改革核心要义是通过盘活农村三资（资源、资产、资金），激活农民三权（土地承包经营权、住房财产权、集体收益分配权），进而增加农民财产性收入，推进农业增效、农民增收和农村集体经济增值。

二、农业现代化、产业扶贫与提升农业生产率和经营效益

根据二元结构理论，导致农村与城市发展差距的一个重要因素就是受技术、资本、生产经营方式等因素的制约，导致农业部门的比较劳动生

① 《中共中央 国务院关于稳步推进农村集体产权制度改革的意见》，中华人民共和国中央政府网站：http：//www.gov.cn/zhengce/2016-12/29/content_5154592.htm。

② 《什么是农村“三变”改革？》，https：//www.sohu.com/a/195301906_689081。

产率低于工业部门，农业的生产经营效率和效益处于较低水平。对于中国这样一个发展中大国而言，农业技术水平总体上落后，技术进步缓慢，农业发展面临资本短缺和基础薄弱的问题，因而传统农业部门与现代工业部门并存的二元结构特征十分明显。因此，走中国特色的农业现代化道路，是改造传统农业，促进农村经济发展，缩小城乡发展差距，进而破解二元结构制约的必然选择。2014 年中央一号文件《关于全面深化农村改革加快推进农业现代化的若干意见》明确指出："推进中国特色农业现代化，要始终把改革作为根本动力，立足国情农情，顺应时代要求，坚持家庭经营为基础与多种经营形式共同发展，传统精耕细作与现代物质技术装备相辅相成，实现高产高效与资源生态永续利用协调兼顾，加强政府支持保护与发挥市场配置资源决定性作用功能互补。要以解决好地怎么种为导向加快构建新型农业经营体系，以解决好地少水缺的资源环境约束为导向深入推进农业发展方式转变，以满足"吃得好、吃得安全"为导向，大力发展优质安全农产品，努力走出一条生产技术先进、经营规模适度、市场竞争力强、生态环境可持续的中国特色新型农业现代化道路。"总体而言，在中国，推进农业现代化，夯实农业发展基础要着力推挤以下三个方面的改革和创新工作：一是推进农业适度规模经营。以专业化、集约化方向，推进土地合理流转和规模经营，构建以家庭农场为基础、以合作为纽带，各种经营主体互补包容、合作共赢的农业经营体系。加快农业资本积累，提高农业机械化、水利化、设施化水平，培养一大批种粮大户、养殖大户、特色农业企业，发挥规模效应；二是大力发展现代农业。加快关键技术攻关和适用技术应用，用现代工业理念和科技成果支持农业，提高农业全要素生产率，形成技术替代土地、资本及劳动力的均衡增长新路径；三是加快推进农业产业化发展。通过创新农业组织形式与经营业态，组织分散农民，通过延伸产业链，提升农产品的经济性和商品特性，增加农业综合效益和比较效益，注重拓展农业多功能属性，积极发展休闲农业、观光农业，促进实现农业产业化。[①]

---

① 赵颖文、吕火明：《改革开放以来我国二元经济结构的历史演变与发展对策》，载《农业经济与管理》2016 年第 5 期。

在推进农业现代化进程中，如何通过发展特色产业，使贫困地区人口尽快脱贫致富，是我国实施精准扶贫的一项重要战略举措。所谓产业扶贫是指，以市场为导向，以经济效益为中心，以产业发展为杠杆的扶贫开发过程，是促进贫困地区发展、增加贫困农户收入的有效途径，是扶贫开发的战略重点和主要任务。产业扶贫是一种内生发展机制，目的在于促进贫困个体（家庭）与贫困区域协同发展，根植发展基因，激活发展动力，阻断贫困发生的动因。改革开放以来，我国产业扶贫取得明显成效，积累了许多成功经验。尤其是在实施精准扶贫过程中，探索出一系列行之有效的产业扶贫模式。一是特色产业扶贫模式。该模式利用贫困地区资源优势发展特色产品种养殖，鼓励引导工商资本进入农业生产领域，发展生态高效农业和农产品加工业，打造贫困村特色产业，延伸农产品价值链，带动贫困户就地就业增收；二是乡村休闲旅游扶贫模式。该模式通过财政资金投入，整治村庄环境，开发景区景点，开辟乡村旅游业，发展农家乐，带动贫困户融入旅游产业链，实现脱贫致富；三是资产收益扶贫模式。该模式是在扶贫产业项目中，将自然资源、公共资产或农户权益资本化或股权化，相关经营主体利用这类资产产生经济收益后，贫困村与贫困农户按照股份或特定比例获得收益。这种模式不依赖农户的独立经营能力，对失能和弱能贫困人口具有针对性。通过赋予贫困户产权或股权，有利于贫困农户积累资产并利用这些资产持续受益，实现持久脱贫；四是电商产业扶贫模式。该模式通过吸纳贫困人口从事电商及物流配送等关联产业解决就业问题，并为贫困人口创造更多购买物美价廉产品的机会，核心目标就是提高贫困家庭的实际收入，本质属性是让贫困地区对接电商大市场；五是光伏产业扶贫模式。该模式是在住房屋顶或温室大棚等设施上铺设太阳能电池板，通过“自发自用、多余上网”，为农民增收、脱贫致富开辟新途径。光伏扶贫充分利用了贫困地区太阳能资源丰富的优势，通过开发太阳能资源、连续 25 年产生的稳定收益，实现了扶贫开发和新能源利用、节能减排相结合；六是生态农业扶贫模式。该模式通过保护生态和发展生态经济，实现修复生态、保护环境和消除贫困的目的。自然生态较好、自然资源较丰富地区，利用丰富的自然资源发展林下经济、循环经济、特色产业、生态旅游业，促进生态保护和扶贫开发良性互动；七是边境贸易扶贫模式。该扶贫模式通过边境贸易基础设施建设、边贸扶贫产业园建立、边民互市贸易改革升级等措施繁荣边境贸易，吸纳更多贫困人口在边贸产业链中实现就业、获得收入。[①]

三、推进基本公共服务均等化、实施教育扶贫与破解人力资本二元结构

城乡人力资本差异既是中国二元经济机构的一个典型特征，也是制约城乡协调发展和二元结构转换的重要因素。发展经济学的研究表明，农村劳动力较低的人力资本素质将会形成"低素质屏障效应"。这一效应是指由于文化素质较低，心理素质较弱以及对环境的适应能力较弱，使得农业转移劳动力在劳动力市场上具有较低的竞争力。由于低素质屏障的存在，导致相当一部分农民无法转向城市非农产业就业，即便转移也仅仅是转移到低端产业，或者从事劳动强度大的体力劳动。因此，城乡人力资本差异导致了农村劳动力转移是不充分的，也制约了农民收入水平的提高。

新中国成立以来，随着国家对教育、医疗等基本公共服务的供给，我国整体的城乡人力资本都取得明显改善，但由于长期以来，城乡人力资本投入水平明显不同，也导致城乡人力资本二元结构并未从根本上消除。有学者对 1994–2008 年我国城乡人力资本投入进行了实证分析，进一步验证了这一巨大差距的存在。1993 年，我国城镇居民家庭人均教育文化娱乐服务投资为 194.01 元，是农村居民家庭人均文化娱乐服务投资的 3.32 倍。2007 年，我国城乡居民家庭人均教育文化娱乐服务投资是农村居民家庭人均教育文化娱乐服务投资的 4.35 倍；1993 年，我国城镇居民家庭人均医疗保健投资为 56.89 元，是农村居民家庭人均医疗保健投资的 2.09 倍，2007 年，这一比例页已经扩大到 3.33 倍；1993 年，我国城镇居民家庭人均交通通信投资为 80.63 元，是农村居民家庭人均交通通信投资的 4.63 倍，2007 年这

① 蓝海涛、张义博、周振：《我国产业扶贫的模式分析与思考》，https：//www.sohu.com/a/238476030_99901631。

一差距略缩小到4.13倍，但绝对差距从1993年的63.22元扩大到2007年的1029.01元。① 城乡人力资本投资的差异也导致人力资本的存量呈现明显差异。中央财经大学中国人力资本与劳动经济研究中心在京发布的《中国人力资本报告2014》显示，1985–2010年间，农村人均人力资本总量的年均增长率为3.31%，而城镇高达9.21%；1997–2010年间，在城乡增长均加快的背景下，差距更为明显，农村年均增长率为5.99%，而城镇年均增长率则达到14.20%。②

农村居民较低的人力资本存量，也是导致农村存在大量贫困人口的重要原因。从大量数据和案例来看，当前影响中国农村贫困人口人力资本积累的原因主要包括：一是贫困人群受教育程度普遍偏低。到2016年年底，国务院扶贫办建档立卡数据显示，在贫困人口中，具备初中及初中以下文化程度的人口占92.9%，小学及小学以下人口所占比重为56.3%，文盲半文盲占15%；二是贫困户的知识和技能普遍较低。一些贫困户虽然身体健康，但是没有知识储备，缺乏一技之长，不少农户呈现出具有潜在人力资源但缺乏人力资本的特点，因而制约了其收入水平的提升；三是一些贫困户由于健康原因导致人力资本恶化。根据建档立卡数据显示，到2016年年底，在4335万贫困人口中，因病致贫返贫的人口占比为42.2%。由于身患疾病，一方面导致农户家庭支出大幅度提高，另一方面因劳动力的匮乏导致收入更低；四是劳动能力较弱。在贫困人口中，有一部分人是丧失劳动能力的老弱病残等群体，基本没有劳动收入，需要依靠政府的社会保障兜底扶贫来摆脱贫困状态。③

由此可见，通过推进城乡基本公共服务均等化，加大对农村贫困地区的教育、医疗等方面的投入，大力提升农村人力资本存量，无疑对于消除因人力资本差异导致的城乡经济二元结构，促进农村贫困人群尽快脱贫具

---

① 陈鸿彬、王兢、陈娟：《二元结构视角下我国人力资本投资差异及矫正对策》，载《改革与战略》2010年第6期。

② 《<中国人力资本报告2014>：人力资本城乡间差距日益增大》，http：//money.163.com/14/1110/09/AAM971V400253B0H.html。

③ 杨秋宝主编：《2020：中国消除农村贫困——全面建成小康社会的精准扶贫、脱贫攻坚研究》，北京出版集团，2018年版，第178~179页。

有重要意义。以教育为例，我国在实施教育脱贫方面，逐步形成一套有效的政策体系和体制机制。这些政策措施主要包括以下七个方面：一是优先发展贫困地区的农村基础教育。扶持政策的着力点在于改善贫困农村地区的基础教育办学条件，增加基础教育设施供给，主要政策目标是保障贫困家庭子女接受基础教育的机会和质量，从而有效应对区域性整体性贫困问题。特别是党的十八大以来，国家对贫困地区农村基础教育的发展力度不断加大。教育部从 2013 年开始在全国开展全面改善贫困地区义务教育薄弱学院校基本办学条件行动，重点任务是改善贫困地区义务教育薄弱学校基本办学条件，包括基本教学条件和生活设施，大力培养乡村教师队伍。同时在全国范围开展教育对口支援、公益性助教活动，贫困地区农村基础教育的发展范围页从义务教育扩展到学前教育和高中阶段教育；二是对贫困家庭学生进行教育救助。在国家大规模教育资助体系建立前，主要依靠社会捐助支持贫困学生，捐款内容包括捐款、捐物以及捐献教学设备设施等。自 2001 年国家为西部贫困地区和革命老区义务教育阶段学生提供“两免一补”政策以来，我国逐步建立起从学前到高等教育全覆盖的贫困家庭学生政府资助体系。2007 年，国家家庭经济困难学生资助政策体系形成，由国家奖学金、国家助学金、国家助学贷款三部分组成，覆盖在校本科生、高职生和中职生。总之，现行教育资助来源以中央财政为主，以地方政府资助和社会捐助为补充。教育资助政策既有普惠性的，如义务教育“两免”、中职教育免学费、国家奖学金；也有特惠性的，如义务教育“一补”（寄宿生生活费补助）、地方政府为建档立卡贫困家庭在校生提供的直接教育补助；三是加强中等职业教育。我国职业教育规定，其发展目标为 2020 年形成适应经济发展方式转变和产业就够调整要求、体现终身教育理念的现代职业教育体系，提高教育质量，增强吸引力，面向农业农村，不断提升农村劳动力的知识和技能水平；四是确保贫困家庭子女教育保障。除了通过基础教育为所有农村居民提供普遍受教育的机会外，还需要通过特殊的政策保障贫困家庭的子女不失去享受教育的机会。为此，国家出台的相关政策主要包括：普及三年学前义务教育、义务教育阶段实施“控辍保学”，免费免试中等职业教育和贫困学生中等职业教育资助等。同时国家设立“绿色通道”制度对高中及高等教育进行资助政策，以避免一部分贫困家庭学生因教育负担而失学；五是加大对贫困家庭成人教育培训的扶持力度。成人教育的政策目标是提升农村贫困劳动力的文化素质和劳动技能。为此，国家通过实施多项成人教育扶贫政策来提升贫困人口的劳动技能，主要包括：新型职业农民学历教育、“雨露计划”、“阳光工程”技能培训、农业劳动力转移培训、“两后生”职业技能培训、农民夜校等；六是对贫困儿童进行营养健康保障。对贫困儿童的营养干预有利于儿童身体健康，促进智力发育以及良好行为习惯的养成，是极富价值的教育扶贫措施。2010 年前后，全国范围内由不同组织以不同形式开始实施面向贫困地区儿童的营养改善计划。从 2011 年秋季学期开始，国家在贫困片区县启动农村义务教育学生营养改善计划试点工作，中央财政提供营养膳食补助，标准为每人每天 3 元，2014 年 11 月，这一标准提高到每人每天 4 元。2016 年 8 月，国家扩大学生营养改善计划地方试点范围，力争到 2017 年覆盖所有贫困县；七是国家实施关爱留守儿童、贫困儿童、特殊需要儿童的各项措施。2007 年底，中组部、全国妇联等机构联合下发《关于贯彻落实中央指示精神开展关爱农村留守儿童工作的通知》，由此拉开全国层面关爱留守儿童的序幕。2016 年，国办出台文件，要求加强农村留守儿童关爱保护工作，完善关爱服务体系，加强寄宿制学校建设，满足农村留守儿童入学需求。此外，各地的基础教育发展措施都包含了发展特殊教育，提高贫困地区残疾儿童教育普及水平，直接保障弱势群体受教育权利。[①]

四、推进金融扶贫，破解金融二元结构

在经济发展过程中，城乡金融发展的二元结构成为制约我国二元经济结构转换的重要因素。金融二元结构通常是指发展中国家由于采取金融抑制政策而导致金融发展呈现二元状态。一方面存在着拥有现代化管理与技术的银行网络和有组织的金融市场；另一方面，传统的非正式金融关系

① 李培林，魏后凯，吴国宝：《中国扶贫开发报告（2017）》，社会科学文献出版社，2018 年版，第 228~232 页。

仍然活跃于经济、社会的各个层面。在中国发展进程中，城乡金融二元结构特征十分突出，主要表现为随着经济高速发展所产生的城乡金融发展差距不断扩大而形成的二元分化状态。无论是从金融机构的数量、规模、还是从金融服务层次和发展水平看，这种城乡金融二元分化的趋势都十分突出。目前，我国农村地区金融机构主要以农村信用社以及邮政储蓄机构为主，农村商业银行、农村合作银行为辅。此外，政策性银行中的中国农业发展银行，以及大型国有商业银行中的中国农业银行也是我国农村金融系统中的重要组成部分。随着金融体制改革的推进，在我国农村也出现了少量的农村资金互助社和村镇银行。尽管近年来国家一直通过各种政策措施推动农村地区的金融发展，但是与城市较为完善的银行金融体系相比，农村金融机构的发展仍然较为落后。一方面，农村信用社和邮政储蓄机构的金融业务缺失严重，另一方面，国有商业银行和其他银行经历金融体制改革后，往往将利润最大化作为追求的目标，因而忽视了农村金融市场的发展。而诸如信托公司、资产管理公司等金融组织在农村市场的缺失则更加严重。①

由于农村金融组织机构发展滞后，农村存贷款与城市存贷款的差距也更加明显。从 1990 年到 2010 年，农村存款增长 30 倍左右，而城镇存款增长达到了 58.3 倍，城乡存款差异度从 1990 年的 5 倍上升到 2010 年的 8 倍。农村贷款从 1990 年的 1888.1 亿元上升到 2010 年的 30652 亿元，增长了约 16 倍，而城镇贷款则从 1990 年的 12472 亿元上升到 2010 年的 369033 亿元，增长了约 30 倍，城乡贷款差异度从 1990 年的 6.6 倍上升到 2009 年的 12 倍。与这一趋势相似，我国农村地区的存贷差也呈现不断扩大的趋势。以农村信用社存贷款差额为例，1998 年这一差额为 3851.3 亿元，到 2009 年，这一差额进一步扩大到 15150.4 亿元。② 农村存贷差的扩大意味着农村地区存在资金外流的严重问题，有大量农村金融资源通过金融系统被汲取到城市，导致农村地区金融基础薄弱的状况进一步加剧。

---

① 兰京：《金融二元结构下我国农村金融的发展研究》，载《西南民族大学学报》（人文社会科学版）2013 年第 9 期。

② 谢玉梅、胡基红：《农村信贷配给现状、成因及对策分析》，载《商业研究》2013 年第 1 期。

城乡金融二元结构的存在，意味着我国农村经济发展中存在着比较明显的“金融排斥”问题，从而加剧了城乡发展差距和农村地区的贫困状态。因此，通过实施金融扶贫，消除城乡金融二元结构，有助于农村贫困人口更加充分、便利地利用社会资本，增强自我发展能力，从而提高收入水平，促进其尽快摆脱贫困状态。首先，金融扶贫有利于促进贫困人口的资本形成。根据纳克斯的“贫困恶性循环”理论，资本缺乏是导致贫困的重要原因，而贫困的产生则源于一系列相互关联的恶性循环。主要表现为“低收入—低储蓄能力—低资本形成—低生产率—低产出—低收入”的循环。由于这一恶性循环的存在，使得贫困人群在缺乏外部资本资助的条件下，很难打破恶性循环走出贫困状态。因此，通过金融扶贫，可以拓宽贫困人口获得外部资本的机会，促进资本的形成，从而为增加收入、摆脱贫困创造条件。在我国的精准扶贫中，金融扶贫主要着眼于发挥金融的信贷功能，通过贷款产品创新和利息优惠等政策扩大金融机构对贫困人群的信贷扶持覆盖面，使更多贫困人口的信贷要求得到满足，帮助其提高资本形成能力和收入获取能力。主要措施包括建立互助合作金融、小额信贷业务以及发展普惠金融，彻底解决贫困人群贷款难的问题，打破贫困的恶性循环。①

其次，精准扶贫有助于促进贫困人口的能力提升。如前所述，人力资本存量薄弱是导致贫困人口知识和技能缺乏的重要原因，这使得贫困人口往往在劳动力市场上缺乏竞争力，制约了他们收入水平的提升，加剧了贫困状态。因此，金融扶贫要以提升贫困人口的能力为核心，通过提供适宜的金融服务，使贫困人口具备自我发展和自我提高的能力。要发挥金融促进贫困人口能力提升的功能，一是要使金融扶贫更加关注对贫困人口的教育、培训、医疗等公共服务的资助，为贫困地区的教育和医疗事业提供更多资金支持，培养他们走出贫困、提升生活品质的能力，进而促进贫困人口彻底脱贫；二是金融机构可以发挥其信息灵敏的优势，为贫困人口提供更多信息和技术服务，既可以降低贷款农户的市场风险，又提高了金融机

① 杨秋宝主编：《2020：中国消除农村贫困——全面建成小康社会的精准扶贫、脱贫攻坚研究》，北京出版集团，2018 年版，第 218 页。

构贷款的安全性；三是金融扶贫可以更加关注对贫困人口的社会性帮助，通过帮助贫困人口建立社会参与网络，提升社会交往能力，进而促进他们获得更多社会资本。[①]

最后，金融扶贫可以促进贫困地区的产业发展和经济增长。金融可以通过制度创新，将金融资源与产业政策、财政政策、扶贫政策等有效对接，在贫困地区产业发展初期至成熟期的各个阶段发挥积极作用。一是发挥好金融在产业扶贫中的资金融通作用。产业扶贫工作中，金融的最基本作用就是解决贫困地区产业发展的资金短缺问题，筹措生产性投资资金，各级财政部门、银行等金融机构、资本市场等都是产业扶贫的资金来源。贫困地区产业发展的融资重在外源融资，主要包括向地方性政策银行、小额信贷机构、抵押贷款机构、农村合作社等融资，以及在资本市场上进行股权融资、债券融资等。产业发展初期，资金来源和融资方式都较为单一，主要依托政府资金投入，通过设立产业扶贫专项资金撬动社会资金。产业形成一定规模、获得相对稳定的经济效益后，社会资金的参与积极性与投入比例会不断提高，资金来源渠道不断拓宽，资本市场的股权融资和债券融资也将发挥更大作用；二是发挥好金融在产业扶贫中的风险管理作用。目前，产业扶贫主要集中于农林种养等抵御风险能力较差的产业，大多还是一种超常规集中式的帮与扶，扶贫机构在风险控制和成本控制上压力较大。应通过恰当的机制设计，建立健全融资风险分担与补偿机制，发挥金融在风险管理方面的作用。比如，创新农业保险保障服务，通过农产品价格指数保险，对农业生产经营者因市场价格大幅波动、农产品价格低于目标价格造成的损失给予经济赔偿，切实发挥保险行业特有的风险管理专长。三是发挥好金融在产业扶贫中的资源整合作用。一方面，金融能带动经济资源向目标产业集中。贫困地区主要依靠当地特色资源来发展产业，相对而言，这些地区的资源、劳动力和土地的成本较低。金融能够集中经济力量，使其在不同的地域迅速移动，只要导向正确，基于产业持续发展与产业链的不断延伸，就可以扩大贫困地区对稀缺资源的吸纳效应。

① 杨秋宝主编：《2020：中国消除农村贫困——全面建成小康社会的精准扶贫、脱贫攻坚研究》，北京出版集团，2018年版，第219页。

另一方面，金融能为产业链的延伸提供助力。为发展贫困地区经济，打造长效的致富机制，产业扶贫不能简单地停留在产品的初加工上，需扩大产业的链接能力，整合上下游，提升产业价值。比如，央企扶贫基金积极探索的“基金＋企业＋产业链金融＋农户／经销商”模式，就是以基金投资为起点，以龙头企业为核心，通过嫁接电商平台，带动资源整合，完善产业链布局。[①]

（本章撰稿人：张慧君、王可心）

① 潘黎、冯静：《切实发挥金融在产业扶贫中的作用》，http：//cxzg.chinadevelopment.com.cn/cxzb/2018/0802/1321929.shtml。

第四章　精准扶贫与四化同步

坚持走中国特色新型工业化、信息化、城镇化、农业现代化道路，推动信息化和工业化深度融合、工业化和城镇化良性互动、城镇化和农业现代化相互协调，促进工业化、信息化、城镇化、农业现代化同步发展，是我国建设社会主义现代化强国的必然选择。通过四化同步发展，可以打破制约我国城乡协调发展的二元经济结构约束，促进城乡劳动力、资本、土地等生产要素的自由流动与合理配置，不断促进农村产业结构转型升级、提高农业劳动生产率和农业现代化水平，使农民收入持续增长，从而为实现精准扶贫、脱贫攻坚的目标创造有利条件，培育内生动力。

第一节　发展经济学中四化同步理论

发展经济学的一个重要研究主题是研究农业国家或经济落后国家实现工业化和现代化，或实现经济起飞和经济发展的问题。[①] 经济发展问题是一个古老的研究主题，但是以发展为核心来探讨发展中国家如何摆脱不发达的困境，则是近半个世纪以来由发展经济学家所创立的年轻的研究领域。发展经济学中四化同步理论主要关注工业化、信息化、城镇化、农业现代化同步发展问题。“四化”是互为条件、相辅相成的动态发展过程：工业化是主导，为“四化同步”发展提供动力；农业现代化是基础，为“四化同步”发展奠定基石；信息化是引领，为“四化同步”发展注入活力；而城

① 张培刚：《发展经济学往何处去—建立新型发展经济学刍议》，载《经济研究》1989 年第 6 期。

镇化是载体，承载着工业化、信息化和农业现代化发展空间，为“四化同步”发展搭建平台并拓展空间。①

一、四化同步理论内涵

按照发展经济学基本理论，工业化有“狭义”和“广义”之分。“狭义”工业化指工业占整个国民收入的比重不断上升的过程。“广义”工业化还包含在从农业社会转为工业社会的过程中，社会经济结构、观念、制度和人的文化素质等发生相应变化。一般认为，工业化意味着国民生产总值中的工业增加值份额不断增加，工业经济活动处于支配地位，并伴随产业结构调整的优化提升，增长方式发生转变，技术和制度不断更新。一般根据工业产值在国民生产总值（或国民收入）中份额的大小或工业劳动力在总劳动力中的份额大小来衡量工业化的发展程度。在这个过程中，经济结构不断变化，人均国民收入和包括农业在内的劳动生产力不断提高，工业逐渐取代农业成为推动社会生产力发展的主导力量。首先，工业比重越大，工业化程度越深，在发达工业化阶段，除农业的比重会继续有所下降之外，服务业比重将不断上升，工业比重将会下降；通过工业产值和就业比重提高快慢来判断工业化速度快慢，工业比重上升得越快，工业化速度也就越快；其次，按照人均国民收入多少来确定工业化发展水平高低，中低收入国家的工业化是低水平的初中级工业化，高收入国家的工业化则是高水平的发达工业化。②工业化是一个社会历史的发展过程，并对整个社会的生产生活方式和生产关系产生重大影响，它是人类社会发展不可逾越的历史阶段。在一定意义上，工业化的实现程度决定着一个国家或者社会的现代化和文明程度。

信息化是指国民经济或社会结构的重心从物理性空间向信息或知识性空间转移的过程。它以高科技的信息技术为手段，对经济社会结构、产业结构等进行改造、改组或重新定向，通过提高产品和经济活动中信息与知

① 丁兆庆：《“四化同步”关键是城镇化》，2014 年 7 月 21 日，《学习时报》。

② 简新华、向琳：《论中国的新型工业化道路》，载《当代经济研究》2004 年第 1 期。

识含量，推动全社会达到更高级、更有组织、更高效率的经济发展水平。[①]信息化就是过程，在这个过程中信息资源、信息技术及其产业在国民经济和社会中的作用不断增强。当今世界，信息技术已成为社会生产力发展的强劲动力，信息化正在改变人类社会的生产方式和生活方式。随着技术进步和经济发展，信息化与新型工业化、城镇化、农业现代化日益呈现出融合发展的势态，体现了人类社会最新发展成果和时代特征。没有信息技术和设备的武装和改造，也就没有现代工业化、城镇化和农业现代化。信息化能够促进工业化、城镇化和农业现代化更快更有效地实现，而工业化和城镇化又是信息化兴起和发展的前提条件。并且，包括信息技术产业、信息内容产业、信息服务产业在内的信息产业是信息化的基础，信息产业是新兴产业，信息产业的发展和信息化同工业化和农业现代化一样，也是产业结构演进的大趋势和优化的重要内容。信息化与经济全球化相互交织，推动着全球产业分工深化和经济结构调整，重新塑造着全球经济竞争格局。信息化发展的目标就是通过从工业社会向信息社会的转型，实现在经济、政治、社会文化方面的动态转变。"四化同步"将"信息化"放在战略性的高度上，一方面信息化发展是信息产业自身的发展，另一方面信息化对工业化、农业现代化与城镇化建设具有不同的意义和价值。[②]

城镇化的核心是人的城镇化，即体现科学发展观的要求，实现以人为本的城镇化。城镇化作为社会进步的一种表现形式，在于人口向城镇的流动是为追求和享受更多的就业机会、便捷的基础设施和完善的公共服务，有质量的城镇化应该彰显城镇的优势，通过城镇人口的规模效应分摊基础设施和公共服务的供给成本，使城镇居民享有数量、质量均有保障的医疗、就业、教育等公共服务，为实现人的全面发展提供基本保障。同时，城镇化对民生的改善有助于城市积累人力资本，为城市产业结构升级提供高素质的人力资源，以提高资源要素的配置效率，为社会创造更多的财富。因此，有质量的城镇化演进，应当以民生的改善为出发点和落脚点，通过城镇化进程让更多的人口聚居在城市，以享有现代化的物质文明和更

① 李二超、韩洁：《"四化"同步发展的内在机理、战略途径与制度创新》，载《改革》2013年第7期。

② 王振宇：《试析"信息化"发展与"四化同步"的关系》，载《视听》2015年第1期。

高层次的公共服务。①

农业现代化不仅是农业生产手段的现代化，还包括农业制度的变革，是一个从传统农业向现代农业转变的过程。农业的一定发展是工业化和城镇化的前提，工业化和城镇化是农业现代化的必要条件，农业现代化是工业和城镇化的必然趋势，能促进工业化和城镇化的健康发展。如果没有工业化和城镇化的发展，会使得农村剩余劳动力没有出路、经济技术条件缺乏，农业现代化也不可能实现。如果农业现代化滞后，也会使得工业发展缺乏市场和条件，工业化和城镇化对劳动力和土地的需求不能得到有效满足，从而拖工业化和城镇化的后腿；还可能出现大量农民盲目涌进城市，也会形成大量“贫民窟”现象，带来严重的“城市病”和“农村病”；城镇化不仅是农民向非农产业和城镇转移，城镇数量增加、规模扩大的过程，同时还是城市先进的生产方式和生活方式向农村普及，工农和城乡差别逐步缩小以致消失，城乡一体化和农业现代化实现的过程。总之，工业化、信息化、城镇化、农业现代化相互关联且不可分割。

二、工业化、信息化、城镇化、农业现代化相互关系的内在机理

在我国现代化进程中，实现新型工业化、信息化、城镇化、农业现代化同步发展，是促进经济社会健康发展的必然选择。“四化”之间存在着相互协调、相互支持的紧密互动关系。②

（一）信息化和工业化之间深度融合

信息化和工业化的高层次的深度结合，是指以信息化带动工业化、以工业化促进信息化，两化融合的核心就是信息化支撑，追求可持续的发展模式。

第一，以信息化带动工业化。要实现信息化带动工业化，首先要保证

① 郝华勇：《提升城镇化质量引领“四化”同步发展的路径探讨》，载《经济研究参考》2014 年第 57 期。

② 对“四化”之间相互关系的内在机理的分析参考了中共中央党校经济学教研部课题组：《促进新型工业化、信息化、城镇化、农业现代化同步发展研究》的有关内容。

信息产业本身的迅速发展，为信息化带动工业化发展奠定基础。以信息化带动工业化，其核心在于加速发展信息产业，进而用信息技术改造传统产业。传统产业囿于技术水平限制，具有低效率、高能耗、高污染特点。当前，应该特别重视利用信息技术改造装备制造业。这样做，既可以使传统产业得到优化升级，提高产品的技术含量、附加价值以及核心竞争力；又可以加快由工业化向信息化过渡的历史进程。[①] 工业化和信息化发展的动力来自于科学进步，而后者又源于技术创新。推进技术创新要加大科技投入，加快科研体制改革，加强产学研结合，还要重视技术创新、技术引进及技术改造相结合。只有更好地结合，才能使工业化和信息化交融一起，才会提高综合经济效益。

第二，以工业化促进信息化，加快企业信息化发展。首先，构建企业的技术创新体系，增强自主创新能力，突破关键技术。选择具有高度技术关联性和产业带动性的产品和项目，促进引进消化吸收再创新，实现信息技术关键领域以企业为主体的自主创新。其次，发挥企业主体作用，大力推进电子商务。以企业信息化为基础，以大型重点企业为龙头，通过供应链、客户关系管理等方式引导中小企业积极参与，形成完整的电子商务价值链。加快信用、认证、标准、支付和现代物流建设，完善结算清算信息系统，注重与国际接轨，探索多层次、多元化的电子商务发展方式。最后，政府应该积极转变职能，以推动信息化带动工业化为目的来进行相应的体制机制调整，深化和完善信息化发展领域的体制改革。政府要加强引导，优化发展环境，引导企业资产重组、跨国并购，推动产业联盟，加快培育和发展具有核心能力的大公司和拥有技术专长的中小企业，建立竞争优势。加快“走出去”步伐，鼓励运营企业和制造企业联手拓展国际市场。

（二）加强工业化和城镇化良性互动

“工业化”和“城镇化”的良性互动，需要工业企业与城镇融合发展，

① 周叔莲、王伟光：《论工业化与信息化的关系》，载《中国社会科学院研究生院学报》2001年第2期。

以城镇化为基础，承载产业空间和发展产业经济；以工业化为保障，驱动城镇更新和完善服务配套，以达到工业化和城镇化之间相互协调、良性互动和可持续的发展。

第一，以工业化支撑城镇化。工业化过程，可以为社会提供更多的就业机会、提供更多资金和税收，能够更加有效地解决农村剩余劳动力的转移问题，有助于为加快推进城镇化打下坚实的经济基础，丰富城镇化的真实内容。一是工业化为城镇化提供了充分的产业支撑。城镇化发展和聚集，主要是依托非农产业来展开的。不断发展壮大非农产业，加快推动产业集聚，优化产业结构，提高产业间的关联度可以有效实现城镇化的快速发展；二是工业化增强了城镇吸纳农村转移人口的能力。城镇化的直接体现，应当是城镇人口规模的适度扩大，城镇的发展也只有依托农村劳动力的大量移入才能保持持续发展，并且不断壮大城镇发展规模；三是工业化为城镇化提供了必要的资金和人才支持。工业化会带动着社会经济的发展变革，有利于推动要素商品化、市场化发展，创造出各种要素能合理顺畅流动的条件和集中的制度基础和宏观经济环境。新兴产业的发展和集聚可以有效带动城镇文化教育等社会事业的发展和提高，以及城镇建设规模的扩大。

第二，以城镇化促进工业化。城镇化为工业化提供空间载体，为农村转移人口市民化提供直接归宿，有助于形成新的消费需求，进而为工业化发展提供持久推动力。一是城镇的集聚效应为工业化提供了必要的发展条件。城镇化过程，是一个人口、资金、技术等生产要素不断集中的过程。伴随着城镇规模的扩大，城镇化给工业发展提供了更多的市场机会。二是城镇的服务功能为工业化的深化和升级提供必要条件。城镇化提高了劳动力素质和工作效率，带动了劳动力在城乡之间、不同地区之间和不同部门之间进行合理的流动，使劳动力得到合理的组织和更有效的使用，使得劳动之间的分工更加清晰，也为劳动者的素质技能提高提供了必要条件。三是城镇化发展的程度对工业发展格局产生重要影响，城镇化的推进能够使一国产业结构更加优化。

（三）推动城镇化和农业现代化相互协调

“城镇化”与“农业现代化”是相辅相成、密不可分的。城镇化，是农业人口转化为非农业人口，是乡村生产生活方式转化为城镇生产生活方式的历史过程。这个过程离不开农业现代化，只有实现了农业现代化，才能把更多的农民从土地上解放出来，从而真正走向城镇化，由农民身份转变为市民。

第一，城镇化带动农业现代化。城镇化对农业现代化的带动作用体现在三个方面：一是城镇化加速了农村剩余劳动力的转移。城镇化的发展会相应带动第二、三产业的发展和壮大，创造更多就业机会，从而吸引大量农村剩余劳动力向城镇集聚，推动农村土地的相对集中和规模经营，为农业的专业化和规模化经营创造了外部条件；二是城镇化发展有助于农业产业结构的优化和调整。城镇化把大量农村人口集聚到城镇，会增加对农业产品的消费需求，这会促进农业产业结构和产品结构的优化调整，也会促进传统农业向现代农业的转变；三是城镇化为农业现代化提供技术和资金支持。城镇化发展和规模不断扩大，城镇的社会服务功能、基础设施建设也不断完善，进而推动城镇企业健康发展，城镇企业的发展壮大可以为农业现代化提供技术和资金支撑，带动农业机械化发展、促进农业技术进步和农业科学技术在农业生产中的广泛应用，加快传统农业的改造。

第二，农业现代化促进城镇化。农业现代化对城镇化的促进作用表现在两个方面：一是农业现代化为城镇化发展提供了劳动力条件。农业现代化过程中农业劳动生产率会不断提高，从而产生大量农村剩余劳动力，农村剩余劳动力不断涌向城镇，丰富了城镇劳动力的来源，刺激了城镇商品生产和商品流通的发展，满足了城镇经济发展中对劳动力的需求。同时，农村剩余劳动力在城镇中的集聚，促进了城镇交通、住房、水电等基础设施的建设和完善，带动了城镇科教文卫事业的发展。此外，农业现代化通常会节约土地，为城镇化提供了土地要素；二是农业现代化为城镇化发展创造了市场空间。在农业现代化进程中，农业生产率不断提高，从事农业生产的人口收入也会不断提高，收入的增加刺激着市场消费，为城镇中相关产业和企业的发展创造了农村市场需求。这样一来，城镇产业结构的优化和调整具有了一定的外部条件。

第二节　中国四化同步的理论与实践

作为世界上最大的发展中国家，中国迈向现代化的进程更为复杂，其中一个突出特征表现为工业化、城镇化、信息化和农业现代化同步推进。在四十年的改革开放进程中，中国通过不懈努力，逐步探索出一条具有中国特色的四化同步发展道路，即推动信息化和工业化深度融合、工业化和城镇化良性互动、城镇化和农业现代化相互协调，促进工业化、信息化、城镇化、农业现代化同步发展。中国的四化同步发展道路不仅促进了本国经济社会的持续快速发展，使国家现代化程度大幅提升，而且也为发展经济学构建四化同步发展理论做出重要理论贡献。

一、“四化同步”的基本内容和必要性

党的十八大报告中首次明确提出来“四化同步”，报告指出“坚持走中国特色新型工业化、信息化、城镇化、农业现代化道路，推动信息化和工业化深度融合、工业化和城镇化良性互动、城镇化和农业现代化相互协调，促进工业化、信息化、城镇化、农业现代化同步发展”。工业化是现代化的具体体现，是一国农业份额下降而工业份额上升的经济结构转化过程，是传统的农业社会向工业社会转型的过程，这一过程伴随着主导产业不断更替、不断升级。工业化在经济发展中起到至关重要的作用，是一种承上启下的经济形态。工业化可以促进落后国家的不断发展，推动其向发达国家的形式转变，同时也是实现现代化的必由之路。信息化是指开发利用现有的信息资源，促进信息间不断交流和知识共享，达到提高经济增长的质量，推动现有经济社会由工业社会向信息社会演变的过程。在国内政

府官员和学术界中，信息化被认为是由信息产业占主导地位的社会取代由物质生产占主导地位的社会发展过程。现代学术界认为，信息化包括两个方面的含义：一是信息技术及信息产业的发展，二是将新一代互联网信息技术应用于各行各业，促进工业生产、社会消费及商业模式变革等，驱动经济社会创新发展。城镇化是一个国家第二产业不断发展，农村人口逐渐向城市转移这一结构性变动的过程，也是城市生活方式不断向城市以外地区渗透的过程，表现为城镇数目增多，人口规模扩大。农业现代化是利用现代信息科学技术和先进管理理念提升农业生产效率，提高农民素质，建立起高产、优质、高效的农业生产体系，使农产品有效供给不断加强的过程。工业化、信息化、城镇化、农业现代化之间的互动关系是“四化”同步发展的本质，它是一个相互融合、相互协调的整体系统。第一，信息化和工业化相互融合，既能提高工业经济和企业核心竞争力，也能提高劳动生产率和社会整体生产力发展水平。信息化将极大促进工业化的健康发展。工业化是信息化的坚实基础，为信息化的发展提供基础的物质条件。以信息化带动工业化，其核心在于推动信息产业的发展，用信息技术改造传统产业。以工业化促进信息化，推进企业的信息化发展，着力构建以企业为主体的技术创新体系，强化集成创新，突出自主创新，突破关键技术，这就需要选择具有高度技术关联性和产业带动性的产品和项目，促进引进消化吸收再创新，实现信息技术关键领域以企业为主体的自主创新；第二，工业化和城镇化良性互动，是现代经济社会发展的必然要求。工业化是城镇化的经济支撑，城镇化是工业化的空间载体，推动工业化与城镇化良性互动，既为工业化创造了外部条件，也为城镇化发展提供了内在动力。工业化过程，可以为社会提供更多的就业机会、提供更多资金和税收，能够更加有效地解决农村剩余劳动力的转移问题，有助于为加快推进城镇化打下坚实的经济基础，丰富城镇化的真实内容。城镇化为工业化提供空间载体，为农村转移人口市民化提供直接归宿，有助于形成新的消费需求，进而为工业化发展提供持久推动力；第三，城镇化和农业现代化相互协调，既是有力推进城镇化的必要条件，也是农业现代化的必然要求。没有农业现代化，城镇化就无法继续发展，没有城镇化，农业现代化也会失去发展的基本条件。城镇化发展加速了农村剩余劳动力的转移，城镇化发展有助于农业产业结构的优化和调整，城镇化发展为农业现代化发展提供了技术和资金；农业现代化为城镇化发展创造了一定的市场空间，农业现代化发展为城镇化发展提供了要素条件。因此，促进"四化"在协调互动中实现同步发展，才能最终实现经济社会的巨大发展，才能为实现共同富裕提供坚实基础。

促进工业化、信息化、城镇化和农业现代化同步发展，是由"四化"的相互作用及其现状决定的。目前，我国仍处于工业化、信息化、城镇化、农业现代化深入发展中，"四化"之间是彼此关联、相互促进的。但从现状来看，"四化"进展不一、互动不够、彼此带动不足，具体表现在：第一，工业化和信息化融合不够。我国工业化进展很快，现已进入工业化中后期。2002年以来，工业增加值占国内生产总值比重一直在45%左右。但是，在工业化过程中，数量扩张特征明显、产能过剩，而信息化却处在以局部应用为主的阶段。总体上，信息化带动工业化、工业化促进信息化的融合放大作用没有充分发挥；第二，工业化与城镇化互动不足。近10年来，我国城镇化水平持续提高，2011年全国城镇人口达到6.91亿，城镇化率达51.3%，比2007年提高5.4个百分点，比2002年提高12.2个百分点。但是，与发达国家80%的平均水平比较，我国城镇化率还处于较低水平，而且城镇化质量不高，两亿多农民工没有真正融入城镇生活，城镇化为工业化创造需求，工业化为城镇化提供供给的互动功能没有充分发挥；第三，工业化，城镇化对农业现代化带动不力。改革开放以来，我国农业现代化取得长足进展，2010年，农业机械化率达52.3%，比2007年提高近10个百分点，2011年，农业科技进步贡献率达53.5%，比2003年提高了7.5个百分点，农业现代化正处于成长阶段。但是，相对于工业化和城镇化来说，我国农业现代化仍明显滞后，工业化和城镇化对农业现代化的带动作用没有充分发挥。①

---

① 郭翔宇：《加强融合与互动 促进"四化同步"发展》，载《农业经济与管理》2013年第1期。

二、“四化同步”发展的基本思路

“四化同步”对我国顺利实现现代化至关重要，因此对“四化同步”提出了四个方面的根本要求：第一，推动信息化和工业化深度融合，充分发挥信息化带动工业化、工业化促进信息化的融合放大作用。一方面，坚持走新型工业化道路，重点推进产业结构优化升级，形成以战略性新兴产业为先导、基础产业和先进制造业为支撑、现代服务业全面发展的产业格局，增强产业竞争力，基本实现工业化，为社会主义现代化奠定坚实基础；另一方面，加快推进信息化，重点建设下一代信息基础设施，发展现代信息技术产业体系，健全信息安全保障体系，在经济和社会领域广泛运用信息网络技术，大幅提升信息化水平；第二，推进工业化和城镇化良性互动，充分发挥城镇化为工业化创造需求、工业化为城镇化提供供给的互动功能。工业化与城镇化良性互动，是现代经济社会发展的显著特征。工业化是城镇化的经济支撑，城镇化是工业化的空间依托，推动工业化与城镇化良性互动、相互促进，既是为工业化创造条件，也是城镇化发展的内在规律。从现代化发展规律看，今后一二十年我国城镇化率将不断提高，每年将有相当数量农村富余劳动力及人口转移到城市。我们要积极稳妥地推进城镇化，特别要提高城镇化质量。从未来看，城镇化是扩大内需的最大潜力，是我国经济增长的巨大引擎；第三，推进城镇化和农业现代化相互协调，充分发挥工业化和城镇化对农业现代化的带动作用。一方面，要加大统筹城乡发展力度，增强农村发展活力，逐步缩小城乡差别，促进城乡共同繁荣；另一方面，要加快完善城乡发展一体化体制机制，促进城乡要素平等交换和公共资源均衡配置，形成以工促农、以城带乡、工农互惠、城乡一体的新型工农、城乡关系，实现工业与农业、城市与农村发展的良性互动。重点要统筹城乡土地利用，加快完善城乡规划一体化机制；统筹城乡产业发展，加快完善城乡生产要素流动一体化机制；统筹城乡基础设施建设，加快完善城乡公共服务一体化机制；统筹城乡劳动就业，加快完善城乡劳动力流动与人力资源优化配置一体化机制；统筹城乡社会管理，加快完善农业转移人口市民化推进机制；统筹城乡财政支出，加快完善城乡政府投入一体化机制；第四，着力构建“四化同步”发展的制度体系。一是健全城乡资源要素平等交换机制。深入探索农村产权自主流转和自由交易，让农村产权发挥更大效益。推进农村耕地流转、集体建设用地流转和土地增值收益分配结构改革，进一步释放农村劳动力、盘活城镇化建设土地、推动农村人口市民化。深化户籍制度改革，畅通进城务工人员留城定居的渠道；二是完善“四化同步”资金保障机制，健全财政转移支付机制，健全社会化投融资体系。三是，建立“四化同步”科学评价机制。构建“四化同步”评价指标体系和目标考核体系，推进“四化同步”发展评估和监测工作。①

三、我国“四化同步”发展的现状与特点

中国必须适时转变发展模式，以解决新形势下所遇到的经济、社会和环境之间的不协调、不平衡和不可持续问题。党的十八大提出的“四化同步”即新型工业化、信息化、城镇化、农业现代化同步发展是根据国际经济发展趋势和我国经济社会发展全局提出来的重大举措，是现阶段社会主义现代化建设的战略任务，也是促进新常态下我国经济持续发展、最终实现现代化的基本途径。“四化同步”，是我们党在新的历史条件下，为加快推动中国经济社会全面发展所实施的重大战略举措。这是党中央统揽全局、着眼长远、与时俱进作出的重大决策，更是基于对“四化”的重要性、关联度和存在问题的科学分析和判断作出的战略决策。“四化同步”的本质含义和基本内容，在于“四化”互动交融、携手并进，它们构成一个整体的四个方面。它指明了中国特色社会主义现代化建设的方向及路径，对当前和今后中国的发展具有深远的历史意义。

（一）工业化

2002年党的十六大报告中首次提出新型工业化道路，即坚持以信息

① 中共成都市委政策研究室：《关于成都市推进“四化同步”发展的对策研究》，载《西部经济管理论坛》2013年第3期。

化带动工业化，以工业化促进信息化，走出一条科技含量高、经济效益好、资源消耗低、环境污染少、人力资源优势得到充分发挥的新型工业化道路。这是一条立足于中国国情基础上的具有鲜明的中国特色的工业化道路，它为发展中国家在市场经济条件下实现工业化提供了一定的经验。第一，新型工业化的主要内容。“科技含量高”，是指要充分发挥科学技术作为第一生产力的作用，促进科技成果更好地转化为现实的生产力，提高产品的质量和竞争力。“经济效益好”，是指经济增长方式要实现由粗放型增长向集约型增长的转变，即转到以经济效益为中心的轨道上来，通过科技创新、实施科学管理来降低成本，提高劳动生产率。“资源消耗低”是指立足于我国资源短缺的国情，坚持资源开发和节约并举，把节约放在首位，努力提高资源利用效率，实施可持续的发展战略。“环境污染少”是指要做到保护生态环境，注重从源头上防止环境污染和生态破坏，避免走传统工业化道路的先污染后治理的老路，切实保护生态环境。“人力资源优势得到充分发挥”是指充分考虑我国劳动力资源相对丰富的国情，通过教育和培训提高劳动力的综合素质，培养高素质人才，由劳动密集型产业转向资本密集型产业，处理好资本技术密集型与劳动密集型产业的相互关系，使人力资源优势得到充分发挥。第二，新型工业化的基本特征和基本要求。新型工业化是由信息化带动的工业化道路，信息化是由信息技术革命引起的工业经济社会向信息经济社会转变的历史过程。信息化于第二次世界大战以后逐步兴起，在 20 世纪 90 年代后迅猛发展。西方发达资本主义国家是先完成了工业化，之后面临信息化发展问题，它们是在发达工业化的基础上开始信息化进程的。但是，信息化是当今世界经济社会发展的大趋势，是新世纪现代化最重要的特征，也是新世纪工业现代化的主要标志和强大动力，先工业化后信息化的道路已经不再可能。中国要实现现代化，必须同时完成工业化和信息化的双重任务，只能走信息化与工业化相结合的新型工业化道路。[①] 以信息化带动工业化，以工业化促进信息化，是新型工业化道路最基本的特征和要求。

---

① 简新华、向琳：《论中国的新型工业化道路》，载《当代经济研究》2004 年第 1 期。

（二）信息化

我国在稳步扎实推进信息化进程的发展。在20世纪90年代，我们国家相继启动了以金关、金卡和金税为代表的重大信息化应用工程；1997年，召开了全国信息化工作会议，党的十五届五中全会把信息化提到了国家战略的高度；党的十六大进一步作出了以信息化带动工业化、以工业化促进信息化、走新型工业化道路的战略部署；党的十六届五中全会再一次强调，推进国民经济和社会信息化，加快转变经济增长方式；在党的十七大提出了发展现代产业体系、大力推进信息化与工业化融合的新科学发展观念，形成了“两化融合”的概念；党的十八大提出两化深度融合、四化同步的新目标。在我国不断推进信息化的实践中，形成了具有中国特色的信息化发展道路，这体现在基本经验和战略目标两个方面：第一，我国信息化的发展经验。我国的信息化站在国家发展的战略高度，把信息化作为建设现代化的战略举措，从长远进行规划，持续不断地进行向前推进，从国情出发，利用信息化来解决现实的困难和发展的难题，充分发挥信息技术在各个领域的关键作用。坚持技术创新，自主研发，增强自主创新能力，优先发展信息产业，把开发利用信息资源放到重要位置上，统筹协调，促进资源共享。同时，在利用信息网络的时要保障国家信息安全，提高重要信息系统的安全保护水平，营造安全的信息网络系统，做好信息技术普及教育，提高国民信息技术的应用能力。第二，我国信息化的发展战略目标。综合信息基础设施基本普及，信息技术自主创新能力显著增强，信息产业结构全面优化，国家信息安全保障水平大幅提高，国民经济和社会信息化取得明显成效，新型工业化发展模式初步确立，国家信息化发展的制度环境和政策体系基本完善，国民信息技术应用能力显著提高，为迈向信息社会奠定坚实基础。①

（三）城镇化

中共十八届三中全会《决定》指出，坚持走中国特色新型城镇化道

① 中共中央办公厅、国务院办公厅：《2006—2020年国家信息化发展战略》。

路，推进以人为核心的城镇化，推动大中小城市和小城镇协调发展、产业和城镇融合发展，促进城镇化和新农村建设协调推进。优化城市空间结构和管理格局，增强城市综合承载能力。要努力推进城市建设管理创新，努力推进农业转移人口市民化，逐步把符合条件的农业转移人口转为城镇居民。城镇化是一个自然历史过程，城镇化是实现中国现代化的必由之路，是我国必然要经历的发展阶段。我国的城镇化建设和发展，是在人口密集、资源相对短缺、生态环境比较脆弱、城乡区域发展不平衡的背景下推进的，这决定了我国必须从社会主义初级阶段这个最大实际出发，遵循城镇化发展规律，走中国特色新型城镇化道路。在我们这样一个拥有 13 亿人口的发展中大国实现城镇化，在人类发展史上没有先例。城镇化目标正确、方向对头，走出一条新路，将有利于释放内需巨大潜力，有利于提高劳动生产率，破解城乡二元结构，促进社会公平和共同富裕，世界经济和生态环境也将从中受益。

走中国特色新型城镇化道路，要紧紧围绕提高城镇化的发展质量，稳步提高户籍人口城镇化水平；大力提高城镇土地利用效率、城镇建成区人口密度；切实提高能源利用效率，降低能源消耗和二氧化碳排放强度；高度重视生态安全，扩大森林、湖泊、湿地等绿色生态空间比重，增强水源涵养能力和环境容量；不断改善环境质量，减少主要污染物排放总量，控制开发强度，增强抵御和减缓自然灾害能力，提高历史文物保护水平。中国特色新型城镇化道路的主要内容在 2013 年 12 月召开的中央城镇化工作会议上得到了具体阐述：第一，要以人为本，推进以人为核心的城镇化，提高城镇人口素质和居民生活质量，把促进有能力在城镇稳定就业和生活的常住人口有序实现市民化作为首要任务；第二，要优化布局，根据资源环境承载能力构建科学合理的城镇化宏观布局，把城市群作为主体形态，促进大中小城市和小城镇合理分工、功能互补、协同发展；第三，要坚持生态文明，着力推进绿色发展、循环发展、低碳发展，尽可能减少对自然的干扰和损害，节约集约利用土地、水、能源等资源；第四，要传承文化，发展有历史记忆、地域特色、民族特点的美丽城镇。对于今后一个时期走中国新型城镇化道路的战略举措，李克强总理在 2014 年总理政府工作报告中指出，今后一个时期，着重解决好现有“三个1亿人”问题，促进大约1亿农业转移人口落户城镇，改造大约1亿人居住的城镇棚户区和城中村，引导大约1亿人在中西部地区就近城镇化。

（四）农业现代化

改革开放三十五年来，我国农村的改革发展取得了举世瞩目的成就。随着国内国外形势的新变化，我国农村社会经济正在经历着深刻的变革。推进农村改革发展已经具备许多有利因素，但也面临种种困难。当前，加快推进农业现代化对我国整个社会的全面发展非常重要。党的十七大报告明确提出，在推进社会主义新农村建设的进程中，要“坚持把发展现代农业、繁荣农村经济作为首要任务”，“走中国特色农业现代化道路”。党的十八大报告进一步指出，“促进工业化、信息化、城镇化、农业现代化同步发展”。加快推进我国农业现代化，必须坚持走具有中国特色的农业现代化道路。

中国特色农业现代化的主要内容：第一，坚持统筹城乡经济社会发展的基本方略。城乡发展一体化是解决“三农问题”的根本途径。要加大统筹城乡发展力度，增强农村发展活力，逐步缩小城乡差距；第二，坚持工业反哺农业、城市支持农村和多予少取放活的方针。我国农业和农村发展长期滞后，根本原因在于由城乡二元经济结构所派生的经济社会管理体制尚未打破，以及由此所导致的农村生产要素持续流失、对农业的资金技术支持明显不足的局面尚未改变；第三，建立公共财政体制、完善转移支付制度、形成既符合世界贸易组织规则又具有本国特点的农业支持保护体系，是已经实现了农业现代化国家的普遍做法；第四，着力增强农业综合生产能力。农业的综合生产能力，是农业现代化水平的基本标志。我国不少农产品的生产总量位居世界前列，但从投入产出和经济效益看，仍明显落后于发达国家。第五，推进农业现代化要与工业化、城镇化有机联动。第六，推进农业现代化要注重组织与制度创新。[①]

---

① 陈锡文：《走中国特色农业现代化道路》，载《求是》2007年第22期。

第三节 精准扶贫与中国四化同步实践

四化同步发展与精准扶贫具有相互促进、相互支撑的紧密互动关系。一方面，四化同步发展可以在很大程度上缩小城乡二元结构，促进城乡要素自由流动和高效配置，提高农业发展的现代化水平和竞争力，从而从整体上提高农村居民收入水平，促进贫困人口尽快脱贫；另一方面，实施精准扶贫可以大幅度减少农村贫困人口，促进农村剩余劳动力有效转移，不断提升农村人口的人力资本素质，增强农村经济活力及其对国民经济其他部门发展的支撑力，这些结构性变化都有助于进一步推动四化同步发展，不断提升我国的现代化发展水平。

一、精准扶贫与“四化同步”的关系

“四化同步”与精准扶贫具有相互促进、相互支撑的紧密互动关系。首先，走中国特色的新型工业化、信息化、城镇化、农业现代化道路，对于精准扶贫和完成脱贫攻坚目标具有重要促进作用。通过“四化同步”发展，可以极大缩小我国的城乡二元结构，促进劳动、资本、土地、技术、管理等生产要素在城乡之间进行自由流动和有效配置，不断提高农业劳动生产率和农业产业化发展水平，并且通过工业对农业的反哺、城市对乡村的帮扶，提高农业的可持续发展能力，以及应对自然风险和市场风险的能力。这些都有助于提高农业的竞争力，改变农村落后衰败的面貌，全面提升农村居民的收入水平，从而促进贫困人口尽快脱贫并走上富裕的道路，为全面建成小康社会的任务如期完成提供坚实的保障。

其次，精准脱贫目标的实现，也为我国进一步推进“四化同步”协调发展，不断提升国家现代化水平，发挥积极推动作用。在实施精准扶贫过程中，可以通过深化户籍制度改革、土地制度改革、城乡公共财政改革等多种改革措施，进一步冲破城乡二元分割的体制壁垒，促进农村剩余劳动力向城市的转移，弥补因人口红利衰减导致的经济增长动力不足。随着农

村贫困人口的脱贫和转移，将进一步推动我国新型城镇化和工业化进程，扩大消费潜力和提高投资效益，从而为经济的持续发展注入新的动力。随着贫困人口的减少和农业发展效益的提升，农业对国民经济其他部门的支撑作用也会得到进一步的增强，这不仅有助于促进我国产业结构和经济结构的全面优化升级，也有助于促进改革和发展成果更好地由全体人民共享。①

总之，“四化同步”为精准扶贫提供了机遇。它不仅指引着我国经济社会发展方向，同时也为我国现代化征程指明了前进方向，为当前的最大政治任务精准扶贫工作提供了大好机遇，支撑着脱贫攻坚目标的如期完成。同时，精准扶贫目标的实现也会促进“四化同步”的良性发展，为我国分两个阶段全面建设社会主义现代化强国奠定坚实物质基础。

二、工业化对精准扶贫的支撑

工业化是农业社会向工业社会、传统社会向现代社会转变的历史过程，经济发展的经验表明，现代化不能离开工业化，工业化是推动经济发展、推动现代化的最主要因素。中国特色新型工业化道路是适应我国国情推进工业化的必然要求。每一个国家都有自己的国情、自己的特点，实现工业化肯定具有自己的特色。我国基本国情突出具有这样几个特征：一是经济二元结构较为显著；二是城乡发展差距巨大；三是资源人均占有量贫乏，我国是世界人口数量最多的国家，但人均资源占有量却低于世界人均水平；四是经济发展的自然条件差，发展成本高；五是中国是后起的工业化国家，要在短时间内实现工业化，必然加大资源的利用规模，使资源、生态、环境等问题更为突出；六是我国人口多，如果继续走其他国家走过的工业化道路，会影响我国资源、生态、环境的承载能力，影响经济发展的可持续性。因此，中国的国情决定了必须走一条具有中国特色的新型工业化道路，唯有如此，才符合最广大人民的根本利益和长远利益，才能实

① 谭秋曦：《“四化同步”是精准扶贫的“两手两脚”》，https://hbenshi.com.cn/xidushiping/201706/t20170608_389642.html。

现国民经济的持续发展和中华民族的永续生存。

在新中国建国以后工业化发展、改革开放前20年工业化推进的基础上，经过新世纪十余年的发展，从提出走中国特色新型工业化道路以来，中国的新型工业化取得了巨大成就，经济发展水平得到了极大的提升，中国已从一个农业经济大国转变为工业经济大国，已经整体步入工业化中后期阶段。在中国特色新型工业化道路的推进过程中，已经取得了一定的成就。一是经济高速增长、整体经济实力显著增强。伴随着连续多年的经济高速增长，我国整体经济实力显著增强。进入工业化中期阶段的中国，已经具有巨大的经济总量，在世界经济中占据了重要的地位。按照世界银行的标准，中国已经从新世纪之初的下中等收入国家进入上中等收入国家行列；二是经济结构持续优化，产业结构协调性逐步增强。一个国家的工业化过程，不仅表现为经济总量的增加，更重要的是表现为经济结构的优化。在新世纪中国特色新型工业化道路的推进中，我国经济结构逐步优化，产业结构不断升级，从落后的农业国发展成为世界制造业大国并正向服务业主导型经济转变。根据世界银行数据，2013年我国制造业增加值在世界占比达到20.8%，服务业发展势头良好，产业发展呈现由工业主导型向服务业主导型转变的新趋势；三是工业发展迅速，商品和服务供给能力极大提高。曾经在很长时期，短缺经济是我国经济的一个突出特征，商品和服务供给不足是我国面临的一个突出问题。在新型工业化道路的推进中，我国已基本形成快速发展，门类齐全、布局合理的产业体系，商品和服务供给能力大为增强，主要工业品供给实现了从严重依赖进口到满足世界需求的历史性跨越；四是城镇化迅猛推进，城镇化水平不断提高。工业化和城镇化具有密切关系，随着工业化的推进，非农就业人口会不断增加，与之相联系的非农人口也会向城镇转移，进而促进城镇化的发展；五是人民生活水平不断改善，生活质量不断提升。一个国家工业化的推进、工业化水平的提高，归根结底要表现在人民群众生活水平和生活质量的提高上。随着新世纪新型工业化的推进，我国人民生活水平在总体小康已经达到的基础上不断提高。工业化是地方发展的核心，工业化取得的以上成就推动地方经济的发展，有助于精准扶贫开发政策的实施，为扶贫开发提供一定的物质条件和源源不断地动力。地方发展必须依托区位优势发展特色产业，延伸产业链，并根据创新、协调、绿色、开放、共享的五大发展理念提升综合竞争力，才能为地区发展提供长足动力。

三、城镇化对精准扶贫的推动

城镇化是经济社会发展的必然趋势，城镇化发展水平标志着一个国家的发展水平。城镇化发展与工业化、现代化发展密不可分，是工业化、现代化的重要标志。城镇化进程是人类文明的进步历程，中国要实现工业化、现代化，必须推进城镇化。城镇化是实现全面建成小康社会，基本实现工业化和现代化，促进中国未来几十年经济社会发展的巨大引擎。在新的历史时期，必须积极探索中国特色新型城镇化的模式路径，制定切实可行的政策支撑，走以人为本、四化同步、优化布局、生态文明、文化传承的中国特色新型城镇化道路。

城镇化是指人口向城镇集聚、城镇规模扩大以及由此引起一系列经济社会变化的过程。从经济结构变迁看，城镇化过程也就是农业活动逐步向非农业活动转化和产业结构升级的过程；从社会结构看，城镇化是农村人口逐步转变为城镇人口，城镇文化、生活方式和价值观念向农村扩散的过程；从空间结构变迁看，城镇化是各种生产要素和产业活动向城镇地区集聚以及集聚后的再分散过程。[①] 总起来说，城镇化的实质是一个国家或地区的经济结构、社会结构、空间结构综合变迁的过程，是一个复杂的历史演变过程。中国的城镇化进程必然遵循这一综合变迁规律，但却有其独特的内涵和特点，即走“中国特色”和“新型”的城镇化道路。

我国城镇化历程如果从1949年算起，城镇化已经发生了历史性变化。1949年3月，中共七届二中全会明确指出：“从现在起，开始了由乡村到城市并由城市领导乡村的时期。党的工作重心由乡村转移到了城市。”这是我国城镇化启动的标志性论述。改革开放前，我国城镇化发展在曲折和停

---

① 魏后凯主编：《走中国特色的新型城镇化道路》，社会科学文献出版社，2014年版，第2页。

滞中前进，到 1979 年，城镇化率仅有 18.96%，城镇人口仅有 1.95 亿人。改革开放后，我国城镇化开始恢复发展，并进入快速发展阶段。2011 年，我国城镇人口总量增加到 6.91 亿人，城镇人口首次超过农村人口，城镇化率达到 51.27%。2013 年我国的城镇化率达到 53.7%，城市数量达到 658 个，小城镇达到 19410 个。其中，一批辐射带动力强的城市群正在成长壮大，京津冀、长江三角洲、珠江三角洲三大城市群以 2.8% 的国土面积集聚了 18% 的人口，创造了 36% 的国内生产总值，成为拉动我国经济快速增长和参与国际经济合作与竞争的主要平台。①

城镇化的发展对于促进精准扶贫发挥着重要作用。首先，在贫困地区实现就地城镇化能够大幅减少贫困人口。通过就地推进城镇化，可以有效实现人口集聚，促进产业发展，从而提高贫困地区农业人口的就业率，这就为贫困地区实现贫困人口转移、增强产业扶贫效果创造了有利条件。对于贫困人口中西部地区，就地城镇化可以克服地方财力不足、基础设施薄弱等弊端，形成辐射带动效应，促进当地农民收入的增长；其次，推进以人为本的新型城镇化，能够充分调动农民积极性，强化扶贫主体作用。新型城镇化的推进能够有效促进教育、医疗、社会保障等基本公共服务均等化发展，提高农的参与的积极性，不断提升农民的人力资本水平，使其在劳动力市场更具竞争性。在城镇化过程中，通过户籍制度改革，让更多农民转变为市民，城镇化建设中的农民市民化，有助于破解农业人口的城乡二元结构问题，促进城乡劳动力的自由流动与合理配置，促进贫困人口脱贫致富；再次，将城镇化与工业化、信息化、农业现代化有机融合，有助于培育精准扶贫的内生动力。“四化同步发展”，加快了农村产业升级的步伐，促进农村剩余劳动力的转移，进而有助于扩大内需，扩展农产品销售渠道，提升农业生产率，从而提高农民收入，这将大大提升贫困农民自我积累和自我发展的能力，促进精准扶贫效果的发挥；最后，以绿色发展理念引领新型城镇化有利于为精准扶贫提供持续保障，促进农村人居环境的改善。新型城镇化将节能环保的理念贯穿其中，也为保护农村生态环境，

---

① 徐绍史：《坚定不移走中国特色新型城镇化道路》，载《中国经贸导刊》2014 年第 7 期。

实现永续发展创造了良好条件。这就避免了传统城镇化模式单纯依靠城市土地面积大幅扩张、资源能源大量消耗带来的生态环境问题，低耗能、注重生态环境保护的绿色城镇化发展模式，同绿色扶贫的理念不谋而合，促进城镇与乡村的可持续发展。[①] 此外，在城镇化过程中，也要加强农村人居环境的建设，以美丽乡村建设为抓手，努力改善民居环境。集镇建设方面，要大力整顿居民居住环境，建设适宜的人居环境。要从危房改造、易地扶贫搬迁等项目入手，加大投入逐步解决乡村水电路网等薄弱的基础设施，并加大家风家教、违规整酒等面向村民的宣传教育，让村容村貌、村民素质都有逐步提升。总之，城镇化的实现过程，对精准扶贫政策的落实有极大的推动作用。

四、信息化对精准扶贫的促进

在人类逐步向着信息社会迈进的今天，信息化已经成为全球经济社会发展的显著特征，并逐步向着一场全方位的社会变革演进。特别是进入21世纪以来，信息化对经济社会发展的影响更加深刻。信息科技是先进生产力的代表，信息化是世界经济发展的必然趋势，信息化将在新型城镇化建设中发挥至关重要的引领和助推作用。同时，新型城镇化也将为信息化带来巨大的发展空间。

中国特色信息化道路，是一条统筹兼顾的信息化道路。从我国目前的现实国情出发，要统筹城乡发展，逐步改变城乡二元经济结构，缩小城乡发展差距，形成城乡经济社会一体化新格局，在此过程中，充分发挥技术进步和信息化的优势，为促进城乡一体化发展注入新的动力。特别是在信息化的实践中，必须改变以牺牲三农利益、全局利益和长远利益为代价来支撑工业高速发展的做法，科学地处理好信息化与新型工业化、新型城镇化、农业现代化之间的关系，处理好城乡发展、区域发展、经济社会发展、人与自然和谐发展、国内发展和对外开放等各方面的关系，转变发展

① 赵爽：《城镇化建设与精准扶贫的双向互动》，人民论坛网：http：//www.rmlt.com.cn/2018/0612/520869.Shtml。

方式，提高发展质量，切实把信息化纳入科学发展的轨道。

信息化给农村电商发展带来机遇，从而为电商扶贫这一新的扶贫开发方式创造了条件。信息化的逐步实现过程，能够为贫困地区发展带来无限机遇，农村电商就是精准扶贫的最新“利器”。在2017年的中央一号文件里面首次将农村电商单独列出，要求着力推进农村电商发展。电商扶贫要加大对扶贫人才和村民的知识培训，让他们成为行家里手；打造一个完整的电商扶贫服务体系，整合公共资源为更多村民提供服务，帮助探索更多的发展空间，从而让更多“养在深闺人不识”的特色农产品变成帮农民致富的“黄金蛋”。

从实践角度看，电商扶贫主要有两种模式：一种是“直接到户”模式，就是通过教育培训、资源投入、市场对接、政策支持、提供服务等形式，帮助贫困户通过电子商务完成农产品等交易，增加收入，实现脱贫；另一种是“参与产业链”模式，也就是通过当地从事电商经营的龙头企业、网商经纪人、能人、大户、专业协会以及地方电商交易平台等，搭建起电子商务产业链，吸引贫困户参与产业链，实现完全或不完全就业，从而增加收入，摆脱贫困。[①] 随着网络信息技术的发展，我国电商扶贫也得到长足发展。根据知名电商智库电子商务研究中心发布的《2017年度中国农村电商发展报告》显示，2017年，我国农村网络零售额首破万亿元大关，达到12448.8亿元人民币，同比增长39.1%。预计2018年农村网络零售额将突破1.6万亿元，涨幅或超过35%。2017年，农村网店达到985.6万家，较2016年增加了169.3万家，同比增长20.7%，带动就业人数超过2800万人。值得关注的是，农村的网店数量还在稳步增加，且农村电商远未达到饱和的程度，市场空间依旧大，而与此相对应的电商扶贫难题也将迎来巨大的发展机遇。预计2018年，随着消费升级，人们对品质和质量的要求提升，将为广大农村电商带来更加的需求引导和巨大的市场。与农产品电商相配套的冷链物流、智能仓储、可追溯体系等领域也都将得到极大发展，并推动整个农村电商服务体系的不断升级完善，最终形成一个全新的农村

① 李培林，魏后凯，吴国宝：《中国扶贫开发报告（2017）》，社会科学文献出版社，2017年版，第157页。

电商生态体系。[①]

总之，坚持“四化同步”，就是要推动信息化和工业化深度融合、工业化和城镇化良性互动、城镇化和农业现代化相互协调，促进城镇发展与产业支撑、就业转移和人口集聚相统一，促进城乡要素资源平等交换和公共资源均衡配置，最终形成以工促农、以城带乡、工农互惠、城乡一体的新型工农和城乡关系，促进精准扶贫、脱贫攻坚目标的最终实现。

五、农业现代化对精准扶贫的带动

解决“三农”问题是新时期全党工作的重中之重。我国农业发展依然面临着巨大的困难和挑战，工业化、信息化、城镇化快速发展对同步推进农业现代化的要求更加紧迫，保障粮食等重要农产品供给与资源环境承载能力之间的矛盾日益尖锐，这些都要求我们要全面深化农村改革，推进农业现代化。建设现代农业是世界农业发展的普遍趋势。现代农业是与传统农业相对应的发达农业。我国已经进入加快改造传统农业、走中国特色农业现代化道路的关键时期。

在2014年中央一号文件《关于全面深化农村改革加快推进农业现代化的若干意见》中对中国特色新型农业现代化道路的内涵有明确规定。《关于全面深化农村改革加快推进农业现代化的若干意见》指出：“推进中国特色农业现代化，要始终把改革作为根本动力，立足国情农情，顺应时代要求，坚持家庭经营为基础与多种经营形式共同发展，传统精耕细作与现代物质技术装备相辅相成，实现高产高效与资源生态永续利用协调兼顾，加强政府支持保护与发挥市场配置资源决定性作用功能互补。要以解决好地怎么种为导向加快构建新型农业经营体系，以解决好地少水缺的资源环境约束为导向深入推进农业发展方式转变，以满足吃得好吃得安全为导向大力发展优质安全农产品，努力走出一条生产技术先进、经营规模适度、市场竞争力强、生态环境可持续的中国特色新型农业现代化道路。”

① 《农村电商成扶贫新战场》，2018年8月30日，《北京晚报》。

精准扶贫开发视域下运用农业现代化生产进行农村改革的路径有以下选择：第一，建立产业同利益的链接利益。推动产业结构的融合发展，将农业与工业和服务业联系起来，推动农产品的升级、加工和转型，提高农业的附加值，推动农业产业链的升级。在农村农业生产中开拓其市场，扩大其市场规模，提高农业生产的规模化、专业化、社会化和组织化。而在进行规模经营时可以提倡农民运用先进的生产技术，对农业生产的组织形式进行改造，提高其专业化和科技程度，为现代农业的生产领域打造多渠道的资源集聚；第二，推动农业生产转型。农业现代化的发展和推进必须要对其改革进行深化，目前我国农产品产量居于世界第一，但量多质差、竞争力弱成为其发展的桎梏，结构性矛盾日益突出，因而农业供给的结构性改革已经成为当前的发展要务。① 而要进行改革就必须进行推动现代农业生产结构的建立。同时要对以往过量使用化学药剂的使用进行改革，推进农产品的优质供给。还要对农村的基础设施进行建设，重视农田水利建设和农村的基本公共服务；第三，推动农村信息现代化建设。现代农业要实现高效优质必须要学会运用互联网技术和信息的现代化。在农村进行连锁网点的建立，运用数字化、信息化、集约化、市场化和体系化的手段，对农村资源进行整合，不仅降低了农业成本，还对农村的商业领域进行了扩大。同时在农村推行电子商务，在农业的生产、经营、管理和服务的全过程中都有运用，这是对现代农业进行模式的创新。而且农村的电子商务运用互联网的平台可以对农村的所有资源进行了解和整合，并最大限度的满足农民的需求。另一方面，要对农产品的流通渠道进行完善，将电商和实体进行连接，建设现代化的新型的农产品市场流通体系。② 可以在网上开通网上农贸市场，并打造高水准有质量的农产品品牌，加大农产品的生产链，增加其附加值。另外可以对农产品的物流建设进行改造，对其储藏、加工、运输和配送等各个环节进行完善；第四，加大农村的财政投资。我国目前农业的发展自己融资方式有很多渠道，一些农村的金融体系在农村的农民和中小企业的资金短缺上发挥着很大的作用，而国家的金融扶贫体

① 何雄浪：《扶贫开发视域下的中国农业现代化》，载《甘肃社会科学》2016 年第 3 期。
② 莫光辉：《大数据在精准扶贫过程中的应用及实践创新》，载《求实》2016 年第 10 期。

系的构建也并不能完全解决农村农业发展中遇到的问题，因此要加大对农村的财政支出，增加其融资的渠道。要倡导农村金融资金的供应主体积极参加，解决农村发展的资金不足，丰富供应主体，并对小微金融机构进行政策扶持，创新农村的银行试点，推动民间资本的发展。

中国农业发展首要解决的任务就是粮食安全，粮食安全是经济安全的重要内容。中国农业总体上看是传统农业，面临着改造传统农业的艰巨任务。在城乡二元结构格局下，我国提出城乡发展一体化是解决“三农”问题的根本途径。因而，中国特色农业现代化的着力点是粮食安全、改造传统农业和城乡发展一体化。解决“三农”问题的根本途径是城乡经济社会发展一体化。十八届三中全会全面明确提出：“健全城乡发展一体化体制机制”，“必须健全体制机制，形成以工促农、以城带乡、工农互惠、城乡一体的新型工农城乡关系，让广大农民平等参与现代化进程、共同分享现代化成果。”我国经济社会发展最大结构问题是城乡二元经济结构问题，解决“三农”问题，缩小城乡差距是我国经济发展面临的艰巨任务。打破城乡二元结构、形成城乡经济社会发展一体化新格局对全面建设小康社会、实现现代化有重大意义。

（本章撰稿人：张慧君、王可心）

第五章　精准扶贫与人力资本

精准扶贫战略是新时代中国在扶贫攻坚工作中采取的重要举措，是实现共同富裕的必由之路。在实施精准扶贫战略的过程中，人力资本的作用不可忽视，人力资本对农民知识水平的提升、农村劳动力的转移以及农业生产效率的提高具有重要作用。

第一节　发展经济学中人力资本理论

从17世纪60年代威廉·配第提出“土地是财富之母，劳动是财富之父”形成人力资本最早的思想萌芽，到20世纪末罗默、卢卡斯等人运用数学模型提出更加完善的当代人力资本理论，人力资本理论一直在不断发展前进。概括来说，人力资本理论的发展经历了四个阶段，分别是古典政治经济学的人力资本思想，新古典主义的人力资本思想，现代人力资本思想以及当代人力资本思想。

一、古典政治经济学的人力资本思想

古典政治经济学的人力资本思想主要来自于古典政治经济学家们关于劳动的相关论述，他们认为劳动对于创造财富至关重要，由此掌握劳动技能的人在经济社会发展中具有不可替代的核心作用。威廉·配第、亚当·斯密、让·萨伊、约翰·穆勒以及卡尔·马克思的古典政治经济学理论中都涉及到人力资本思想。

（一）威廉·配第的人力资本思想

英国古典经济学的创始人威廉·配第最先提出和论证了劳动决定价值的思想，奠定了劳动价值论的基础，并提出“土地是财富之母，劳动是财富之父”。他认为由于人的素质不同，所以才使劳动能力有所不同。威廉·配第曾将战争中武器和其它军械的物质的损失与人类生命的损失进行比较，一般认为，这是首次运用了人力资本的概念，是人力资本最早的思想萌芽。

威廉·佩第在分析生产要素创造劳动价值的过程中，把人的技艺列为除了土地、物力资本和劳动以外的第四个特别重要的要素。他认为具有技艺的人在劳动过程中创造的价值比没有这种技艺的人要大。为了比较研究国家实力，估计由于战争、瘟疫造成的人口死亡和迁出所带来的经济损失，威廉·佩第运用生产成本法计算了英国人口的货币价值。计算结果是英国人口的平均货币价值为80英镑（包括男人、女人和儿童），其中成年人的货币价值为儿童的两倍。①

（二）亚当·斯密的人力资本思想

亚当·斯密在《国富论》中提出了初步的人力资本概念，他写道：“学习是一种才能，须受教育、须进学校、须做学徒，所费不少，这样费去的资本，好像已经实现并且固定在学习者的身上。这些才能，对于他个人自然是财产的一部分，对于他所属的社会，也是财产的一部分。”他认为，劳动是任何国家财富产生的源泉，要增加财富，首先是提升劳动的生产力，也就是国家所一般使用的劳动的精巧、熟练和鉴别程度；其次是提高从事生产劳动与非生产劳动的人数比例。斯密提出劳动力是经济进步的主要力量，全体国民后天取得的有用能力，都应被视为资本的一部分，他认为工人的工作效率增加，可减少劳动力耗费，人力资本后天投资所花费的成本可以由增加的利润加以回收。人力资本投资可以由私人出于追求利益的投资行为来完成，他建议由国家推动、鼓励，甚至强制全体国民接受最

① 程启智：《人的生命价值理论比较研究》，载《中南财经政法大学学报》，2005年第6期，第39~44页。

基本的教育。

亚当·斯密还从分工的视角来讨论和评价人类能力的经济价值，认为“劳动生产力上最大的增进，以及运用劳动时所表现的更大的熟练、技巧和判断力，似乎都是分工的结果”，“有了分工，劳动者就能完成比过去多得多的工作量”，“大家各自委身于一种特定业务，使他们在各自的业务上，磨练和发挥各自的天赋资质或才能”。斯密的“劳动者的技巧因业专而日进”的论述，说明了以劳动者为载体的人力资本的增长问题，而“简化劳动和缩减劳动的机械的发明”，是对人力资本运用的物化结果，是“全面的智力和动脑筋的习惯”的结果。这充分体现了人力资本对于生产效率提高的重要意义。①

（三）让·萨伊的人力资本思想

萨伊生产要素论明确将资本、土地、劳动作为生产要素参与生产活动而获得各自报酬，他特别强调人才，提出了“人力所创造的不是物质而是效用”的观点，并认为劳动是后天取得的一种能力，需要由每年用以教养他的款项累积而成。

他认为影响劳动收入的因素有三个方面，一是工作的危险、困难或疲劳程度，愉快或不愉快的程度，二是工作的定期性或不定期性，三是所需要的技巧或才干的程度，但最重要的也许是劳动所需的技巧和才干。这是因为，即使纯粹的体力劳动所需的气力也不是生来就有的，而是由父母等人耗费款项培养的。他认为可以把所需要的技巧和才干看作一项资本，因此，他认为“一个成人就是一项累积资本”，“任何职业（不论高低）所需要的技巧，只有通过长时间和代价很高的训练才能得到，这种训练每年必须支付一定的费用，而这些费用的总和构成累积资本”，“教育是资本”，“教育投资是一种有利的投资”。②

---

① 惠宁，霍丽：《试论人力资本理论的形成及其发展》，载《江西社会科学》，2008 年第 3 期，第 74~80 页。

② 朱必祥：《人力资本理论与方法》，北京．中国经济出版社，2005 年版，第 5 页。

（四）约翰·穆勒的人力资本思想

英国著名改良主义经济学家穆勒继承了斯密的一些思想，穆勒认为，大企业能比小企业进行更彻底的劳动分工，因而必然更有效率，将逐步取代小企业。随着大公司对小企业的替代和工厂内部分工的发展，对熟练劳动力的相对需求将出现进一步的下降。但他也提出了一个例外，即股份公司的出现将对管理层的技能和企业的文化教育水平提出更高的要求。

与斯密不同，穆勒认为技能与知识都是对劳动生产率产生重要影响的因素，穆勒针对文化教育提出了非直接生产性的修正以进一步说明斯密的非生产性的教育活动。他强调“手艺人的技能、精力和坚忍不拔的精神，完全可以像他们使用器械那样，看作是国家财富的一部分”，“人所学到的能力，…当然应归于财富之列”。穆勒富有创造性的论点是从传统经济增长与资源配置的生产性取向出发，指出教育支出将会带来更大的国民财富，对教育的支出是与其他公共事务支出完全兼容的。①

（五）卡尔·马克思的人力资本思想

马克思虽然没有明确提出“人力资本”概念，但是多次使用“劳动力”这个概念，为揭示人力资本内涵奠定了基础。马克思在《资本论》中给“劳动力”或“劳动能力”下的定义是“我们把劳动力或劳动能力，理解为人的身体即活的人体中存在的、每当人生产某种使用价值时就运用的体力和智力的总和”。可见，马克思的劳动力所包含的体力、智力就相当于“人力资本”，马克思所讲的“智力”不过就是“知识和技能”，他还在《1857—1858年手稿》中提出“科学劳动”、“生产力中也包含科学”等重要概念。马克思特别重视科学、智力发展的重要意义。马克思所强调的“劳动”在价值创造过程中的作用，实质上是强调“人”在经济发展中的重要性。在商品经济条件下，人的劳动决定着商品的价值，决定着商品的生产，从而也就决定着社会的物质生产活动。劳动者是整个社会劳动生产率的主导者，是推动社会生产向前发展的能动因素。

---

① 胡德龙：《人力资本与经济发展：理论与实证》，南昌．江西人民出版社，2008年版，第20页。

马克思在《资本论》中通过对劳动力价值的构成分析，揭示了人力资本的投资途径和形式。“在劳动力的价值总和中，应包括三个部分：一是在正常状态下，维持劳动者自身生存所必需的生活资料价值，用以重新补偿劳动者劳动力使用中的体力和脑力的消耗。二是劳动者为养活家属，繁衍后代所必需的生活资料的价值，用以保证劳动力商品的不断延续和更新。三是劳动者接受教育和培训所支出的费用。”劳动力的价值，是由生产发展维持和延续劳动力所必需的生活资料价值决定的。从现代人力资本理论视角分析，资本家用于劳动力价值或价格的支出（主要表现为劳动者的工资）是为了保证剩余价值的生产，是一种功利性的人力资本投资。可见，马克思论述的劳动力价值构成中的前两项是生存性人力资本投资，第三项是发展性人力资本投资。马克思还指出人力资本形成的两个主要途径是教育培训和卫生保健支出。①

二、新古典主义的人力资本思想

不同于古典政治经济学家们重视劳动对于社会生产发展的重要作用，新古典主义经济学家们力图推翻劳动创造价值的劳动价值论，代之以供求关系决定价格的新古典理论。但是他们并没有否定人在社会发展中的重要贡献，相反他们也极其重视人对于产生收入、创造财富的重要作用。瓦尔拉斯、费雪以及马歇尔的经济理论中都有关于人力资本的论述。

（一）瓦尔拉斯的人力资本思想

在新古典经济学家中，瓦尔拉斯最早明确使用“人力资本”的概念并将其用于分析资本和生产等经济运行原理。他将所有生产资源都定义为资本，而将资源所提供的所有服务都定义为收入，首创性地提出了一种资本与收入——即资源与资源所提供的服务之间的“二分法”。他在 1874 年的《纯粹经济学要义》中认为，“资本的本质在于能产生收入，而收入的本

① 张淑东，刘少杰：《马克思人力资本思想的多维透视》，载《社会科学战线》，2010 年版第 5 期，第 236~238 页。

质在于能直接或间接地构成资本。”而资本则分为“土地资本”、“人力资本”和“狭义资本（即物质资本）”。构成收入的不仅有物质的“消费品”和“原料”，还有非物质的“服务”，即对资本品的连续使用；凡是具有直接效用的资本品的服务都叫做“消费服务”，应与消费品列入同类；凡是具有间接效用的资本品的服务叫做“生产服务”，应与原料列入同类。瓦尔拉斯把这种关于资本与收入的区别和分类看作是“整个纯粹经济学的关键”，没有它“就不可能产生确定价格的科学理论”，有了它，就可通过“交换理论”确定消费品和消费服务的价格，通过“生产理论”确定原料和生产服务的价格，通过“资本形成理论”确定固定资本品的价格，通过“流通理论”确定流通资本品的价格，从而形成了他的一般均衡理论的完整体系。

关于“人力资本”具体所指，瓦尔拉斯在该书的第四版序言中曾提到，是指“个人的能力”，但在第四篇（“论生产”）第十七章（“资本和收入：三种服务”）中的具体论述中，则是指“个人”。他在第 171 节是这样描述的：“构成我们社会财富的第三类是个人，其中包括：除了浪游和寻欢作乐之外一无所事的人；服侍别人的人，如车夫、厨子、男仆、女仆等等；国家的公务员，如行政官、法官、军人等等；农业、工业和商业的男女职工；自由职业者，如律师、医师、艺术家等等。”瓦尔拉斯认为，人力资本同土地资本一样是“自然”资本，“不是人工所产生的”。他说：“人同土地一样是自然资本，但是可灭的，就是说，由于使用或不测事故是可以毁灭的。他们过去了，但是通过代代相传，他们又出生了。因此，人口的数目决不是固定不变，而是在某些情况下可以无限制地增加的。”实际上，瓦尔拉斯把人力资本在质上等同于人本身，在量上则等同于“人口的数目”，而且把它看作是一种无须人工就能产生的“自然”资本。①

（二）费雪的人力资本思想

美国著名经济学家欧文·费雪是另一位从“二分法”角度提出人力资本思想的新古典经济学家。他在 1906 年发表的《资本的性质和收入》一书

① 郭龙，付泳：《人力资本理论问题研究》，成都．电子科技大学出版社，2014 年版，第 13~15 页。

中提出了人力资本概念，并将其纳入经济分析的理论框架中。他从时点与时期两个角度来定义资本与收入：资本是某一时点上的财富存量，而收入则是某一时期中的财富所提供的服务的流量，因此，一切能提供服务流量的存量财富或生产要素都可定义为资本。此外，费雪认为是资本的价值来自收入，而不是收入的价值来自资本，因为资本的价值由边际效用决定，人们在主观上要对收入先进行评估，决定其价值，然后再经过贴现或将收入资本化，才能得出资本的价值。从这种意义来说，一切收入（工资、地租、利润等）都可以看作利息，而它们的资本化就是资本的存量。因此，传统的多元分配公式，即劳动——工资、资本——利息、土地——地租、企业家——利润，也就抽象为资本——利息的一元分配公式了，传统的生产三、四要素论在费雪理论中改造成为了单一的资本要素论。

费雪在肯定过去有关人力资本价值核算工作的同时，还对通过工资收入的资本化以核算人力资本价值的可能性进行了探索，这样就将人力资本以及其核算问题纳入到一个严谨、统一的资本与利息理论的框架中，因此，尽管像瓦尔拉斯一样，费雪也没有对人力资本投资问题展开深入细致的研究，但费雪的人力资本思想对后来以舒尔茨为代表的现代人力资本理论的最终形成产生了重要影响。①

（三）马歇尔的人力资本思想

阿弗里德·马歇尔是19世纪末20世纪初的经济学家，英国“剑桥学派”的创始人，同时也是新古典学派的代表。对于劳动者素质的论述是马歇尔人力资本思想的重要内容，人力资本投资或开发人力资源，从根本上说就是提高人口的质量和素质，这对于企业、组织、行业和国家都具有重要的意义。马歇尔认为，个人的财富包括一切直接有助于使人们获得产业效率的精力、才能和习惯。因此，必须考虑身体的、精神的和道德的健康与强壮所依靠的种种条件。因为这些条件是工业效率的基础，而物质财富的生产要看工业效率而定。在许多职业中，工业效率除了身体的活力、健

① 桑光淇：《新古典经济学人力资本思想的特征》，载《扬州教育学院学报》，2012年第30期，第2册，第23~26页。

康的体格和奋发有为的习惯之外，不需要什么其他的东西。尤其是维持大的体力操作的力量，虽然有赖于体力和其他身体的条件，但更重要的是依靠意志的力量和性格的坚强。这种坚强是属于道德的。这种人的坚强，这种决心、精力和自制力，简言之，这种“活力”是一切进步的源泉。

马歇尔看到了要想提高工业效率，仅依靠劳动者数目的增加或体力的强壮是远远不够的，更重要的是人的精神的力量。但马歇尔把“活力”的原因一部分归结为人种的特性，这种特性主要是由于气候的原因。所以，在一定程度上，马歇尔的相关思想带有“地理环境决定论”的色彩。除了气候的原因之外，还有三个与活力密切相关的条件，即希望、自由和变化。所谓的希望，是指人们对于生活的希望，对生活水平质量提高的希望；自由被看作是不受外界束缚的自由，但由自制力而来的自由对于最高级的工作甚至是一个更为重要的条件，而这种自由有赖于高尚的生活理想；变化是指人们在职业之间的转换，这种过渡的变化使他们在获得技术和工作上的努力有很大的浪费。马歇尔指出，身体的和精神的健康与强壮受职业的影响也是很大的。

马歇尔也看到了人的理性的重要性。随着社会分工的发展，技术的专门化程度越来越高，这在一定程度上有利于生产效率的提高，但是也带来了不利的后果。正如亚当·斯密所指出的分工给人所带来的不利后果中，最重要的是造成人的一种精神或智力上的缺陷、残疾。动物只懂得生存，生存是一种本能地适应环境的生命活动。而人除了生存（其手段是劳动）之外还要懂得生活，生活是一种自觉的生存——不仅是自己意识到的生命活动，而且是创造生存意义的生命活动。而事实情况是，人们更多的是在忙着生存，却很少享受生活，这在一定程度上可以说是人的理性的丧失。人们在劳动中不是使自己的本质力量得以发挥，而是越来越造成一种精神的麻木和生活的单调。要改变这种状况，增加人的活力，提高劳动者的智力，就要善于利用闲暇。

马歇尔认为，在各个时代、各个国家和各个社会阶层里，懂得善于工作的人比懂得利用闲暇的人要多得多。但是，只有人们有利用闲暇的自由，才能学会善于利用闲暇。没有一个缺乏闲暇的体力劳动者阶级，能够具有高度的自尊并成为完全的公民。在完成使人筋疲力尽而无教育意义的工作之后，有一些可以自由支配的时间，是高等生活的一个必要条件。

可以看出，马歇尔对劳动者素质的论述体现出了马歇尔的人力资本思想，在对劳动者素质的分析中，马歇尔突出了人的精神因素或智力因素的重要性。虽然，马歇尔的出发点不是工人阶级地位的提高和生活的改善，而是资产阶级的利益，是工业效率的提高，但在客观上，这对于工人理想人格的培养和生活质量的提高是有利的。①

三、现代人力资本理论

在经济学发展过程中人力资本的重要性不断显现出来，人力资本理论也在发展中不断完善，但是只有到了现代时期，人力资本理论才真正作为一个系统性理论出现在经济学理论界。舒尔茨、贝克尔、明赛尔和丹尼森都在现代人力资本理论形成中发挥了重要作用。

（一）舒尔茨的人力资本理论

通常而言，人们以 1960 年西奥多 · W · 舒尔茨在经济学年会上发表“人力资本投资”的演说作为人力资本理论诞生的标志，也作为人力资本概念被正式提出的时间。50 年代中期以前舒尔茨主要从事农业经济学研究和不发达国家经济发展研究，并由此转向人力资本理论研究。1960 年他当选为美国的经济学会会长，这一年他在美国经济学年会上发表了《人力资本投资》的演讲，不仅明确提出了人力资本概念，而且论述了人力资本的性质、人力资本投资内容与途径、人力资本在经济增长中的关键作用等人力资本理论的基本原理和政策意义，进而引发了人力资本理论研究。他于 50 年代末 60 年代初连续发表的几篇重要文章，成为现代人力资本理论的奠基之作。这些文章包括：《关于农业生产、产出与供给的思考》（1958）、《教育与经济增长》（1961）、《人力资本投资》（1961）、《对人投资的思考》

① 刘东丽：《马歇尔人力资本思想评析》，商业经济研究，2014 年第 12 期，第 39~41 页。

（1962）和《教育的经济价值》（1963）等。舒尔茨有关人力资本理论的重要著作还有《人力资本投资：教育和研究的作用》（1971）和《人力资源》（1972）。舒尔茨以人力资本理论为依据关注穷人、贫困问题，关注穷国、不发达问题，试图建立自己的“穷人经济学”和“穷国经济学”来解决贫困问题。1979 年，由于他“在经济发展研究领域中所做出的贡献，特别是对发展中国家的经济问题所做的首创性研究”，他与 W.A. 刘易斯一起荣获该年度诺贝尔经济学奖。①

舒尔茨关于人力资本理论的观点和贡献，归纳起来主要有以下六个方面：第一，舒尔茨批判了传统经济学关于资本同质性的假定，认为研究经济发展的动力应引进包括物质资本和人力资本在内的总括性资本概念；第二，批驳了传统价值观念阻碍人们正视人力资本问题的种种说教，认为人们通过向自己投资形成特定的人力资本，正是自由人可以得以增进其福利的一条正途；第三，对人力资本的基本含义进行了多方面的界定，认为人力资本是对人的投资而形成的，体现在人身上的知识、技能、经历、经验和熟练程度等，在货币形态上表现为提高人口质量，提高劳动者时间价值的各项开支；第四，把人力资本投资分为五大类，包括医疗保健、在职培训、正式教育、成人学习项目及就业迁移等，并对各项资本形成特别是教育资本的构成、计量方法和问题等进行了大量的理论和经验实证考察；第五，论证了人力资本投资是经济增长的主要源泉，经济发展过程中人力资本投资收益率要高于物质资本收益率，以及人力资本较快地增长对于收入均等化的积极影响和国际经济关系改善的重大作用等发展经济学的重大课题；第六，研究了制度变迁与不断增长的人的经济价值之间的互动关系，从人力资本产权角度解释了有关制度变化的社会选择，注意到了利用包括人力资本在内的广义资本概念对分析研究企业制度安排的重要意义。②

（二）贝克尔的人力资本理论

贝克尔虽然不是最早研究人力资本理论的，但仍然与舒尔茨等人一起

① 朱必祥：《人力资本理论与方法》，北京．中国经济出版社，2005 年版，第 23 页。

② 郭龙，付泳：《人力资本理论问题研究》，成都．电子科技大学出版社，2014 年版，第 13~15 页。

被公认为现代人力资本理论的创始人。贝克尔分别于1962年和1964年先后发表和出版了《人力资本投资：一种理论分析》和《人力资本：特别关于教育的理论与经验分析》。后者被人们视为现代人力资本理论最终确立的标志。在该书中，贝克尔从家庭生产和个人资源，特别是时间分配角度系统地阐述了人力资本与人力资本投资问题，为人力资本的性质、人力资本投资行为提供了具有说服力的理论解释。早在1967年美国经济学会就授予贝克尔著名的“克拉克经济学奖”。贝克尔试图对人类行为的市场行为和非市场行为做出统一的解释。1992年瑞典皇家科学院新闻公报指出，贝克尔对人力资本理论的最大贡献在于他构造了这项理论的微观基础，“创造了一个一致的和一般可用的分析架构”，同年也授予了贝克尔诺贝尔经济学奖，以表彰他在这些方面研究的卓越成就。

贝克尔认为，人力资本理论可以解释很多复杂的现象：第一，随着年龄的增长，收入一般都是按递减的比率增长。增长率和减少率都与技术水平有同方向变动的关系；第二，失业率一般与技术水平有反方向变动的关系，技术水平越低，越容易失业；第三，不发达国家的企业比发达国家的企业对雇员表现出了更多的家长作风，发达国家企业雇员的人力资本含金量高且流动性大；第四，年青人比老年人更频繁地改变工作，而且也比老年人得到更多的正规学校教育和在职培训；第五，收入分配的确是非对称性的；第六，有能力的人比其它人受到更多的教育与其它各种培训；第七，分工要受到市场范围大小的限制；第八，典型的人力资本投资者比典型的有形资本投资者更加冲动。①

（三）明赛尔的人力资本理论

明塞尔从博士学位论文写作开始，四十多年来一直从事人力资本经济理论研究。他研究的中心集中在人力资本与劳动市场的效应上，1957年完成的博士论文《人力资本投资与个人收入分配》是个人收人分配与劳动市场关系的开创性研究，率先应用了人力资本投资方法研究收入分配问题。

---

① 李义平：《人力资本理论的脉络及其现实启迪》，载《国家行政学院学报》，2002年版第3期，第39~42页。

他后来的一系列研究都有力地促进了人力资本理论关于个人收入分配问题的研究发展。

明塞尔首次将人力资本投资与收入分配联系起来，并借鉴斯密的“补偿原理”建立了个人的收入与其接受培训量之间相互关系的数学模型，从而开创了人力资本研究的另一个分支。有一点我们不能不指出，我们国内的读者对于舒尔茨和贝克尔可能比较熟悉，因为他们二位先后获得了诺贝尔奖，对于明塞尔往往了解不多。实际上，如果严格以研究的时间而论，明塞尔的研究要早于他们。因此，明塞尔才应该是现代人力资本理论的最早开拓者。著名经济史学家马克·布劳格也曾指出：“明塞尔在舒尔茨和贝克尔之前发现了人力资本理论，但是该理论的创始人却通常被认为是后者”。

（四）丹尼森的人力资本理论

丹尼森对人力资本理论的贡献在于对人力资本要素作用的计量分析。他把索洛最初统称为“技术进步”的这种因素进行分解，把它划分为七大类两大方面，其中有“就业人员的教育年限”和“知识进展”两类因素，他发展了技术进步决定论，但没有提出人力资本概念。

丹尼尔最著名的研究成果是通过精细分解计算，论证了正规教育因素对经济增长的作用，丹尼森认为由于教育年限的增加（不包括教育质量的变化），劳动者对生产做出较大的贡献，从而个人收入也会提高。丹尼森对舒尔茨论证的“教育对美国经济增长的贡献率”做了修正，他将经济增长的余数分解为规模经济效应、资源配置、组织管理改善、知识应用上的延时效应以及资本和劳动力质量本身的提高等等，从而论证了 1929 年至 1957 年间美国的经济增长中教育的贡献率应是 23%，而不是舒尔茨所讲的 33%。同时，丹尼森认为，增长因素中，知识进步是非常重要的因素，知识进步包括技术知识、管理知识以及运用知识的进步。他的研究证明了由知识进步带来的国民收入增长率为 0.58%，即由知识进步和教育年限增长对国民收入的增长率的贡献高达1.25%，占国民收入增长率的42.7%。[①]

四、当代人力资本理论

人力资本理论从古典政治经济学历经新古典主义再发展到当代人力资本理论，其内涵和外延都得到了较大发展，但是在这些时期，人力资本作为创造财富的重要因素，经济学家们只是将其作为外生变量来解释经济增长。当人力资本理论继续发展到当代人力资本理论时，经济学家们通过经济增长模型将人力资本内生化，进一步发展了人力资本理论，罗默和卢卡斯是当代人力资本理论的代表性人物。

（一）罗默的人力资本理论

作为新经济增长理论的代表人物，罗默于1986年发表了《收益递增与长期增长》一文，开创了新经济增长理论研究的先河；1990年罗默又发表了《内生技术变革》，认为人力资本存量决定经济增长率，由此在技术变革、人力资本与经济增长之间搭起了桥梁。罗默提出的“收益递增增长模型”包含四种投入和三个部门：四种投入分别是资本、劳动力、人力资本、技术水平指数；三个部门分别是生产新知识的研究部门、中间物品生产部门、最终物品生产部门。

罗默指出，一些国家投入于研究开发的人力资本太少，从而被锁在“低收入陷阱”里。与前人一样，罗默未能揭示因为什么使一些国家陷入低收入均衡。但是他成功地区分和内生了不是以人力资本或物资资本为载体的知识积累过程，是内生增长经济理论研究的代表。他的理论模型当中引入了R&D部门负责生产中间产品，R&D部门生产知识具有溢出效应，使得经济增长超越资本收益率规模报酬递减的限制，从而带来经济稳定的增长。该模型求解后得到的分散决策下均衡的经济增长率（g）等于技术进步率（VA/A），而技术进步率又与两个因素呈正相关关系：一是投入研发部

① 惠宁，霍丽：《试论人力资本理论的形成及其发展》，载《江西社会科学》，2008第3期，第74~80页。

门的人力资本规模，二是研发活动的生产力系数，该结论说明高层次科技人力资本的规模和质量将影响长期的经济增长。①

（二）卢卡斯的人力资本理论

卢卡斯提出了一个透彻的人力资本投资—收益的阐释，他在1988年发表了著名论文《论经济发展的机制》中提出了经济增长模型，把舒尔茨的人力资本理论和索洛的技术决定论的增长模型结合起来并加以发展，形成人力资本积累增长模型，从而完成了用人力资本解释持续的经济增长率的著名尝试。在卢卡斯看来，人力资本的增长率正比于人力资本生产过程的投入产出率，正比于社会平均和私人的人力资本在最终产品生产中的边际产出率，而反比于时间贴现率。不仅每个家庭的子女人力资本投资都对社会平均人力资本水平有贡献，一般均衡的增长轨迹是每个家庭都合理预期到了社会平均人力资本将要达到的水平，并做出相应的私人人力资本投资决策。而且一般而言，子女人力资本生产和形成是与父母拥有的人力资本量成正比的。于是，社会中总的人力资本便遵循“王朝效用函数（dynastic utility）”的轨迹一代又一代地积累和增加。所以，人力资本的私人投资和人力资本的社会投资都是收益递增的。②

卢卡斯的人力资本理论在人力资本理论研究方面的主要贡献表现在将人力资本纳入了增长模型。尽管在20世纪60年代的舒尔茨和贝克尔的人力资本理论中也涉及经济增长问题，但他们没有把人力资本和教育作为内生变量，而是作为外生变量，也就不可能建立起定量模型。在卢卡斯的模型中不仅将人力资本纳入，并且使其内生化，同时也克服了经济均衡增长取决于劳动力增长率这一外生变量的缺陷。另一方面，卢卡斯从经济增长模型中阐发其人力资本理论，将对一般的技术进步和人力资源的强调变成了对特殊的知识，即生产所需要的“专业化的人力资本”的强调，从而使人力资本的研究更加具体化和数量化，极大地发展了人力资本理论，也使

① 杨希：《驱动创新增长的力量》，上海．上海交通大学出版社，2017年版，第20页。
② 孔祥国：《经济发展中的人力资本》，长沙．湖南出版社，1997年版，第33~34页。

人们在实践中正确认识人力资本在经济增长中的作用。[①]

第二节　中国人力资本理论与实践

中国学术界的人力资本理论起步较晚，直到20世纪70年代末国内才有了人力资本理论的相关研究。中国人力资本理论是伴随着中国改革开放的实践而不断发展的，其中国企改革过程与人力资本产权理论的发展密不可分，相互促进。另一方面，改革开放以来中国经济迅速增长的实践也离不开中国人力资本的增长。

一、人力资本促进经济发展的路径

改革开放以来中国经济创造了一个又一个奇迹，在短短40年间取得了难以想象的巨大发展成就。人力资本在中国经济发展过程中的作用无可替代，改革开放以来中国不断加大教育投入，这促进了人力资本增长，同时人力资本市场化配置过程不断推进。这些都有利于人力资本形成，从而对中国经济增长做出了极大贡献。

首先，人力资本是产业结构转变和优化的基础。经济增长过程实质上就是产业结构不断升级的过程，一方面旧的传统产业不断萎缩，在国民经济中所占比重不断下降，同时新的现代产业不断涌现，在国民经济中所占比重不断上升，这种转变的顺利实现要以人力资本的不断提高为前提。为了简便，我们假定经济中有三类部门，农业、工业和服务业，在不同的发展阶段各部门在经济中所占比重不同。在传统社会，农业所占比重最大，人力资本对经济的贡献率最小，经济增长主要依赖劳动的投入；在起飞阶段和工业化阶段，工业在国民经济中所占比重逐渐增大，对人力资本的要

① 张文贤：《人力资本》，成都．四川人民出版社，2008年版，第20页。

求也逐渐提高，人力资本对经济增长的贡献也逐渐增大；在后工业化阶段，服务业在国民经济中所占比重最大，对人力资本的要求最高，人力资本对经济增长的贡献最大。①

其次，人力资本作为生产要素之一，是经济增长的重要源泉。人力资本是现代社会大生产过程中的重要投入要素，同物质资本及其他生产要素一样，缺之不可。舒尔茨认为，人力资本是经济增长中一种可计量的要素投入，它和其他要素投入一样在国民收入中占有相应的份额，因此它也是经济增长的主要来源之一，人力资本的积累是现阶段经济发展的主要原因。如果说在农业经济时期是以土地为主要生产要素的经济增长，工业经济时期是以物质资本为主要生产要素的经济增长，那么在当今知识经济时期中则是以人力资本为主要生产要素的经济增长。

再次，人力资本通过促进技术进步促进经济发展。人力资本在技术创新和技术扩散中起着决定性作用。由于技术能量主要以人力资本形式贮存，技术水平的高低体现了人力资本存量的高低。人是人力资本的载体，人是有主观能动性的，这决定了人力资本存量就整体而言在人类的代与代之间不断得到提高，保证了人类科学技术水平得以延续和提高，又由于人力资本在技术创新和技术扩散进程中使技术能量得到增值，因此才使技术创新源和技术采用者的技术优势都得到提高，这一过程充分证明人力资本的积累使技术扩散遵守能量守衡。技术创新、技术扩散和技术进步是人类社会发展的首要驱动力，是经济持续增长的内生因素。而由于人力资本在这一过程中扮演了独一无二的角色，起着决定性的作用，因此，在经济增长和社会进步进程中人力资本的作用是无可替代的。②

最后，人力资本是经济长期发展的重要保障。是国民财富中最大的财富。2000年世界银行在《增长的质量》中提出了新的发展分析框架，将影响增长和福利的要素分为人力资本、物质资本和自然资本三类，其中物质资本是通过增长影响福利，而人力资本和自然资本不仅可以通过增长影响福利，其自身就是福利的主要组成部分。这意味着提高人力资本存量，就

① 高素英：《人力资本与经济可持续发展》，北京．中国经济出版社，2010年版，第45页。

② 王金营：《人力资本与经济增长——理论与实证》，北京．中国财政经济出版社，2001年版，第56页。

等于增加人民的福利。新增长理论也认为，在经济发展的前期，物质资本增长对经济增长贡献大，而在中后期，经济增长主要是由人力资本推动，特别是在现代经济社会。一国经济增长主要取决于它的知识积累、技术进步和人力资本水平，人力资本作为影响生产要素诸因素中最具活力的要素之一，越来越发挥着重要的作用。劳动者的知识、技术、生产能力决定着经济的增长和发展，人力资本决定着物质资源的有效利用。只有充分挖掘人的潜力，不断提高劳动者的综合素质，才能最大限度地发挥其他各种资源的使用效益，用较少的劳动耗费生产出更多更好的社会产品，以满足社会的需要。①

二、中国经济发展中的人力资本

教育对人力资本形成起着决定性的影响作用，是人力资本形成的主要途径。教育投资收益表现在科技进步促进生产力和管理水平的提高，从而使企业产出率增加、劳动者素质提高，增加了人力资本的流动性，有利于人力资本的合理配置等等。通过教育体系中的基础教育形成大量非专业的一般人力资本，通过中等和高等教育培养国民经济各部门所需的大量专业人力资本，因此教育部门是人力资本形成的主导部门，教育投资是人力资本形成方式中最根本、最重要也是最有成效的投资方式。

改革开放以来，我国义务教育和高中教育阶段学生的受教育机会明显提高。义务教育阶段的在校生人数从 1978 年的 19691 人增加到 2016 年的 1.42 亿人，九年义务教育巩固率达到了 93.4%。2016 年全国小学招生 1752.47 万人，在校生 9913.01 万人，毕业生 1507.45 万人，小学学龄儿童净入学率达到 99.92%；初中阶段毛入学率从 1978 年的 20% 提高至 2016 年的 104.0%，初中毕业生升学率达到 93.7%。高中教育阶段在校生人数与日俱增，1978 年的高中阶段在校生人数仅有 1553.1 万人，而 2016 年的在校生达到了 3970.06 万人。高中阶段的毛入学率从 1978 年的 10.0% 提高至 2016

---

① 谭永生：《人力资本与经济增长——基于中国数据的实证研究》，北京．中国财政经济出版社，2007 年版，第 51 页。

年的87.5%。1977年恢复高考后，我国的高等教育事业得到了迅速发展，尤其是1999年我国实施大学扩招政策以来，高等教育规模急速扩张，逐渐从精英化转向大众化。我国的高等教育毛入学率从1978年的1.56%提高至2016年的42.7%。研究生教育方面，1977年10月恢复研究生制度，1978年开始招生，1982年授予首批硕士学位8665人，1985年授予首批博士学位157人，当年仅有42个博士授予单位。而2016年全国共有研究生培养机构793个，研究生招生66.71万人，在学研究生198.11万人，毕业研究生56.39万人，其中毕业硕士生50.89万人，毕业博士生5.5万人。①

另一方面，中国经济发展过程中人力资本市场化配置进程也在不断加速。人力资本配置的基本功能是连接人力资本的供给与需求，使每一种类型的人力资本都投入到社会对其最需要的地方。如果人力资本配置不当，就可能导致人力资本的供求结构失衡，例如人力资本使用上的专业不对口、层次不合理等等。这时不能充分发挥人力资本在经济增长中的效应。因此，优化人力资本配置，对于提高人力资本的利用效率、增强人力资本在经济增长中的效应具有重要意义。不实现人力资本的市场化配置，就不可能建立起真正意义上的市场经济体制。人力资本配置方式由传统的大一统计划调配手段向市场机制转换，有着不以人的主观愿望为转移的必然性。从市场经济发展的高度阐明并把握这一进程的客观逻辑性，不仅对于人力资本市场理论与实践建设具有重要的现实意义，而且对于社会生产力的巨大发展，有着不可低估的作用。②

改革开放以来，伴随着经济体制的制度变迁，我国人力资本配置制度向市场化发展，人力资本在区域间、国际间的流动加快。中国是一个二元经济特征十分明显的国家，由于城乡收入水平的拉动和城市经济发展的现实需要，20世纪80年代以后，每年约有30万名农村一般人力资本涌向城市。为了追求较高的预期收益，尤其是具有高学历高技能的人力资本，都迅速地想方设法地流向适合自己发展的国家、地区和企业，劳动力和人力资本市场也在发育，这在一定程度上促进了人力资本的合理配置，加速了

---

① 王成龙，刘淞月：《改革开放40年青年教育发展状况》，载《青年探索》，2018年第1期，第5~18页。

② 孔祥国：《经济发展中的人力资本》，长沙．湖南出版社，1997年版，第114页。

我国的经济发展。[①]

1983 年 7 月，国家颁布了《国务院关于科技人员合理流动的若干规定》，这是我国第一次通过法规肯定了人才交流的大方向。1986 年 7 月颁布了《国务院关于促进科技人员合理流动的通知》。1990 年 9 月，人事部下发了试行《全民所有制事业单位专业技术人员和管理人员辞职暂行规定》，这是建国以来有关辞职问题的第一个全国性专门法规。

1992 年，党的十四大确立建立社会主义市场经济体制目标以后，中国加快了经济体制市场化改革的进程。建立社会主义市场经济体制，既要建立商品市场，更要建立生产要素市场。因此，在原有消费品市场发展的基础上，各类生产要素市场也逐渐得到了发展。十五大强调要充分发挥市场机制作用，健全宏观调控体系。要加快国民经济市场化进程，继续发展各类市场，着重发展资本、劳动力、技术等生产要素市场，完善生产要素价格形成机制，进一步发挥市场对资源配置的基础性作用。十六大指出要在更大程度上发挥市场在资源配置中的基础性作用，健全统一、开放、竞争、有序的现代市场体系。发展产权、土地、劳动力和技术等市场。创造各类市场主体平等使用生产要素的环境。十七大指出要完善社会主义市场经济体制，实现资源的优化配置，促进生产力的发展。

十八届三中全会在深刻分析了主客观条件后，鲜明地提出把市场在资源配置中的“基础性作用”修改为“决定性作用”，强调了“市场化”导向的坚决态度，指出必须加快形成企业自主经营、公平竞争，消费者自由选择、自主消费，商品和要素自由流动、平等交换的现代市场体系，着力清除市场壁垒，提高资源配置效率和公平性。人力资本是市场经济诸要素中最重要的要素，它的流动性和商品化程度是衡量生产要素市场化程度的重要标志。

2018 年 7 月 17 日国务院公布《人力资源市场暂行条例》，决定自 2018 年 10 月 1 日起施行。这是系统规范在我国境内通过人力资源市场求职、招聘和开展人力资源服务活动的第一部行政法规，对建设统一开放、竞争有

① 宋晓梅：《经济增长中人力资本研究：一种制度分析的框架》，呼和浩特 . 内蒙古大学出版社，2006 年版，第 293 页。

序的人力资源市场，更好服务于就业创业和高质量发展，实施就业优先战略和人才强国战略都具有重要意义。改革开放以来中国市场化进程不断加快，人力资本市场化配置体制机制不断完善，对中国经济发展起到了重要作用。

第三节　精准扶贫与中国人力资本投资

从2013年习近平最早提出“精准扶贫”重要思想开始，党和中央一直高度重视精准扶贫战略，做出了一系列战略部署。当前贫困地区教育普及程度不高，劳动力素质较低，高等教育领域资源分配不合理，这些给精准扶贫带来了巨大挑战。因此，在“精准扶贫”实施过程中离不开人力资本投资，要通过提高农村人力资本投资改善农村人力资本现状，切实做好精准扶贫工作。

当前农村发展问题仍然严峻，要实现到2020年现行标准下农村贫困人口全部脱贫、贫困县全部摘帽的目标，需要精准施策。提升农村人力资本投资是实现精准扶贫的重要途径，要不断加大农村人力资本投资力度，提高贫困地区教育普及程度和办学质量。

一、加大人力资本投资对精准扶贫的意义

首先，加大农村人力资本教育投资有助于提升农民的知识水平。我国农村人口文化素质整体不高，农村的基础教育资源与城市相比差距较大。加大农村人力资本投资，最基本的就是加大对基础教育投资的力度。加大农村人力资本教育投资，能够提升农村人口的文化程度水平和补齐农村地区的基础教育短板，缩短城乡之间的教育水平差距。农村基础教育条件得到改善后，可以让更多的农村人口有更多的机会接受义务教育。农民通过接受基础教育，了解和掌握更多的文化知识，提升了自身文化程度水平，

也增强了他们的整体素质。

其次，加大农村人力资本技能投资有助于提高农村劳动力转移，精准扶贫要从传统“输血式”的扶贫理念向“造血式”的扶贫理念转变。在人力资本中，技能要素也是影响职业选择的重要因素。我国第二、第三产业如雨后春笋般的兴起，需要大量的劳动力去从事第二、第三产业，这也是农民增收的一种途径。但第二、第三产业往往要求从业者具有相关的职业技能，而农村人口大都只懂农业生产的技能，不能与第二、第三产业所要求的技能相匹配。对人力资本技能进行培训，有助于让农村劳动力在农闲的时候从事其他产业，艰苦奋斗、自力更生。如此，既满足了农民增收的需要，又促进了第二、第三产业的发展。

最后，加大农村人力资本科技投资有助于提高农业的生产效率。自古以来，小农思想一直占据着主导地位，我国的农业生产技术还比较落后。虽说目前我国的农业生产技术较以前有了空前的改善，但基本还是一家一户式的小农耕作。农业在灌溉、播种和打农药等程序上，还依然是农户各自独立地去完成，这种小农耕地模式严重阻碍了我国农业的生产效率。因此，人力资本科技投资成为影响农业劳动生产效率的重要因素，同时也影响着农民收入的增加。加大农村人力资本投资，就是要让农民掌握现代农业科学知识，能够运用机械化水平进行农业生产。这样就大大提高了农业生产效率，减轻了农民的负担，促使农业朝着现代化的方向迈进。[①]

二、精准扶贫中出现的人力资本投资问题

第一，贫困地区教育的普及程度和办学质量不高。首先，经济发展不均衡导致了教育资源分配不均衡。贫困地区教育投入的整体水平与发达地区相比有较大差距。贫困家庭教育支出在家庭总支出中所占比例较大，导致家庭负担较重，辍学、退学等现象普遍存在。2016 年对丝路沿线国家级贫困县村民脱贫致富与受教育状况关系调研的结果表明，非贫困家庭中

① 张俊，修稳君：《从精准扶贫背景下看我国农村人力资本投资》，载《天津中德应用技术大学学报》，2018 年第 1 期，第 31~34 页。

2015 年家庭平均年收入为 23172 元，人均年收入为 4797 元；贫困家庭平均年收入为 6907 元，人均年收入为 1563.28 元。农户基础教育支出最高的是高中教育，其次是学前教育，义务教育阶段的支出最少。幼儿园教育年支出在 1000–10000 元的家庭最多。大部分农户对小学教育年支出在 1000 元以下，超过半数多的农户对初中教育年支出在 1000 元以下，而对高中教育年支出基本都在 1000 元以上。子女能上大学的农户家庭不多，其中大部分农户家庭大学教育年支出都在 10000 元以上，贫困户与非贫困户对大学教育的年平均支出分别为 14167.65 元和 13652.27 元，支出的中位数均为 10000 元。贫困家庭年收入均不超过 1 万元，而供一个大学生上学就要花费 1 万多元。①

其次，贫困地区师资力量普遍不足。贫困地区中小学教师待遇低下，导致优秀教师大量流失，直接影响着贫困地区基础义务教育的发展。农村贫困地区的教育资源配置与城市相差巨大，农村学校的好教师都往城市里迁移，造成农村地区整个教育质量相对较低，职业教育发展相对滞后，普通学校供不应求，职业教育门可罗雀。这些问题在很大程度上造成了农村孩子的竞争力不够，无论是他们就业、升学都会遇到较大的困难，这种情况极易诱发贫困代际传递。近年来，农村教学点补充了许多新教师，35 岁以下者占到教学点教师总数的 45.99%，但 50 岁以上者依然占 26.8%。调查发现，代课教师占到教学点专任教师的 29.8%，西部地区教学点教师同时兼任 2 门以上学科的比例达 83.89%。从师生比看，1 名教学点专任教师仅服务 11.3 名学生，远远低于 1：19 的国家规定标准，教师数量较为充足。但从师班比看，每个教学点班级只能配上 1.8 名教师，低于 1：2.2 的常规标准，结构性缺编现象依然存在，英语、美术、科学等课程依旧较难开齐开足开好。教学点品德课开设率仅有 70.8%，科学课开设率为 56.3%，信息技术课开设率只有 29.2%。调查测试显示，城市小学数学教师的学科知识平均得分为 78.9 分，县城为 60.8 分，教学点只有 38.5 分，教学点教师素质差距依然较大。②

① 郝文武，李明：《教育扶贫必须杜绝因学致贫》，载《教育与经济》，2017 年第 33 期第 5 卷，第 61~65 页。

② 邬志辉：《教育扶贫的“最后一公里”》，2016 年 7 月 5 日，《光明日报》，第 14 版。

最后，贫困地区基础设施硬件条件薄弱。贫困边远山区经济落后，教育资源贫乏，办学条件差，教学设备等硬件设施难以达到基础教学阶段的标准，人、财、物的缺失导致其教学内容的落后，教学管理难以与发达地区相比。据相关调查数据显示，目前仍有很多地区的学校教学条件十分落后。2016 年，广西壮族自治区、甘肃省高中的生均校舍面积和生均固定资产总值仅为 17.10m2、1.64 万元和 15.18m2、2.26 万元，远低于同期北京市、上海市的 59.55m2，14.39 万元和 43.74m2、11.78 万元；全国农村地区初中和小学生人均危房面积高达 0.26m2 和 0.17m2，远高于同期城区的 0.05m2 和 0.04m2，由此可见学校发展落后体现为多方面的资源匮乏。①

第二，贫困地区职业教育资源匮乏，贫困劳动力素质较低，大都从事第一产业，缺乏转移到第二、第三产业的技能。长期以来，受“轻视劳动，鄙薄技能”“劳心者治人，劳力者治于人”等传统观念的影响，社会上普遍存在“重文凭，轻技能”的倾向。加上绝大多数家庭是独生子女，家长不愿意孩子从事生产建设一线工作。导致职业教育两大矛盾突出：一是国家强烈需求和社会对职业教育的认可度偏低的矛盾，即国家重视、社会不认可；二是职业教育出口好与入口差的矛盾，即就业旺、招生难。从我国农村区域尤其是贫困地区农村的情况来看，这些地区大多数处于山脉丘陵地带，地理位置偏远且交通不便，加之政策措施不到位，文化思想观念落后，综合多方因素造成了经济贫困。而且，这些贫困区域又同时伴随着教育问题，教育观念落后，教学设施严重不足，教师资源非常匮乏，教育水平极其低下，基础教育普及不到位，与经济发展相匹配的职业教育发展更加不足，人们难以获得一技之长来改善自身和家庭的生活水平。教育匮乏导致贫困区域的人力资源缺少被激活的机会，即使是从农村贫困区域转移到城市务工的人员也多数只能从事最为底层的无技能类职业，陷入了越穷越不重视教育，越不重视教育越穷的怪圈。②

第三，高等教育领域资源分配不合理，中西部地区高校数量较少，向

---

① 刘航，柳海民：《教育精准扶贫：时代循迹、对象确认与主要对策》，载《中国教育学刊》，2018 年第 4 期，第 29~35 页。

② 张俊：《精准扶贫背景下农村职业教育的发展》，载《教育与职业》，2018 年第 5 期，第 55~59 页 .

贫困地区定向招生规模较小，贫困地区学生接受高等教育的机会远远小于城市发达地区。在我国，“985工程”和“211工程”大学被视为优质高等教育的代名词，它们的区域分布具有极大地不平衡性。据统计数据显示，在39所“985工程”大学和112所“211工程”大学中，东部地区“985”、“211”院校分别为26所和71所，占比分别为66.7%和63.4%；中部地区“985”、“211”院校分别为6所和17所，占比为15.4%、15.2%；西部地区“985”、“211”院校分别为7所和24所，占比为17.9%和21.4%，呈现出东部密集，中西部稀疏的格局。在2017年9月，教育部、财政部、国家发展改革委印发了《关于公布世界一流大学和一流学科建设高校及建设学科名单的通知》，公布了42所“双一流”高校名单，原来的39所“985工程”高校全部入选，仅增加郑州大学云南大学新疆大学等3所中西部高校。可见，新一轮的优质高等教育建设调整，仍然没有改变区域分布不平衡不充分的格局。[①]据教育部数据显示，国家专项计划招生规模近年来有所扩大，已由最初的安排招生计划的1万名增长至2017年的6.3万名。截至2017年，通过国家、地方、高校3个专项计划的实施，重点高校共招收农村和贫困地区学生10万人，较2016年增加8500人，增长9.3%，但是对贫困地区的定向招生规模仍然较小，贫困地区学生接受良好教育的机会与城市发达地区仍存在较大差异。

三、提升农村人力资本投资的路径

第一，提高贫困地区教育的普及程度和办学质量。首先，加大农村基础教育投资，增加对农村教育的经费投入。必须建立健全农村教育的投资体制、拓宽筹资渠道，在以各级政府为农村教育的投入主体的基础上，应当广泛调动社会力量以及农民自身投资农村教育的积极性。当前及今后一段时期，普及九年义务教育仍将是农村教育发展的重要内容，基于农村教育准公共产品的特征，对于农村教育特别是农村义务教育，国家及各级政府无疑应是主要的投资主体。因此，应在满足经费需求的基础上和公共财

① 申怡，夏建国：《论我国高等教育的“不平衡不充分”及其破解路径》，载《中国高等教育》，2018年第1期，第10~12页。

政的框架下，合理划分各级财政的分担比例，建立规范的转移支付制度，以确保农村义务教育经费投入的及时到位和财政支付的不滴、漏、跑。

其次，提高贫困地区师资力量，提高农村教师素质。农村教师的素质在很大程度上决定着农村教育的质量，提高农村教师素质首先应创新农村教师补充机制，保证农村教师队伍的稳定。例如，可以鼓励城市教师支援农村教育工作，继续实施师范生实习支教，实施定向培养农村师资，想方设法解决农村学校紧缺学科、薄弱学科师资短缺的问题。要加强农村教师培训，完善培训体系，设立农村中小学教师培训专项经费，开展农村中小学校长培训示范校创建，加强县级教师学习与资源中心建设，培训和培养大批农村中小学校长、骨干教师、班主任和音、体、美学科教师。

最后，完善贫困地区基础设施硬件条件，改善贫困地区办学条件。要继续实施促进农村教育发展的专项工程建设，除已经在实施的并已取得相应成效的诸如农村中小学基础设施改造工程、农村学校寄宿制工程、农村初中校舍改造工程、新农村卫生新校园建设工程和农村中小学现代远程教育工程外，还要认真组织实施好农村中小学危房改造工程、农村初中改造工程、薄弱学校改造项目等一系列重大工程，管好用好建设资金，对工程质量做好动态监测，并做好建设效果评估，为农村教育发展奠定良好的基础。①

第二，发展贫困地区职业教育，提高贫困劳动力素质。首先，要以脱贫核心技能为培养目标。精准扶贫就是要对贫困根源问题有精准认识并加以解决。农村贫困群体教育面临的核心问题是缺乏脱贫的能力，应围绕区域经济发展，以脱贫能力培养为核心，提升贫困群体社会适应能力和可持续发展能力。因此，必须结合地区经济发展的特点，根据实际贫困人群特征，针对存在的现实问题，设计符合贫困人群的农村职业教育培养目标，制订合理的计划和方案，安排满足实际需要的专业课程，优化教学内容以符合农村贫困群体知识水平和接受能力，提高农村贫困群体的学习效率，切实有效地提升贫困群体的脱贫致富能力，从而实现精准帮扶。农村职业教育的培养目标要以技能掌握和提升为重心，采用“技能＋理论”的方式进行

---

① 王业燕：《浅谈当前农村教育发展的困境及出路》，载《中国农村教育》，2018年第2期，第4~5页。

教学，以实践为主，提供切合实际的技术技能，通过定向引导，增强脱贫力度。同时，农村职业教育要整体提升贫困群体的基本人文素养，拓宽贫困群体的眼界，转变贫困群体的观念，帮助他们树立脱贫致富的信心和决心，拥有应对社会变化的能力，为摆脱贫困和防止返贫奠定坚实的基础。①

其次，积极探索多渠道投入，构建农村职业教育精准扶贫的多元化投入机制。一方面，各级地方政府应当重新定位在农村职业教育发展过程中政府与市场的关系，转变政府职能，摒弃过去政府大包大揽的做法，鼓励和引导民间资本进入农村职业教育领域，通过市场化改革的方法来调动社会性组织和个人投身农村职业教育的能动性，拓宽其资金资源来源；另一方面，应积极探索“混合所有制”农村职业教育办学模式，推动农村职业院校的产权多元化，实现不同职业教育主体的资源联合、优势互补，最终保障农村职业教育精准扶贫工作的有序稳定开展。在此，需要指出的是，加强农村职业教育扶贫投入的监督和管理是确保农村职业教育扶贫投入水平提高、经费使用合理、成本与效益协调的关键环节。在加快构建农村职业教育精准扶贫的多元化投入机制的同时，各级政府应主动履行对农村职业院校经费的投入与使用情况的检查、监督、审计等职责，确保经费投向合理，防止资金被挤占、挪用和损失浪费，提高资金使用效益。②

第三，改变高等教育领域资源分配不合理现状。首先，加强高等教育弱势区域政府支持力度。教育行政部门虽然是教育资源的主要供给方，其承担了教育资源供应的主要责任，但是我国高等教育规模庞大，教育行政部门也很难为所有院校、地区提供充足的教育资源支持；在这种情况下，地方政府的支持就显得十分重要。从教育资源支持的角度来看，政府能够提供的支持：通过财政资金投入来改善高校软件资源建设，其中最为有效的是教师资源支持，政府可以通过财政资金来改善教师待遇，优化教师发展条件，从而为高校提供更有效教育资源支持；积极引导高校准确定位，认清高校发展对区域经济和社会发展的推动功能。在此基础上，政府要对

① 张俊：《精准扶贫背景下农村职业教育的发展》，载《教育与职业》，2018 年第 5 期，第 55~59 页。

② 向昭颖，张冰松：《农村职业教育精准扶贫的意义、问题及机制》，载《教育与职业》，2018 年第 4 期，第 26~32 页。

高校提供全面、优惠的政策支持，为区域高校发展创造有利条件。积极引导社会、企业、机构和个人为高校发展提供帮助，利用政府的协调能力优势，吸引民间资源向高校投入，为高校资源整合提供有利条件。①

其次，加快提升中西部高校综合实力。中西部地区的社会经济发展水平与东部地区相比较为低下，反映在高等教育领域更是相差很多，这种差距不仅表现在经费上，而且还表现在培养理念、办学思路等方面。中西部地方高校的数量接近全国高校数量的一半，虽然数量不算少，但普通大学多，高水平大学少，高校的整体实力与东部地区相比差距较大，如果仅支持中西部少数几所高校的发展，那么还难以起到带动中西部高等教育整体发展的作用。所以对中西部高校进行支持时要逐步扩大支持范围，如在遴选“211 计划”高校时，可以扩大中西部地方高校的入围数量。地方高校的发展一般和区域社会经济的发展联系密切，地方特色明显，有些高校在某一个学科或某一个领域非常突出，应给予其特色发展的机会。此外，中西部各省、自治区、直辖市的情况也各有不同，中部省份和西部省份的情况差别也比较大，有的省份地广人稀，有的省份人口稠密，国家在制定政策时可以进行更为科学的论证，使中央财政直接支持的高校在布局上趋向合理，并针对不同的省、自治区、直辖市的实际情况制定不同的方案，实行政策分类引导，为中西部高校的良性发展创造更多的机遇。②

最后，适当扩大农村学生招生比例。高等学校尤其是高水平大学、发达地区大学，要适当扩大农村户籍学生的招生数量，使农村学生有更多的机会接受优质高等教育，这对他们未来的就业、发展具有重要意义。特别要通过改革创新采取特殊政策，在不影响其他学生接受优质高等教育的前提下，挖掘潜力，招收一定数量的建档立卡贫困家庭的学生，使更多贫困家庭子女能够接受高等教育，这对于帮助贫困家庭脱贫具有重要意义。

（本章撰稿人：刘艳梅、陈琦）

① 赵可心：《高等教育资源分配的差异及社会影响》，载《黑龙江生态工程职业学院学报》，2017 年第 5 期，第 63~65 页。

② 李晓玉，赵申苒，赵国祥：《论近二十年来国家高等教育政策调整对中西部地方高校的影响》，2016 年第 2 期，第 15~24 页。

第六章　精准扶贫与绿色发展

在十八届五中全会上，党中央提出了以绿色发展理念为导向的国家发展方向，进一步确立了生态文明建设在“十三五”时期经济社会发展中的战略地位。绿色不仅是永续发展的必要条件，也是人民对美好生活追求的重要体现。在扶贫领域，绿色发展同样成为了构建精准扶贫格局的重要元素。一方面，贯彻“和谐生态”的绿色开发理念，可以促进贫困地区的生态保护与可持续发展；另一方面，构建合理的生态环境保护体制与生态补偿的全新机制，可以破除贫困地区环境保护与社会发展之间的矛盾，从而真正实现绿色增收。作为精准扶贫的新内涵与新任务，将绿色发展融入精准扶贫工作的全过程和全领域，才更加具有可待续发展能力。

第一节　发展经济学中绿色发展理论

随着当今世界生态问题的日益突出，资源环境的破坏已经逐渐成为了阻碍人们健康生活和社会持续发展的桎梏。因此，为改善人与自然关系，应对全球性的生态危机，真正实现科学发展、可持续发展的绿色发展理念被孕育而生。

一、绿色发展的经济学基础——绿色经济

绿色经济学产生于上世纪五十、六十年代，它与绿色发展的理念紧密相关，同时也是绿色发展的理论基础。在那一时期，资源的稀缺程度与经

济增长的关系曾经是一个十分重要的主题。

（一）绿色经济的来源

在重农学派的强调下，自然力在财富生产过程中有着十分重要的作用，这与今天的可持续发展理论中所强调的自然和环境生态的重要性有相似之处。该学派的基本观点是，只有农业部门才能生产纯产品，才能真正创造社会财富和价值，土地是财富的唯一源泉。但值得注意的是，重农学派所说的“土地”不仅包括可以耕种的土地，还包括草场、牧场、森林、矿山、渔场等。也就是说，重农学派的“土地”概念实际上接近于我们今天所说的自然资源的概念，也包含一部分环境生态的含义。而古典经济学中所说的“资源”，则主要是指人口、土地和资本，其中，土地的稀缺程度对于经济发展的影响更是受到广泛的重视。

从上世纪五十年代开始，一些有远见的学者开始重新关注资源和环境可能对经济所产生出的制约作用。而绿色经济概念的首次提出可以追溯到英国经济学家希克斯在 1946 年提出的绿色 GDP 思想。希克斯认为只有当全部的资本存量随时间保持不变或增长时，发展方式才是可持续的。在希克斯之后，1962 年美国学者蕾切尔·卡尔逊在《寂静的春天》一书中，用生动而细腻的言语描写了农药、杀虫剂等化学制品对环境、生物和人类健康造成的毁灭性破坏。这也是首次真正将经济社会问题与生态学的研究相结合，此书也被后人称为“拉开了‘绿色经济革命’的序幕”。

1961 年 4 月 12 日，苏联成功地发射了世界上第一艘载人飞船，虽其与设想的星际飞船相差很远，但仍给那个年代的经济学家到来了极大的启发。1966 年，美国经济学家肯尼思·博尔丁（Kenneth Boulding）在《即将到来的宇宙飞船地球经济学》一文中，以宇宙飞船做比喻分析地球经济的发展，并最先提出了“循环经济”的概念。他认为飞船是一个孤立无援、与世隔绝的独立系统，靠不断消耗自身资源的存在，最终将因资源耗尽而毁灭。而在这其中唯一能使飞船延长寿命的方法就是实现飞船内的资源循环，同时尽可能少地排出废物。因此，同理可得，地球经济系统正如肯尼思·博尔丁所提到的那艘巨大的宇宙飞船一样，除了能量要依靠太阳供给外，人类的一切物质都需要靠完善的循环体系来得到满足。尽管地球资源系统大得多，地球的寿命也长得多，但是也只有实现对资源循环利用的“循环经济”，地球才能得以长存。

随着前两本书的问世，1972年，罗马俱乐部发表了一篇以《增长的极限》为题的报告。这篇报告列举了在人与自然关系中的环境退化和恶化、资源流失和缺失的问题；在人与人关系中的富足与贫困、就业无保障、对制度丧失信心等问题；在自然与社会交错关系中的遗弃传统价值、经济秩序与金融秩序混乱、通货膨胀，以及上述引起的人们心理紧张的等问题。同年，美国经济学家芭芭拉·沃德和生物学家勒内·杜博斯向联合国人类环境会议提供的一份非正式报告《只有一个地球》，评述了经济发展和环境污染对不同国家产生的影响，呼吁各国人民重视维护人类赖以生存的地球。随后，1983年法国经济学弗朗索瓦·佩鲁写出《新发展观》一书，庄严地提出经济发展要以一切人的发展为目标，并把人的全面发展既作为评价发展的尺度也作为推动发展的目的。在这样的反思下，1983年11月联合国世界环境与发展委员（WCED）成立，该组织由前挪威首相格罗·布兰特夫人担任主席。该委员会在成立后的四年里，对世界各地的人们进行了广泛调查并同有关人士进行充分的讨论，在此基础上于1987年向联合国提交了《我们共同的未来——从一个地球到一个世界》的报告，要求世界各国政府必须从现在起就环境保护和经济增长两个重大问题负起历史责任，还提出了以“人类共同福祉”为发展目标的“可持续发展观”。

1989年，英国经济学家大卫·皮尔斯等在《绿色经济蓝图》报告中首次采用“绿色经济”的描述，认为“经济影响环境”、“环境影响经济”两者并存。报告指出，将环境融入资本的投资中或许可以解决增长和环境之间的矛盾。1992年，国际社会聚集在巴西里约热内卢，召开了里约联合国可持续发展大会讨论实施可持续发展的具体方法。世界各国领导人通过了《21世纪议程》，这是一个适用于在国家、区域和国际各级间具体实现可持续发展的行动计划。紧接着在2002年的可持续发展问题世界首脑会议上，通过了《约翰内斯堡执行计划》。这个执行计划是建立在从里约会议以来所取得的进展和经验教训的基础上，同时提供更有针对性的办法和具体步骤，以及可量化的和有时限的指标和目标。2008 年，全球金融危机爆发，为了将应对金融危机和气候变化危机结合，国际上关于绿色经济的讨论开始多起来。2010 年，联合国环境规划署定义绿色经济是一种能够改善人类福祉和社会公平的经济发展模式，同时还是大大降低环境风险和生态稀缺的经济发展方式。2012 年，“里约 +20”联合国可持续发展大会的会议主题之一就是绿色经济，随着大会成果文件《我们希望的未来》的提出，可持续发展和消除贫穷背景下的绿色经济是实现可持续发展的重要工具之一。这种绿色经济有助于消除贫穷，有助于经济持续增长，增进社会包容，改善人类福祉，为所有人创造就业机会，同时维持地球生态系统的健康运转。

（二）绿色经济的内涵

对于绿色经济的内涵，直到目前还没有国际统一的说法。但有不少专家学者和组织机构曾对绿色经济做出了自己对其的理解和定义。其中，联合国环境署对绿色经济的界定最为被广泛接受和认可。联合国环境署将绿色经济定义为：可促成提高人类福祉和社会公平，同时显著降低环境风险和生态稀缺的经济。表明绿色经济不只是涉及经济增长和环境保护，更是综合考虑社会公平及人类发展，强调生态、经济、社会三者协同可持续发展。而绿色经济联盟（GEC）则将绿色经济定义为：一种能在地球生态极限范围内为所有人提供更高生活质量的弹性经济。

自上世纪 90 年代开始，我国国内有不少学者也对绿色经济开始着手研究，其中代表人物有刘思华、胡鞍钢等。在这其中，以刘思华为代表的一类学者认为，将绿色经济等同于可持续发展或者当作实现可持续发展的途径，他们认为绿色经济本质上就是可持续发展经济，是可持续发展的形象概括和实现形态；而另一类以胡鞍钢为代表的学者认为，绿色经济是一种新的经济形态，是一种包含生产、交换、分配、消费等方方面面的系统绿色观，强调与可持续发展经济的不同。

综上所述，绿色经济是人类反思传统发展模式的必然选择，它是以生态环境容量和资源承载力为基本的约束条件，同时也是发展模式创新过程中融合生态学与经济学的一个新的概念。因此，绿色经济不仅是将自然资本作为经济发展的内生变量，同时也是以绿色文明为基本价值观，以资源节约、环境保护和消费合理为核心内容，以绿色创新为根本动力，实现绿色增长与人类福祉最大化的经济形态。

二、绿色发展理论的背景、内涵和特征

绿色发展作为“十三五”所提出的“五大发展”新理念之一，它不仅结合了当今时代发展的主要特征，还创造性地吸收了优秀的东方文明和马克思主义生态理论，并将生态文明建设与政治、经济、文化、社会建设相融合而形成的全新的发展理念。绿色发展不同于传统的发展理念，它着眼于生态环境的实际容量和资源的实际承载能力，追求的是经济社会的可持续发展。

（一）绿色发展理论提出的背景

首先，为适应我国经济进入新常态，绿色发展是必要手段。自国际金融危机爆发以来，面对世界经济持续低迷、复苏乏力的严峻形势，贸易保护主义和“逆全球化”思潮抬头加大了世界经济回暖的风险。与此同时，在党的十八大之前，我国经济面临增长速度换挡期、结构调整阵痛期、前期刺激政策消化期“三期叠加”的巨大压力。因此，经过党中央的综合分析，做出了我国经济发展进入新常态的重大判断。在此背景下，我国目前的经济发展动力由要素驱动、投资驱动转向创新驱动，同时不断提高资源利用率，大力发展供给侧改革，并在各个领域形成绿色环保、低碳循环的发展方式。

其次，为加快经济发展方式转变、提高国际竞争力，绿色发展是必然要求。在建国初期，我国主要采用粗放型经济增长方式，这种速度型增长规模虽然在一定时期内加快了经济产量，但却是以低下的能源资源利用效率和严重的生态恶化为代价。现今，世界上的主要国家纷纷把新能源、新材料、生物医药、节能环保等作为新一轮产业发展的重点，同时以此来抢占未来经济发展的制高点。因此，绿色经济的大力发展，不仅可以推动产

业结构优化升级，形成新的经济增长点，还能在国际经济技术竞争中赢得主动。

再次，为应对全球环境的恶化，绿色发展是必由之路。在激烈的全球经济现代化发展中，普遍存在着单一的追求经济增长，而忽视对生态环境的保护。生态环境污染并不是资本主义社会特有现象，而是在商品经济和社会生产力发展中改造自然时所出现的共有现象，从某种程度来说，发展中国家的此类问题相比较更为突出，这主要是依赖其粗放型的经济增长方式，使得长期以来，有关保护和治理环境国家策略被放置于次要的地位，也使得很多国家步入“只讲治理经济环境，而不讲治理生态环境”的误区。

最后，绿色发展是我国天人合一传统理念的扬弃。我国尊重自然、顺应自然、保护自然的“天人合一”的传统文化，是绿色发展理念兴起和传播的天然土壤。当今要求我们研究和尊重自然规律，推进科技进步、制度创新，实现以资源节约、环境友好、生态保育、社会和谐、政治包容为核心内涵的可持续发展。

因而，在2003年召开的中共十六届三中全会中，党中央首次明确提出“科学发展观”的新发展理念，这一理念内在地包含了绿色发展的要求。2007年中共十七大提出了建设“生态文明”的要求，对树立绿色发展理念、发展绿色经济、走绿色发展道路提出了更加迫切要求。2011年党中央进一步提出了中国在“十二五”期间坚持以绿色、低碳发展为政策导向，“绿色发展”独立成篇被写进国家发展规划。2012年，绿色发展第一次出现在党的十八大报告中，坚持绿色发展成为全国共识。2015年十八届五中全会审议通过了“十三五”规划，“五大发展”新理念被首次提出。对此，以习近平总书记为核心的新一届中央领导集体将“绿色发展”提到治国理政的战略高度。

（二）绿色发展理论的内涵

绿色发展理念是以人与自然和谐为价值取向，以绿色低碳循环为主要原则，以生态文明建设为基本抓手。绿色发展不仅是一个体系庞大内涵丰富的系统，还涉及到绿色环境发展、绿色经济发展、绿色政治发展、绿色文化发展等既相互独立又相互依存的诸多子系统。在这其中，绿色环境发展是绿色发展的自然前提、绿色经济发展是绿色发展的物质基础、绿色政治发展是绿色发展的制度保障、绿色文化发展是绿色发展内在的精神资源。

而绿色发展的内涵也具有多重性，可以概括为以下几个方面：

第一，绿色发展是以生态资源与自然环境的承载力为基础，以实现人类与生态共赢发展为目的的发展方式。绿色发展是一种可持续性发展，这种发展在指导思想上注重生态的保护，在实施过程中注重将生态环境纳入到发展体系当中。而传统的发展方式只注重生态环境的保护，却忽略了自然环境承载力与发展的密切联系，人类在发展进程中只获得了单方面的盈利，即自我盈利，而生态环境依旧在被严重破坏。因此，绿色发展更突出了人类与生态环境的双赢。

第二，绿色发展是以自然规律为主导的发展。绿色发展的主导思想一定是遵从自然规律，顺应自然发展。在传统的以经济规律为主导的发展模式下，“高消耗、高污染、低效益”的发展模式一直使生态资源处于高负荷的消耗状态，资源紧缺、环境污染、自然灾害等问题也捉襟见肘，究其原因主要还是人类违背了基本的自然规律，用不正当的手段开采资源。马克思也曾告诫过人们：“不以伟大的自然规律为依据的人类计划，只会带来灾难。”既然人与自然是不可分割的，那么人类如果想要从自然界中索取些什么，就一定要遵从自然的规律与法则。

第三，生态文明是绿色发展的内质精神。生态文明是一个全新的时代，也是实现中华民族伟大复兴的有力支撑和根本保障，实现生态文明的必由之路正是绿色发展。生态文明要求人类在发展过程中运用理性、正确的方式来处理人与环境的关系，使人与自然达到和谐统一的境界，而绿色发展就是这种处理方式的具体体现。这种处理人类社会与环境保护之间关系的方式本身就是对生态文明理念的践行。这恰好契合了将生态文明理念融入经济、政治、文化、社会建设当中的发展要求。

（三）绿色发展理论的特点

走绿色发展之路是在全球性生态危机背景下，人类反思过去的断裂式发展，汲取和借鉴人类发展史的优秀成果而做出的必然选择。绿色发展作为科学发展与可持续发展的必选之路，它是一种生长式的、创造性的发展，具有自身鲜明的特点。同时在绿色发展下的经济增长更加健康，绿色发展下的生产方式更加绿色化。绿色发展强调人与自然和谐统一，并且提倡在任何领域的发展中都要坚持这一中心主旨不动摇。

绿色发展理论则有着以下几个特点：一是人本化，绿色发展强调以人为本，经济增长要服从和服务于人的需要和发展，追求社会进步，兼顾个人与社会、当代与后代人的利益；二是生态化，绿色发展提倡回归自然的生产和生活方式，强调经济发展应该建立在生态化基础上，提出充分利用低碳生态技术，减少能源资源消耗和温室气体及污染物排放，提供绿色、安全、高效、无害的产品和服务；三是合理化，绿色发展要求经济发展速度、规模、结构和过程要合理，强调资源环境利用经济合理，以尽最小的资源消耗取得最大的经济效益；四是节约化，绿色发展强调节约优先，促进生产、流通、分配和消费环节的节约，强调资源重复利用和综合利用，提高资源利用效率；五是高效化，绿色发展强调效率最大化，要求提高生产效率、经济效率、资源效率；六是清洁化，绿色发展要求产品生产、加工、运输、消费全过程的对人体、环境无损害，要求降低对不可再生资源的消耗，延长产品使用周期；七是低碳化，绿色发展强调社会经济发展的低碳化，减少对碳基燃料的依赖，实现能源利用转型，减少温室气体排放；八是安全化，绿色发展要求经济安全、社会安全、资源安全、生态安全、环境安全，要求经济、社会与资源、生态环境风险可控；九是高科技化，绿色发展高度重视绿色技术的创新和应用，强调通过大规模绿色技术应用，重构经济过程，塑造崭新的绿色发展形态和模式；十是低成本化，绿色发展要求降低经济转型成本、经济发展成本、资源环境利用成本，要求低成本转型，低成本发展。

绿色发展理念的提出，是我国经济发展思维和发展观念的一次具有历史意义的深刻变革，为解决我国当前环境问题指明了方向，反映了党对中国经济社会发展规律的深刻洞察、对发展方式的及时转变、对发展目标的科学阐释。绿色发展理念同创新、协调、开放、共享四大发展理念针对不同领域的问题，各有具体内涵，彼此之间相互融通、相互促进，构成一个有机整体。

第二节　中国绿色发展理论与实践

早在1999年，时任国务院副总理的温家宝提出：“21世纪将是一个生态文明的世纪”。但当时对生态文明的认识还不深入。在党的十六大提出生态文明初步设想之后，十七大首次把生态文明写入党的报告，十八大则把生态文明建设放在突出地位，十八届三中全会更进一步提出要全面深化生态文明体制改革，十八届四中全会又明确了生态文明体制改革的立法要求，《关于加快推进生态文明建设的意见》、《生态文明体制改革总体方案》则为深化生态文明体制改革规划了任务、目标和具体措施及改革方案。十八届五中全会把绿色发展作为“十三五”时期经济社会发展的五大理念之一。因而绿色发展不仅是我国在新中国成立后对生态文明认识不断深化而提出的新发展理念，同时也是解决中国当前环境资源问题和经济社会发展的必然选择，更是推动“美丽中国建设”的重要途径，对实现社会主义和谐社会具有重要意义。

一、中国传统文化中的绿色发展思想

人类的出现是大自然最无私的奉献，当下人类绿色文明发展的两大主题就是处理人与人以及人与自然之间的关系。在人与自然和谐发展的思想旗帜下，绿色发展的实质吸纳了人类关于人自身及社会与自然关系的科学理念，这使得绿色发展的思想体系更为丰富。与此同时，绿色发展作为人类对于发展模式的新探索，是根植于生态与环境中重新思考人类发展方向的新方式。追本溯源，中国传统生态环境思想形成于几千年前的农耕文明之中，这个阶段不仅孕育出许多原始、朴素的生态思想，还包含丰富的

绿色发展蕴意。正因为中国传统生态环境思想中的哲学起点与归宿同马克思主义生态自然观殊途同归，这使得我国在绿色生态发展中对传统的绿色生态思想不断地进行现代化改造，结合马克思主义生态自然观，对我国实现绿色发展有重要的指导意义。现代科学技术及工业文明不仅给人类带来超额利益的同时，也将人类引入了困境之中。博大精深的东方文明，蕴涵着丰富的绿色生态的智慧，在这其中主要以儒家“天人合一”、道家“道法自然”以及佛教“众生平等”的思想为主，并占据着极高的生态价值与生态理论思想。儒家思想在五千年中国传统文化发展至今，始终作为一种集大成的哲学思想而呈现，其中蕴含了丰富的绿色发展理念和生态伦理观念，对于维护生态系统的平衡、促进人与自然的和谐、拯救脆弱的生态环境具有极其重要的基础理论指导意义。其中“天人合一”的思想体现出了人与自然的亲密关系，并把实现人与自然的和谐发展作为最高的伦理价值目标，展示了中国古代关于人类与自然共生共存的大智慧。走绿色发展道路是整个地球生态系统能够健康运行、经济与环境能够相互协调的必然选择，同时也为自然资源的珍惜、生态环境的保护、物质消费的节度等与可持续发展的战略思想的高度吻合，为坚持人与自然的和谐与统一提供了思想渊源。

道家思想在生态理念的整体上偏重于自然主义方向，它主张敬畏万物，不但要以崇尚自然、尊重自然规律为最高准则，同时还要人们在生产生活中不能对自然界有任何逆向行为，必须顺应自然。道家思想从根本上主张人类在自然界中同自然和谐一致、感激自然、尊重自然和爱护自然的生态保护理念，展现出对于人类回归到与自然和谐融洽状态的迫切期望，并且对于一些人类中心主义的思想理念表达了深刻的批判精神，对于绿色发展道路中人类树立正确的生态伦理观念，自觉提高自身的生态伦理素养都具有重要的理论指导意义。道家甚至提出了自然之道才是世间的唯一正道，其中虽然对于崇尚与顺从自然具有绝对的偏激之处，但这种简单的生态观念在今天仍具有不容忽视的积极意义。

佛教作为人类文明发展史上的伟大成就之一，同样蕴含着丰富的生态思想。在佛教思想中，它把生命的主体与生态环境看作是一个有机统一体，天地同根，众生平等。它认为世界上的一切生命体都相互联系又相互制约，在包括人在内的自然界中，任何局部因素的受损都将损害到整个自然界，因此要善待和保护每一个弱小的生命体。特别是佛教从约束和规范人类在自然界中实践活动方式着手，重点从人类内心思想由内而外的对人与自然界的关系加以调控，对于今天节制欲望、实行绿色消费等倡议具有极其重要的借鉴意义。

在当代社会，人类面临生态失衡、污染严重、能源危机以及自身精神困顿等一系列困扰人类生存和发展的问题时，重新对现代科技和工业文明进行反思，我们不难发现儒、释、道思想中所蕴含的生态自然观为解决现代发展中的生态难题，提供了极为重要的参照和借鉴，也成为当代生态保护和绿色发展的重要思想来源。

二、新中国成立后的绿色发展思想

新中国成立后，一方面我国被国际社会进行经济资源封锁，另一方面国内战后社会破败不堪、一穷二白。中国共产党追求经济发展的同时也没有疏忽生态环境的保护。中国共产党各代领导集体，主要继承和发展马克思主义的生态思想和我国传统文化的生态思想，总结经验，巧极探索，走出了一条适合我国国情的绿色发展道路。

1. 以毛泽东为核心的党中央领导集体的绿色发展

直到新中国成立之前，由于百年来的战争肆虐，带给华夏民族的是一片破败不堪、满目疮痍的景象。这不仅让中华大地的各族人民生活极其贫困，同时也让我国原本优美良好的生态环境遭受到严重的破坏。新中国建立后，面对经济、社会和环境的多重压力，当时的中国共产党既需要维护并不十分稳固的政权，还需要带领广大中国人民摆脱贫困和落后的状态。以毛泽东同志为核心的党中央领导集体认识到，当时国家的一切发展不仅要依靠团结一心的人民群众的力量，同时也要结合我国人均匮乏的自然资源，在困境中为新中国的建设开辟一条生路。

因此根据当时的国情，以毛泽东同志为核心的党中央领导集体，首先提出了要提倡尊重自然和保护环境，充分肯定自然的重要地位。同时，毛泽东同志十分重视自然资源在生产实践中的重要作用，在面对当时国民经济需要恢复和发展的背景时，毛泽东同志指出“天上的空气，地上的森林，地下的宝藏，都是建设社会主义所需要的重要因素。”① 并认为自然环境是中国共产党领导广大人民进行社会主义建设的重要基础。因此我们发展经济就需要保护自然，合理的利用自然资源，科学有效的将生态价值转化为经济价值。

其次，强调了在尊重自然规律的基础上充分发挥人的主观能动性。自然环境是人类生存发展的基础，我国的社会主义建设离不开自然资源，因此我们在使用自然资源和利用自然环境时，一定要遵从自然规律。虽然人类的活动受到自然界的制约，但是人对自然界的活动是具有主观能动性的，人类既是自然界的奴隶又是自然界的主人。对此毛泽东同志强调“人们为着要在自然界里得到自由，就要用科学技术来了解自然，克服自然和改造自然，从自然里得到自由。”② 自然科学的发展有助于人们正确认识自然规律，提高科学技术实现合理科学的利用和改造自然。

虽然大跃进和文化大革命期间，由于急于经济发展，产生指导思想的错误，出现违背自然界的客观规律和忽视人与自然和谐发展的现象。但是纵观以毛泽东同志为核心得党中央领导集体在生态环保方面的观点和措施，都蕴含着丰富的绿色发展理念。

2. 以邓小平为核心的党中央领导集体的绿色发展

邓小平同志在坚持了第一代党中央领导集体的肯定自然、尊重自然的思想基础之上，继承了毛泽东同志提出的美化环境、绿色祖国的思想观点。但是由于大跃进以来我国急于求成而忽视了生态环境的发展，违反了客观自然规律和经济规律，造成了自然灾害频发、生态环境恶化等问题。因此在面对我国当时社会主义建设初级阶段的现实国情，以邓小平同志为核心的第二代党中央领导集体在改革开放背景下，提出要将我国生态环境的保护放在我国社会主义现代化建设的重要位置。

① 中共中央文献研究室：《毛泽东文集（第七卷）》，人民出版社，1999 年版，第 34 页。
② 中共中央文献研究室：《毛泽东文集（第七卷）》，人民出版社，1999 年版，第 34 页。

首先，邓小平同志要求统一发展经济效益和生态效益。从国家建设出发点来看，当时的经济整体较为落后，这要求我们必须发展生产力，增强经济实力，提升人们的生活水平。但与此同时也要保护生态环境，合理开发和转化发展良好的生态旅游景区。邓小平同志还根据我国经济发展和资源短缺的矛盾，提出“要聚精会神把长远规划搞好，长远规划的关键，是前十年为后十年做好准备”[①]，其科学长远的规划经济与生态的发展。

其次，邓小平同志坚持“植树造林、绿化祖国、造福后代”[②]这一长远目标，秉承了毛泽东同志绿化祖国的生态思想，为我国生态环境的建设给予大力的支持。继续加强林业保护，一方面，要求注重合理砍伐，鼓励部分木材来源依靠进口；另一方面，提出建设防护林体系。例如建设三北防护林的建设，它有效缓解沙尘风暴与水土流失等问题，为我国生态安全做出了极大的贡献。同时邓小平同志强调植树造林，美化环境既是代代相传的事业，也具有造福后代的作用。

同时，在党的十二大上，党中央把环境保护的理念贯穿到政治报告中，提出经济发展要提高经济效益、节约资源、降低消耗，对经济发展与资源消耗之间的关系有了初步认识。报告强调中国的人均资源占有率低，人地关系紧张。谈到农业问题时指出今后必须在控制人口增长、坚决保护各种农业资源、保持生态平衡的同时加强农业基本建设。同时，对公有产权下缺乏保护的山林资源给予了特别关注，明确提出禁止滥砍滥伐森林。

而在党的十三大的报告中，在谈及经济发展战略时，也特别指出：“人口控制、环境保护和生态平衡是关系经济和社会发展全局的重要问题”，强调在推动社会注意经济发展的同时，要注意环境问题，大力保护和合理利用各种自然资源，努力开展对环境污染的综合治理，加强对生态环境的保护，把经济效益、社会效益和环境效益很好的结合起来。

以邓小平同志为核心的党中央领导集体结合我国改革开放新时期面临的新问题，强调人与自然协调发展，重点突出生态环保法制化，强调生态环保要依靠科技和教育。虽未明确提出绿色发展的概念，但是第二代党

---

① 中共中央文献研究室：《邓小平文选（第三卷）》，人民出版社，1993 年版，第 16 页。

② 中共中央文献研究室：《邓小平文选（第三卷）》，人民出版社，1993 年版，第 21 页。

中央领导集体所表现出来的绿色发展理念，已为接下来绿色发展进一步的深化提供了实践基础，同时也丰富了中国共产党绿色发展理念的内涵，为我国的绿色发展理念提供制度保障和技术支撑，有助于促进人与自然和谐共处。

3. 以江泽民为核心的党中央领导集体的绿色发展

随着工业化和城市化的不断发展，人口数量的不断增加，消费水平的不断提升，使得资源和能源的消耗也在不断加大，尤其是不可再生资源的消耗，这对生态环境造成了极大的伤害。面对全球性的生态危机和资源危机，世界各国纷纷将保护生态环境作为国家建设的重要方面。

我国改革开放后，人民生活水平稳步提高，国家发生了翻天覆地的变化。然而粗放型的经济增长方式和生产方式更集中追求经济效益，导致生态环境产生新的问题，如：土壤退化、淡水危机以及空气污染等，这些危机都在不断地加剧着生态环境的恶化。江泽民同志作为核心的第三代党中央领导集体，在结合了国际生态建设和治理经验的基础上，继承和发展了前两届党中央领导集体强调尊重自然、协调发展的绿色思想，实施可持续发展战略，从全局角度探索我国的生态环境建设和经济建设。

1995 年在十四届五中全会上，江泽民同志指出："在现代化建设中，必须把实现可持续发展作为一个重大战略。要把控制人口、节约资源、保护环境放到重要位置，使人口增长与社会生产为发展相适应，使经济建设与资源、环境相协调，实现良性循环"①。对于当时的中国来说，资源和环境承载力在面对众多的人口数量情况下，一直承受比较大的压力。因此，出于对世界经济和人类的长远发展考虑，党的十五大报告中把可持续发展战略确定为我国现代化建设中必须实施的战略，提出要正确处理经济发展同人口、资源、环境之间的关系，实现经济发展与环境保护相协调。

同时，报告也对如何解决环境问题提出了具体的方略：一是在资源开发和节约的优先次序上，没有继续倡导十二大报告所提出的开发与节约并举的方针，而是坚持把节约放在首位，同时要求提高资源利用效率，从源

① 中共中央文献研究室：《江泽民文选（第一卷）》，人民出版社，2006 年版，第 463 页。

头减少资源的投入量；二是要求认真贯彻环境治理和保护制度，严格执行保护土地、水、森林、矿产、海洋等资源的法律法规，实施有利于资源合理开发利用和政治保护的各项管理措施；三是提出加强环境污染的治理，强调要植树种草，搞好水土保持，防止沙漠化，以实现改善生态环境的目标。

在党的十六大报告中将加强生态环境建设、实现人与自然的和谐共处纳入到全面建设小康社会的要求中，同时也提出了小康社会建设的目标之一是："可持续能力不断增强，生态环境得到改善，资源利用效率显著提高，促进人与自然的和谐，推动整个社会走上生产发展、生活富裕、生态良好的文明发展道路"。

江泽民同志在继承了前两代党中央领导集体关于绿色祖国，美化环境的思想基础上，贯彻了邓小平同志提出的建立"两个大局"思想，并在新时期下做出了实施西部大开发战略这一重要决策。我国西部地区一直拥有着丰富的自然资源，如石油、天然气、矿产资源、有色金属等资源，还有丰富的地热、水能、风能、太阳能等清洁能源。但由于地理位置偏僻，气候干旱和人口分布不均等因素，导致西部相对东部发展水平明显落后。正因这一决策的出现，不仅有效促进了我国西部地区的发展，同时也显著缩小了我国东西部的发展差距，充分实现了我国全面协调发展的国家战略。

4. 以胡锦涛为核心的党中央领导集体的绿色发展

随着我国社会主义现代化建设的需要，对生态环境的破坏也愈演愈烈，而我国的生态环境问题也已逐渐成为制约国家整体发展的障碍之一。虽然前三代党中央领导集体的绿色发展理念及实践对生态环境的问题有所改善，但是形势依旧严峻。面临更加严重的全球性生态危机，如臭氧层破坏严重，生物多样性锐减等问题，我国的生态安全已经成为国家安全战略中很重要的一部分。以胡锦涛为总书记的党中央领导集体继承和发展历届党中央领导集体的绿色发展思想，并且在此基础上进一步完善了科学发展观。

2007 年 10 月，党的十七大报告首次把生态文明写入党的报告中，把"建设生态文明"作为实现全面建设小康社会奋斗目标的新要求之一，提出了建设生态文明的具体要求："基本形成节约能源资源和保护生态环境的产业结构、增长方式、消费模式。循环经济形成较大规模，可再生能源比重显著上升。主要污染物排放得到有效控制，生态环境质量明显改善。生态文明观念在全社会牢固树立。"

2010 年 6 月，胡锦涛同志在中国科学院第十五次院士大会、中国工程院第十次院士大会上首次指出："绿色发展，就是要发展环境友好型产业，降低能耗和物耗，保护和修复生态环境，发展循环经济和低碳技术，使经济社会发展与自然相协调。"①

2012 年 11 月，党的十八大报告提出"建设生态文明，是关系人民福祉、关乎民族未来的长远大计。面对资源约束趋紧、环境污染严重、生态系统退化的严峻形势，必须树立尊重自然、顺应自然、保护自然的生态文明理念，把生态文明建设放在突出地位，融入经济建设、政治建设、文化建设、社会建设各方面和全过程，努力建设美丽中国，实现中华民族永续发展。"②

党的十八大报告对生态文明建设高度重视，将其作为了我党的执政新理念。这具体体现在四个"第一次"上：第一次在党的报告中确立了生态文明建设与经济、政治、文化、社会四大建设并列的高度；第一次把生态文明作为建设中国特色社会主义的"五位一体"的总布局之一；第一次在党的报告中用一个单设的篇章部分来论述生态文明建设；第一次将生态文明建设作为中国特色社会主义事业总体布局的重要组成部分写入党章。

2013 年 2 月，联合国环境规划署第 27 次理事会通过了推广中国生态文明理念的决定草案，标志着中国提出生态文明的理论在国际社会得到认同与支持。

生态文明建设不像经济建设、政治建设、文化建设和社会建设等，具有明确的、独立的边界，它或渗透于经济建设、政治建设、文化建设和社会建设之中，或贯穿于经济建设、政治建设、文化建设和社会建设之间。

---

① 中共中央文献研究室：《十七大以来重要文献选编（中）》，中央文献出版社，2011 年版，第 747 页。

② 胡锦涛：《坚定不移沿着中国特色社会主义道路前进为全面建设小康社会而奋斗——在中国共产党第十八次全国代表大会上的讲话》，人民出版社，2012 年版。

生态文明在“五位一体”中具有基础性作用，生态文明就如一条“红线”贯穿于中国特色社会主义道路中，将经济建设、政治建设、文化建设、社会建设紧密联系起来，形成一个有机整体。

一方面，生态文明建设需要依靠严格的制度和法律法规。我国相关的环保法律相比国外先进国家设立较晚，环保制度也不够严格和体系化，因此我国在环境污染治理和自然保护方面，仍有明显的不足。另一方面，生态文明建设需要推进绿色发展、循环发展和低碳发展。

以胡锦涛同志为核心的党中央领导集体不仅继承和发展了中国共产党历代领导集体对人与自然和谐发展的绿色发展的思想，同时也高调提出了科学发展观，并为构建资源节约型和环境友好型社会、建设中国特色社会主义生态文明提供了强有力的科学与实践理论依据，进一步丰富了中国共产党绿色发展理论的内容。

5. 以习近平为核心的党中央领导集体的绿色发展

全球性的生态困境已然成为了国家发展的阻碍因素，尤其是全球气候变暖成为了当前威胁人类发展的最大挑战之一。随着经济的发展和人类社会的进步，“绿色发展”已从单纯的经济学名词转化成人类社会发展的基本共识，由此引申出的绿色发展思想也得到了各国政要及学术界的高度关注。习近平总书记就绿色发展问题，曾在多个场合发表了重要的讲话，并阐明了其绿色发展思想，认为推进绿色发展是生态文明建设的必由之路，必须大力推进绿色发展。

2013 年 4 月 25 日，习近平总书记在主持中共中央政治局常务委员会的会议中提出，要大力发展绿色消费。同时还在中共中央政治局第六次集体学习时也强调，要增强生态产品生产能力。生态产品本身具有节约资源能源、低污染、低毒、可再生、可回收、不威胁人类健康的特点。有了足够的生态产品，才能促进绿色消费。绿色消费是顺应绿色发展的时代形势而产生的兼顾人类和生态环境整体利益的可持续性消费模式，是一种理性消费方式，是解决经济发展与环境保护的矛盾的必然选择。而推行绿色消费有利于解决我国资源危机和环境污染问题，是推进我国生态文明建设的重要手段。

同年，习近平在海南考察时强调：“良好生态环境是最公平的公共产品，是最普惠的民生福祉。”这一科学论断从中国共产党作为马克思主义政党的性质出发，明确了“为了谁”的价值追求，阐明了生态环境在改善民生中的重要地位。2013 年 5 月 24 日，习近平在中央政治局第六次集体学习时指出，“生态兴则文明兴，生态衰则文明衰。”他引用恩格斯《自然辩证法》中的一段话：“美索不达米亚、希腊、小亚细亚以及其他各地的居民，为了得到耕地毁灭了森林，但是他们做梦也想不到，这些地方今天竟因此而成为不毛之地。”这一论述，科学回答了生态与人类文明之间的关系，丰富和发展了马克思主义生态观，揭示了生态决定文明兴衰的客观规律。古埃及、古巴比伦、中美洲玛雅文明等古文明都发源于生态平衡、物阜民丰的地区，之所以失去昔日的光辉或者消失在历史的遗迹中，其根本原因是破坏了生态环境。这样的悲剧在我国历史上同样存在。昔日“丝绸之路”上有“塞上江南”之称的楼兰古国，如今也已淹没在大漠黄沙之中，这些沉痛的教训给我们深刻的启示便是要加强生态文明建设。

2013 年 9 月 7 日，习近平总书记在哈萨克斯坦纳扎尔巴耶夫大学发表演讲并回答学生们提出的问题，在谈到经济发展与环境保护的关系问题时他指出：“我们既要绿水青山，也要金山银山。宁要绿水青山，不要金山银山，而且绿水青山就是金山银山”。发展是要在经济增长的基础上促进社会的全面进步，使人民群众的生活质量得到真正的提高。同时经济发展也必须顾及人民群众的生存环境，发展不能以牺牲掉生态环境为代价，而换取经济的一时发展。

习近平继承了马克思“自然界本身的生产力”，并将马克思主义生产力理论同我国实际情况相结合，形象深刻地通过深入阐发“绿水青山”与“金山银山”的辩证统一来说明社会、经济发展与生态文明之间的内在关系，强调“保护生态环境就是保护生产力、改善生态环境就是发展生产力”的绿色生产力理念，对待人与自然关系要“尊重自然、顺应自然、保护自然”。“两山”论述观点，表明了生态环境与生产力之间的相互促进、协调发展关系，彰显了绿色发展的生态生产力理念。

2015 年 3 月 24 日，中共中央政治局召开会议审议通过《关于加快推进生态文明建设的意见》。这份《意见》是在党的十八大和十八届三中、四中全会对生态文明建设做出顶层设计和总体部署的基础上，对当前和今后一个时期提出了“建设美丽中国”的任务、目标和具体措施。《意见》提出“生态文明建设事关实现‘两个一百年’奋斗目标，事关中华民族永续发展，是建设美丽中国的必然要求，对于满足人民群众对良好生态环境新期待、形成人与自然和谐发展现代化建设新格局，具有十分重要的意义”[①]。《意见》还明确提出了“建设美丽中国”的驱动力——在原有的“四化协同”的基础上升级为“五化协同”——协同推进新型工业化、城镇化、信息化、农业现代化和绿色化。两会期间，在参加江西代表团审议时，习近平又强调指出：“环境就是民生，青山就是美丽，蓝天也是幸福。”将公平享受良好生态环境视为民生的重要内容之一，这充分体现了习近平立党为公、执政为民的执政观以及绿色发展的根本指向所在。

2015 年 11 月，十八届五中全会通过的《中共中央关于制定国民经济和社会发展第十三个五年规划的建议》，对我国“十三五”经济社会发展全局进行顶层设计和战略谋划，要求必须牢固树立创新、协调、绿色、开放、共享的五大发展理念，这是关系我国发展全局的发展理论重大创新。《建议》进一步确立了生态文明建设在“十三五”经济社会发展中的战略地位，要求坚持节约资源和保护环境的基本国策，坚定走生产发展、生活富裕、生态良好的文明发展道路，并提出了与全面建成小康社会相适应、实现“生态环境质量总体改善”的目标，使绿色发展成为实现建成全面小康社会奋斗目标和推进现代化建设的重要引领之一。

2017 年 10 月党的十九大胜利召开，习近平总书记在报告中提到，十八大以来的五年，我国生态文明建设成效显著：“大力度推进生态文明建设，全党全国贯彻绿色发展理念的自觉性和主动性显著增强，忽视生态环境保护的状况明显改变……引导应对气候变化国际合作，成为全球生态文明建设的重要参与者、贡献者、引领者”。与此同时，总书记还庄严宣告中国特色社会主义已经进入了新时代，生态文明建设也进入了新时代，绿色发展理念作为习近平新时代中国特色社会主义思想的重要组成部分、马克思主

① 《中共中央国务院关于加快推进生态文明建设的意见》，2015 年 5 月 6 日，《人民日报》。

义中国化的最新理论成果，势必在新时代焕发耀眼光彩，为实现伟大中国梦提供强大理论指导。

习近平生态文明思想是对马克思的生态生产力理论和人的全面自由解放发展理论的继承和发展，绿色发展提出了经济社会发展的基础是人与自然伦理关系的正确界定，是对马克思主义生态观的回归和发展。习近平将生态文明纳入“五位一体”的中国特色社会主义事业的总布局建设，将“绿色发展”理念上升到治国理政方略的空前高度，强调要把生态文明建设的价值理念方法贯彻到中国特色社会主义建设的全过程，将绿色发展理念贯穿到经济社会生活的各个方面。这种地位的升格表明生态文明建设和绿色发展理念具有特殊意义和引领作用。在习近平生态文明建设思想的指导下，绿色发展从思想层面到制度层面再到实践层面进行了强有力的推进，强化了可操作性和可检验性，确保生态文明建设落在实处。

以习近平为核心的党中央领导集体，不仅在继承和发展了历届领导集体的绿色发展思想，同时还对我国生态文明建设有着积极地推动发展作用，在明确了绿色发展理论的同时，还确定了绿色发展在我国国家战略中不可取代的地位。

纵观我国近 70 年绿色发展公共政策，其主要调整下述两大关系：一是政府、企业、社会组织及公众间的关系，二是生态环境保护专业部门与包括经济建设部门在内的其他部门间的关系。

就第一类关系来说，我国绿色发展政策调整的重点从关注政府自身的职责，向厘清政府与企业、政府与社会职责关系的方向演进。起初的绿色发展政策更多地依靠政府的行政管理手段，这种手段受限于政府能力、信息获取等因素，导致执行效果不好。随着行政管理体制改革的推进，政府积极转变职能，理清自身职责边界，调动企业积极性，健全市场机制，并更好地发挥在绿色发展中的主导和监管作用。通过完善自然资源资产产权制度、资源产品的价格形成机制，真实反映自然资源和环境容量的使用成本，引导自然资源得到最优配置。在健全市场机制的同时，政府通过总量控制、加强监管等方式，创造资源稀缺性，规范企业生产行为，引导企业环境守法，维护自然资源和环境容量的市场秩序，同时引导公众逐渐接受和践行绿色消费方式。

就第二类关系来说，诸多部门都出台了与绿色发展相关的政策，部门间绿色发展的职责划分逐渐明晰，部门合力也在增强。绿色发展涉及政府多个行政管理部门，尤其是经济部门在绿色发展中起关键作用。一定程度上，我国生态环境保护专业监管部门应对经济建设部门形成有力约束，这样才能保证经济建设项目在审批、建设、验收、运行过程中严格按照低排放、低污染、高效率的标准执行。

党的十八大以来，我国不断深化生态文明体制改革，注重厘清各部门间的权责关系，并加快整合分散在各部门的相同职责，这有利于提升绿色发展政策执行效果。虽然绿色发展理念是在十八届五中全会中正式提出的，但是纵观每一届党中央领导集体的生态思想和实践探索，我们不难发现中国的绿色发展理念一直蕴含在每届党中央领导集体的生态智慧里，也存在与人民不断认识环境、改造环境、尊重环境的实践之中。

第三节　精准扶贫与中国绿色发展

2013 年 11 月，习近平总书记在湖南湘西考察时首次提出了精准扶贫的概念。从 2014 年开始，国家决策层和学术界对精准扶贫开始频繁讨论，使其受到国内外社会的广泛关注。党的十八届五中全会确立了“创新、协调、绿色、开放、共享”的五大新发展理念，这是我们党对经济社会发展规律认识的一次重大飞跃，也是习近平新时代中国特色社会主义思想的重要组成部分。因此，在实施精准扶贫进程中，全面贯彻绿色发展理念，关注生态环境，提升贫困群体对良好生态环境的满足感，自然成为了贫困地区破解当前社会主要矛盾的重要内容之一。

一、精准扶贫过程中所存在的生态问题

绿色发展基本特征之一是包容性发展，主要内容之一是减少贫困，提

高社会公平。从全球来看，贫困人口数量居高不下，贫困人口承受生态破坏风险能力严重不足，直接影响绿色经济发展。全球贫困人口中有相当一部分生活在自然资源枯竭、生态环境脆弱的地方。他们不仅占有资源数量有限，而且所拥有的资源质量较低，投入产出率不高。为了生存，贫困人口可能对自然资源进行掠夺性开发，而且受到知识、经济、社交等方面的约束，将资源价值化能力严重缺乏，价值化途径明显不足。此外，与一般人口相比，贫困人口对自然风险的承受能力更低，一旦潜在环境风险变成现实，处于贫困边缘的人口很容易被转化为贫困人口，贫困人口现状将更加恶化，而财富分配不均更加加剧了全球性贫困，使贫困人口陷入恶性循环。若处理不好贫困问题，社会进步和发展就会受到制约，全球绿色转型发展将面临巨大挑战。反观国内，20 世纪 80 年代我国从便开始了大规模的扶贫实践，既有生态保护的经验，也有破坏环境的教训。在扶贫攻坚中不仅要实现贫困地区经济发展，贫困户收入增加，还需要保护贫困地区脆弱的生态环境，这就需要创新式扶贫、绿色化扶贫，不仅要避免扶贫开发中的环境损害，而且要让贫困人口从生态保护中受益，实现生态保护与贫困人口脱贫的“双赢”。

贫困与生态环境的破坏往往是有着千丝万缕的联系的，生态破坏是贫困的重要原因，也是贫困的结果。由于扶贫措施的不当会加剧生态环境的破坏，而生态环境的破坏最终也会导致贫困的发生。对于社会经济的可持续发展来说，绿色发展是符合当今社会大众的发展潮流。对于精准扶贫来说，精准扶贫的目的其实就是要做到从根本上提高社会大众的生活水平。

在实施精准扶贫的实践过程中，无论是所采取的扶贫举措，还是具体的扶贫项目，一旦没有充分考虑绿色发展和生态保护，就容易导致贫困地区生态破坏问题，尽管在一定程度上增加了贫困人口的经济收入，但在另一端则降低了贫困人口的生态福祉，更破坏了一些地区实现可持续发展的根基，进而影响了效果的持久性、稳定性和全面性。长久以来，社会发展与环境保护的现实矛盾一直都是阻碍社会进步、实现和谐发展的关键所在，生态治理与社会发展之间显现出的强大张力，使得传统扶贫开发疲于应对。

第一，经济社会发展与生态环境保护的矛盾较为严峻。一直以来，如何在贫困地区取得经济社会发展与生态环境保护的平衡是一个重要且严峻的问题。一方面，贫困地区以谋求地区经济的发展急需外部资源的注入；另一方面，贫困地区脆弱的生态环境却无法承受某些产业的布局。从国家层面来说，尽管精准扶贫战略中明确提出了“坚持保护生态，实现绿色发展”的原则，但缺乏有效的政策，更没有具体的实施方案，特别是在对精准扶贫效果验收方面，缺乏系统的生态考核指标。从区域层面来说，部分自然保护区与贫困山区重叠的地区，为扶贫工作带来了巨大的挑战，由于自然保护区的政策法规冻结了该部分贫困群众的林产农产，且当地政府难以在短时间内调动足够的资源对这部分贫困群众进行合理安置，因此在很大程度上加大了社会矛盾，增加了扶贫难度。同时，这也导致了在实施精准扶贫战略过程中，各级政府把扶贫的重点集中在基础设施建设、贫困人口危房改造以及贫困群体经济收入增加等方面，并没有将该原则真正落实到位，从而导致了一系列的生态环境问题。特别是在生态脆弱的贫困地区，如果在精准扶贫过程中基础设施建设对区域的植被、生态环境造成的冲击超过了该区域生态系统的承载能力，将会导致其生态系统服务功能的下降甚至丧失。这些区域自然生态系统一旦失去生态保障功能，从大的方面来说，会对国家生态安全造成重大影响；从小的方面来说，则会对区域实现可持续发展构成威胁，也降低了贫困群体的生态福祉，增加了区域再度返贫的风险。

第二，精准扶贫与生态保护之间的关系不清晰。众所周知，山区是中国贫困问题的集聚区，不但贫困面广，而且贫困程度深，实现的任务异常艰巨。虽然经过多年的扶贫开发，我国实现了众多山区贫困人口的脱贫，但是贫困人口大多分布在生态脆弱地区，特别是西部深石山区、高寒区的状况仍没有从根本上得到改变。山区作为国家扶贫攻坚的主战场，没有山区贫困群体的全面脱贫，中国到2020年全面脱贫的目标就无法实现，没有贫困山区贫困群体的全面小康，就没有中国社会的全面小康。同时，山区又是生态保护、生态建设与生态恢复的主战场，是生态资源与生物多样性的富集区，更是重要的生物基因库，也是实现国家生态安全的重要生态功能区。由于广大山区生态系统的脆弱性，一旦遭到破坏，就会导致生态系统的崩溃。但从目前来看，由于国家战略的导向，基层政府并没有科学认识到二者之间的关系，更没有协调二者之间关系的具体措施。

第三，绿色扶贫整体运行机制亟待完善。限于生态治理与环境保护的时效性以及贫困地区脱贫的急迫性，使得贫困地区的贫困群众与扶贫工作者对实施绿色扶贫有着较低的积极性甚至产生了一定的畏难情绪。传统绿色扶贫在进行生态治理的过程中往往需要大量的资源投入，而较长的投入周期一方面增加了贫困地区政府的财政负担；另一方面其成果的脆弱性和长期性则增加了贫困群众的脱贫成本。虽然绿色扶贫作为一种扶贫理念与扶贫手段在我国已进行了较为充分的试行，但相关绿色扶贫的机制探索却因为现实因素的限制发展迟缓，相关制度仍需进一步完善，传统绿色扶贫模式的工作机制仍以单纯的环境保护为主要内容，如何实现工作理念的转变以及工作方法的创新是当下绿色扶贫能否发挥其真正效能的核心。面对成本投入高、维护成本高、工作成效脆弱等问题，绿色扶贫的工作方法与运行模式急需实现由低效的漫灌式开发向高效的良性治理转变。因此，改革扶贫管理是精准扶贫的重要任务，而创新绿色扶贫的工作模式，解决其高投入、长周期的运行问题对于提高绿色扶贫的普及率以及减缓其面临的社会阻力而言至关重要。

第四，贫困地区绿色扶贫政策需加强顶层设计。国家层面的支持使得绿色发展理念与绿色扶贫获得了较为广阔的发展空间，但部分贫困地区基层扶贫工作状态却不容乐观。一方面，扶贫工作者缺乏相关的专业技能与对绿色扶贫的理念理解，较低的专业素质限制了生态治理工作的进一步发展；另一方面，缺乏对绿色扶贫的正确理解使得部分贫困群众并不能真正投入到生态治理之中，没有直接从绿色扶贫之中获得利益使得一些贫困群众难以产生对绿色扶贫工作的认同。因此，传统绿色扶贫工作的推行主要依靠政策指导，即使短期内的工作动员即够在短时间内产生一定的效果，但对于解决绿色扶贫中的成本投入高、维护成本高、工作成效脆弱等问题动力不足，绿色扶贫的推广需要进行更为充分且科学的论证，加强绿色扶贫政策的顶层设计更是迫在眉睫。

第五，精准扶贫项目实施的负面生态影响。精准扶贫项目，特别是基础设施项目的实施，往往需要开山、砍树，势必造成山区生态资源和生态环境破坏，尤其是农村道路建设，对山区的生态破坏更甚。道路修建完成之后，对道路边坡没有进行及时的生态修复，一旦遇到较强降雨，则容易造成严重的水土流失，甚至泥石流；另一方面也可能会导致山体碎石、泥沙等的滑落，对村民的生命财产安全构成一定的威胁。为了实现精准扶贫的目标，各级政府更关注基础设施建设及其成效，而对基础设施建设过程中带来的生态破坏以及建设之后需要进行的生态修复都没有给予足够重视，更缺乏有效的生态措施。在东部一些平原地区的“扶贫车间”等工程建设，也往往会砍伐本来就不多的树木，产生一定的负面生态影响。此外，一些地方在产业扶贫中，没有充分考虑生态资源的承载能力，从而带来一定程度的负面生态影响

二、绿色发展对精准扶贫的影响

要实现绿色发展下的精准扶贫，就要将绿色发展理念贯穿于精准扶贫的全过程，充分发挥贫困地区的绿色资源优势，全面推动精准扶贫朝国家需要的方向发展。首先，从宏观来看，将绿色发展理念融入精准扶贫使其更具有生命力，绿色发展的要求是用绿色发展的思路构架扶贫策略，用可持续发展的的方式解决贫困问题，实现贫困地区的绿色可持续发展。而精准扶贫是非常具有目标性和精准性的，一方面，精准扶贫的思路更清晰明确；另一方面，贫困地区的发展方向更加精准。两者的相互促进作用，为精准扶贫带来了新契机。其次，绿色发展理念是科学的发展理论，其可以为精准扶贫提供科学规范的理论指导，大大提高了精准扶贫的可行性和有效性。

其次，从中观来看，中观影响在绿色发展理念下，贫困地区必须立足于生态环境，以生存环境为基础，发挥本地区的资源优势，结合本地区的特点和发展目标，设计适合的绿色发展攻略，实现因地制宜的精准脱贫。同时，也可以将相邻的贫困地区整合成为一个新的发展整体，实现区域脱

贫和可持续发展的两重效果。绿色发展结合时代特色和需要，为精准扶贫注入了强大力量和理论基础，带动了贫困地区一系列的生态产业兴起，实现贫困地区的精准脱贫和绿色可持续发展。精准扶贫一定要符合绿色、环保、低碳的标准，要摒弃牺牲生态环境实现发家致富的错误理念。

最后，从微观来看，微观影响随着绿色发展理念渗透到贫困地区，居民的思想行为模式也会有所改变，由以前的忽视生态平衡建设到靠生态平衡实现经济增长，由以前的索取自然资源的行为逐渐转变为保护自然资源，人们更加注重生态平衡的建设，绿色生活的观念深入人心。

三、以绿色发展理念引导精准扶贫战略

要实现贫困地区的可持续发展，就必须要探寻绿色发展道路。要避开先污染后治理的错误观念，精准扶贫也要具备绿色发展的可能。生态已成为一种新时代下的产品，为贫困地区带来了发展的机遇。我国保护生态的普遍规律可以使大众受益，但是保护者却没有得到明显的收益。如何让这些保护者获得必要收入，如何将他们保护的生态产品转化为实际收入，这是当前要实现绿色发展的精准扶贫必须面对的问题。

在推进绿色发展过程中，贫困地区的资源优势已经转变成了经济优势。例如，充足的阳光推动了光伏技术的发展，为干旱少雨的荒漠化地区供电，从而给贫困人口带来新的收入；贫困地区天然的农副产品经过电商的推广，逐步走向国际市场，获得大众喜爱。

1. 以绿色发展理念为导向，做好精准扶贫顶层设计

首先，着力引入精准扶贫的绿色内涵。实施精准扶贫战略的国家政策应充分体现绿色发展理念，并按照精准扶贫战略的要求，到2020年实现全面脱贫。这里的“全面”不仅仅涵盖基础设施的改善以及贫困群体经济收入增加两个方面，同时还具有丰富的内涵，其中包括生态环境的保护与改善。针对上述问题分析，建议在国家精准扶贫相关政策中，将绿色发展理念贯穿其全过程。同时，建议开展“国家绿色生态扶贫发展示范区”评选工作，发挥示范区带动示范效应，积极引导精准扶贫工作中没有关注生态

保护的地区。

其次，完善生态建设成效考核体系。作为考核的重点内容，在目前的考核指标中大多数的考核主要以关注贫困人口的满意率为主。为此，贫困村所在的乡镇政府几乎出动所有的力量，动员贫困人口，甚至采取“收买人心”的方式，旨在提升满意率，以便顺利通过国家验收。在国家层面，应对考核指标进行完善，将绿色发展理念作为重要内容，特别是将精准扶贫中生态建设的成效作为考核的重点内容，以便更加符合基层实际。只有这样，才能在精准扶贫中真正落实习近平总书记所提出的“良好生态环境是最公平的公共产品，是最普惠的民生福祉”。

最后，高度重视生态补偿制度建设与运用。对于拥有良好生态资源的地区来说，发挥这一优势资源的财富效应，生态补偿显然是最重要、最有效和最具有长远引导力的手段或机制。因此，生态补偿机制建设、生态补偿制度建设、生态补偿资金筹措等，在绿色扶贫脱贫中的作用就更加重要。在我国，生态补偿的理念传播、机制培育、制度建设与具体实践，在实践中形成了“先地方后中央，先政策后法律”这样一种建设秩序和逻辑，即先地方探索和实践，再由国家层次来依次推进的格局。即使在国家层次，也形成了先由行政部门颁发意见，再推进具有法律效力的条例的格局。2016 年 5 月，国务院出台了《关于健全生态保护补偿机制的意见》，近几年各地也在推进生态补偿试点，并相继出台了流域、自然保护区和矿产资源开发生态补偿等方面的政策性文件。这是一项对于生态良好的贫困地区与可持续发展的非常重要的一项制度。

2. 正确认识贫困区优势，保障生态资源物尽其用

首先，充分发挥贫困地区自然资源的效用。山区是大自然留下的“宝贝”，而不是精准扶贫的包袱，山区因为交通等基础设施落后，影响了经济发展，成为贫困人口集中分布的区域。但也正是由于发展相对不充足，这些区域留下了丰富且优质的生态资源，成为未来发展有机农业、生态农业、生态休闲度假等新业态的基础。特别是在优质生态资源日益稀缺，消费者对良好生态及其产品需求市场日益旺盛的宏观背景下，山区将成为最具有竞争力的区域。

其次，大力推进绿色新型产业的发展。山区可以实现与生态保护的有效统一，充分利用山区良好的生态资源优势，发展有机农业、乡村生态旅游等新业态，并采取有效措施，提高贫困群体参与其中的积极性，在增加贫困群体经济收入的同时又保护了生态环境。特别是在此过程中，让贫困群体的生态保护意识得到加强，让贫困群体逐渐认识到“绿色青山就是金山银山”。通过绿色生态产业的发展，在未来几年内，贫困群体的收入将会得到较大提高，山区经济将会提升到一个新水平，为全面建成小康社会提供保障。

再次，深化强化农村绿色生产能力。在未来社会发展中，绿色发展理念属于主要的发展模式，同时也是精准扶贫工作中的不可替代资源。只有确保这项资源的合理性，才能够促使精准扶贫工作自身具备“造血”功能，在社会主流中牢牢掌握住绿色发展的主体。进而推动精准扶贫工作的可持续化发展，全面提升精准扶贫工作的核心竞争力。为了确保整体生态利益的实现，政府需要从长远角度出发，站在整体角度上，合理定价绿色产品，通过公平交易确保各项制度的合理性。

最后，唤醒贫困群众的财富意识。在人类发展中，就财富、知识的评价往往存在着一定的跟随效应。绿色财富观的形成必须建立在绿色收益的基础之上，贫困地区正是由于没有绿色资源的财富意识，才使得资源长期以来处于沉睡状态，资源优势没有产生任何的财富效应。

而对于绿色资源的财富意识唤醒与引导，首先是要明确绿色财富是一种现代财富，是一种工业文明基础之上的财富。对于绿色资源的财富效应分析，人们只是朦胧地感受到它的存在，既没有明确的界定，更没有系统的分析和科学的评价。因此，如何在摆脱贫困这一层次上唤醒贫困主体的绿色财富意识，需要借助外部力量的作用，需要真实有用的措施，需要具体明确的财富表现。例如：在绿色产品的生产、绿色效益的分配工作中，需要依据当前时代背景，站在全局角度上开展宣传工作，进而扩大绿色资源财富效应，将绿色资源的产权主体、财富创造力、财富影响力发挥出来，突显出绿色资源的财富形态内涵。

3. 注重扶贫过程中的生态保护，政府居民紧密联系

首先，合理规划基础建设。在广大的贫困山区，居民分散居住在不

同的居民点，而且彼此相距较远，在实施村组道路建设时，工程量较大，而且需要开山的面积大、砍伐树木多，对生态环境影响与破坏较为严重。目前，村庄道路建设对生态环境破坏已经成为事实，不能有所改变了。但在未来道路建设、生态易地搬迁中，要做好规划，尽可能减少对生态环境的影响，做到工程施工与生态恢复同时进行。同时，按照生态规律及生态破坏的程度，尽快对道路边坡、山体边坡进行生态恢复，还原良好生态环境。特别应关注那些道路等基础设施建设、生态易地搬迁造成严重生态破坏的地方。

其次，落实生态移民搬迁。在2014年颁布的《建立精准扶贫工作机制实施方案》中明确将生态移民搬迁作为开展精准扶贫工作的指导方向之一。通过充分的评估论证，甄别出部分不具备足够发展空间、生态环境脆弱、扶贫工作难度过大地区的贫困群体实施易地搬迁。一方面，结合各地区的实际情况，将移民搬迁与新型城镇化发展相结合，解决生态搬迁群体的去向问题，通过搬出生态恶劣的地区以谋求更好的发展空间；另一方面，在易地扶贫搬迁工作中，要充分尊重搬迁户的意愿，结合土地流转与区域规划等一系列工作盘活相关资源，解决生态移民的生计问题，保障其合法权益。此外，协调民政、教育、扶贫等相关部门进行综合管治，着力解决生态移民在迁入新地后的一系列社会融入问题，严格落实相关政策，保证生态移民的迁出安置，避免陷入“由贫迁贫”的问题。

最后，政府与居民的密切结合。贫困地区的生态环境保护需要当地居民的参与，需要借鉴社区参与、公共资源管理等已经成熟地区的经验，将环境保护的利益和责任更好地结合起来。创新环境保护机制，使当地居民从被动的环境保护转变为主动的环境保护。同时，地方政府要在环境保护中采取更加积极的行动，对于与资源环境密切相关的工作，如农村垃圾处理、减少农药和化肥使用、保障食品安全等工作要切实负起责任。

4. 依托生态优势发展生态产业，积极培育地理标志产品

首先，提高精准扶贫生态效力。产业发展新业态的选择是以绿色发展理念为指导的，从消费市场来看，生态消费将成为未来消费的重点领域。现代农业具有提供农副产品、调节自然生态、传承农耕文化、休闲观光娱

乐等多种功能。许多贫困县乡有着特色资源，但却不懂挖掘农业潜在功能。在精准扶贫中，可针对这些资源比较富足的贫困县区，依托当地自然环境优美、农业资源丰富、农耕文化悠久等优势，在这些贫困县乡推进现代农业与乡村旅游、健康养老等多产业深度融合，将贫困县乡培育成带有民族特点、地方色彩的特色旅游村镇，或者将其拓展成农业观光采摘园、农业养生度假园等农业新型业态。

其次，培育特色产品绿色化。生产应实现生态化、绿色化产业选择之后，要以市场需求为导向，依托良好的生态资源和环境，生产绿色无污染、原汁原味的“土特”产品，实现产品的生态化、绿色化；并加快培育地理标志产品，依靠品牌优势提升产品竞争力，提高贫困区域优质农产品的商品化率。

最后，培育绿色生产力和绿色竞争力。绿色发展是未来社会发展的主流模式，也是贫困地区进入主流社会系统最具有竞争力与独特性的不可替代的资源。依靠这种资源才能够在绿色发展模式中形成自身的造血功能，才能够在融入社会主流系统之后牢牢把握住绿色发展的主题，才能够拥有可持续发展的基础与核心竞争力。习近平总书记曾说：“保护生态环境就是保护生产力，改善生态环境就是发展生产力”。这实际上就是明确了绿色生产力和绿色竞争力的概念、内涵与功能。但对于生态与绿色资源丰富的贫困地区来说，不一定是拥有了得天独厚的自然资源，就意味着赢得了未来发展优势的绿色生产力和绿色竞争力。概括地说，精准扶贫的目的是实现可持续发展。然而，绿色生产力绿色竞争力都是通过具体载体来培育和实现的。因此，要认真分析绿色要素、绿色机制、绿色系统，规划和建设绿色项目。发展绿色生产力和绿色竞争力，必须高度重视绿色产业与绿色产品的生产与营销。

绿色发展是人类社会永续发展的必要条件，也是人民对健康生活追求的重要体现，绿色发展理念与精准扶贫相结合能够使多元主体受益，从环境的整体性上看，贫困农村社区的生态环境也会得到有效保护。我国经济过度开发造成自然资源被过分开采，部分基础设施建设等扶贫工程忽视对生态环境的保护，影响了农村社区发展的可持续性。同时，贫困地区可持续性遭到破坏，使得许多贫困地区的扶贫开发面临生态环境修复的瓶颈。如何实现贫困地区的绿色发展，培育贫困地区绿色发展财富效应，是一项极其重大的问题。随着生态社会建设的加快，补偿制度的建设力度也随着增加，通过利用生态补偿机制能够有效弥补绿色发展中的各项缺陷，以此确保在绿色发展理念下精准扶贫工作得到顺利开展。

因此，绿色发展理念必须贯彻到未来精准扶贫的实践探索中，尤其是产业扶贫开发项目，更需要注重生态协调发展。确保精准扶贫工作建立在节约资源与环境保护的基础之上，而不是以牺牲未来发展潜力为代价。只有保证了贫困地区的发展可持续性，才能够更好地维护贫困地区群众的生存利益。

（本章执笔人：贾华强、贺璇）

第七章　精准扶贫与对外开放

精准扶贫战略不是封闭的静态过程，而是要以开放的思想进行扶贫创新，以开放的姿态完成扶贫任务。对外开放可以拓展精准扶贫的国际交流空间，可以推动形成多元开放的扶贫新格局，对精准扶贫战略的有效实施具有重要作用。

第一节　发展经济学中对外开放理论

对外开放理论最早起源于经济理论中的对外贸易理论，从对外贸易理论思想萌芽以来就一直存在着贸易保护理论以及与之相反的自由贸易理论。贸易保护理论最早出现在重商主义的经济思想之中，而自由贸易理论则最早出现在古典对外贸易理论之中。

一、贸易保护理论

贸易保护理论认为发展中国家在贸易中往往处于不利地位，如果进行自由贸易，本国工业和制造业将得不到发展，为了本国长期利益，发展中国家应该实行贸易保护政策，支持本国弱势产业发展。重商主义的对外贸易理论最早体现出贸易保护思想，之后汉密尔顿的保护关税论、李斯特的幼稚工业保护论和普雷维什—辛格的中心外围理论都是具有代表性的贸易保护理论。

(一)重商主义的对外贸易理论

重商主义是15–17世纪欧洲资本原始积累时期代表商业资本利益的经济思想和政策体系。在此时期，封建主义经济基础逐渐瓦解，资本主义因素迅速发展，与此相适应产生了重商主义。重商主义学说实质上是重商主义对外贸易学说，它以重商主义的财富观为理论基础，认为货币是一国财富的根本和一国富强的象征，获得财富的途径则是对外贸易顺差。重商主义的发展经历了早期重商主义和晚期重商主义两个历史阶段。

早期重商主义的代表人物是英国的威廉·斯塔福，他认为货币即是财富，主张在对外贸易中的每笔交易都保持顺差，奉行绝对的“少买多卖”原则，以增加货币的流进，因此被称为“货币差额论”。早期重商主义者反对进口，认为一切进口都会减少货币，而货币的减少对本国是有害的，对外应该少买或根本不买。同时他们主张鼓励出口，应该多向国外销售，销售得越多越好，因为出口越多，从国外吸收的货币越多。他们还要求禁止货币出口，认为这是保留货币的一种手段。这样，他们就把增加国内货币的积累，防止货币外流视为对外贸易政策的指导原则，故也称重金主义。早期重商主义的对外经济政策主要是通过直接管制汇率和贵金属交易的方法实现国内贵金属的存量增加。

晚期重商主义的代表人物是法国的托马斯·孟，他主张保持全国的对外贸易顺差，不反对本国金银的流出，只求有顺差即可，因此被称为“贸易差额论”。晚期重商主义的对外经济政策是以贸易管制政策为主要手段，实现国内贵金属的存量增加。具体而言，晚期重商主义主张从早期重商主义管制金银进出口的政策变为管制货物的进出口；实行独占性的殖民地贸易政策，设立独占经营的殖民地贸易公司（如英、法、荷等国的东印度公司），在殖民地经营独占贸易与海运，使殖民地成为本国制成品的市场和本国原料的供给地；力图通过奖出限入等政策保证贸易出超，以达到金银流入的目的。在重商主义者看来，国际贸易中一国的收益来自他国的损失，因此，要使国内生产者受益，政府必须为限制进口而设置一系列关税和贸易壁垒，同时对该国产品出口进行补贴。[①]

---

① 关庆凡，崔建伟：《论重商主义对世界经济发展的影响》，载《企业经济》，2012年第5期，第67~69期。.

重商主义的政策和措施在历史上曾起过进步作用。它们促进了资本的原始积累，推动了资本主义生产方式的建立与发展。但它们对社会经济现象的探索只局限于流通领域，而未深入到生产领域，因而其经济理论是不科学的。马克思指出："现代经济的真正科学，是在理论考察由流通过程过渡到生产过程时开始的。"

（二）汉密尔顿的保护关税论

1776年，美国宣告独立，英国极力反对并派军队进行镇压。7年后，美国虽然取得了独立战争的胜利，但其经济上仍属殖民地经济形态，国内产业结构仍然以农业为主，工业方面仅限于农副产品加工和手工业的制造，处于十分落后的水平。当时摆在美国面前的有两条路：一条是实行保护关税政策，独立自主地发展本国工业；另一条是实行自由贸易政策，继续向英国、法国、荷兰等国出售小麦、棉花、烟草、木材等农林产品，用以交换这些国家的工业品，满足国内市场需求。前者是北方工业资产阶级的要求，后者是南部种植园主的要求。汉密尔顿代表了工业资产阶级的利益，极力主张实行保护关税制度，并于1791年向国会递交了一份题为《关于制造业的报告》。在报告中，汉密尔顿明确提出了征收保护性关税的重要性，提出一个国家如果没有工业的发展，就很难保持其独立地位。汉密尔顿认为制造业能为其他部门提供更先进的效率、更高级的生产工具和技术设备，从而提高国家总体的机械化水平，并由此带动专业分工和协作的深化，进一步提高劳动生产率；同时制造业要消耗大量的原材料和中间产品及生活日用品，因而促进了其他相关部门的发展和壮大；可以吸收大量劳动力，因而将吸引外国移民迁入，缓解人口稀缺的矛盾，进而能加速美国西部的开发；制造业的一部分投入品来自农业，保证了农产品的销路和价格稳定，刺激了农业的发展；同时制造业能提供开创各种事业的机会，因而使个人才能得到充分发挥。所以，制造业是经济发展的基础。为了保护国内工业部门特别是制造业的发展，汉密尔顿提出了要实行保护关税制度。

汉密尔顿的保护关税论标志着从重商主义分离出来的西方两大国际贸易体系已基本形成，对美国对外贸易政策的制定产生了深刻的影响，促进了美国资本主义的发展，对于落后国家寻求经济发展和维护经济独立具有普遍的借鉴意义。但是受历史局限，在当时没能进一步分析其保护措施的经济效应和经济后果，没有注意到保护措施的消极面。

（三）李斯特的幼稚工业保护论

弗里德里希·李斯特是英国古典经济学的怀疑者和批判者，是德国历史学派的先驱者。李斯特在《政治经济学的国民体系》一书中首先用历史的事实论述了欧美各国发展工商业的“历史教训”，说明自由贸易政策只对先进国家有利，而保护关税应是后进国家在它的工业尚无力量同国外竞争时所必须采用的政策。他批评作为自由贸易政策依据的古典政治经济学，认为它的最大缺点是忽视民族经济发展的特点和经济发展水平的差异，是一种世界主义的经济学。他主张宁可暂时忍受实行保护关税初期工业品价格偏高的不利，而国家一旦建成了自己充分发展的工业，价格便会低落到国外进口品的价格以下。因此，实行保护关税虽然要作出牺牲，但会使生产力有所增长，足以抵偿损失而有余。李斯特认为处于农工业时期的国家需要保护，因为本国农业已取得较大成就且工业已有发展，但“由于还存在着一个比它们更先进的工业国家的竞争力量，使它们在前进道路上受到了阻碍”，如果实行自由贸易政策就永远不可能发展到经济发达国家的水平。他说：“在自由竞争下一个无保护的国家要想成为一个新兴的工业国已经没有可能。”

李斯特将一国参加国际贸易的经济利益进行动态化的分析，是对传统国际贸易理论的发展和创新，同时用经济发展阶段来分析单个国家参与国际分工的利益得失，确立了保护贸易理论的地位，其观点代表了后起国家的经济利益，对落后国家制定外贸政策具有重要的借鉴和指导意义。然而“保护幼稚工业在短期内虽有代价，但长远来看是有利和必要的”，这一论点在理论上是成立的，但实际操作中却不一定实现。这是因为被保护的幼稚工业要具备发展壮大的潜力以发挥比较优势，而保护期限只能是短暂的，为此付出的代价是短期而且是有限的。

（四）普雷维什—辛格的中心外围理论

中心外围理论（Core and Periphery Theory），是由阿根廷经济学家劳尔·普雷维什提出的一种理论模式，它将资本主义世界划分成两个部分，一个是生产结构同质性和多样化的“中心”，一个是生产结构异质性和专业化的“外围”。前者主要是由西方发达国家构成，后者则包括广大的发展中国家。

普雷维什认为，在传统的国际分工中，由于技术进步及其成果在世界发生和传播的不平衡性，使世界经济被分为两个部分，即“大的工业中心”和“为大的工业中心生产粮食和原材料的外围”。这在战前主要表现为作为工业中心的英国和其殖民地，战后主要表现为发达国家和发展中国家，他们之间按照技术水平不同而形成一个梯次国际分工关系。二者在经济结构上存在巨大的差异：中心国家的经济结构具有同质性和多样性，而外围国家的经济结构则表现出专业性和异质性。在这种格局下，中心国家以生产和出口工业品为主，外围国家以生产和出口初级产品为主。普雷维什认为，初级产品的贸易条件与工业制成品相比存在长期恶化的趋势，得出了中心国家和外围国家在国际分工和国家贸易上所得的利益是不平等的结论。[①]汉斯·辛格根据战后发展中国家经济发展的实际情况扩展了这一理论。

中心外围理论为发展中国家的经济发展提供了理论依据，从战后发展国的立场出发，着眼长远利益，抛弃了原有比较优势理论对发展中国家的不利因素，为战后的拉丁美洲经济发展提供了理论指导。但是其反对市场机制，将发达国家与发展中国家框在对立的结构当中，认为发展国必须寻求独立的发展模式才能发展起来，忽视了经济全球化下各国合作，共同发展的重要性。

二、自由贸易理论

与贸易保护理论相反，自由贸易理论认为一国应该进行专业化生产自己具有优势的产品，通过自由贸易得到本国需要的其他产品，这样一来各

① 陈焰，熊玉珍：《中心外围论及对中国的实证分析》，载《国际贸易问题》，2005年第3期，第10~15页。

国都能够从自由贸易中得到好处，有利于国家经济发展。古典对外贸易理论、新古典对外贸易理论、新贸易理论、新兴古典贸易理论以及新新贸易理论都是自由贸易理论的代表性理论。

（一）古典对外贸易理论

古典对外贸易理论最早由亚当·斯密提出。18世纪中叶的产业革命，把英国带进了大机器工业时代，工业资产阶级出于发展大机器工业和不断扩张的需要，已经不满足于资本原始积累时期形成的稳定的民族市场，开始把目光移向范围更大的国外市场，希望通过自由贸易来实现经济的外向发展。产业资产阶级为了扩大海外市场，并从国外进口廉价的工业原料，他们迫切需要摆脱重商主义国际贸易理论的束缚，反对政府对国际贸易的干预，反对金银外流的禁令，他们对货币金银本身已经不太感兴趣，而是对具体的物质财富（生产资料和消费资料）更加重视。[①]

亚当·斯密的“绝对优势理论”是反映英国资产阶级利益要求的以自由贸易为中心的学说。他最先将国际贸易研究由商业领域转向生产领域，使得国际贸易理论的研究更深入，从而开创了国际贸易理论研究的一场革命。亚当·斯密在其代表著作《国富论》中首次提出了主张自由贸易的绝对优势理论。他认为，社会各微观经济主体按自己的特长实行分工，进行专业化生产，并通过市场进行交易，最终可以实现社会福利的最大化，当这种交易活动超出一个国家的范围时，国际分工和国际贸易就产生了。

亚当·斯密认为，与社会各微观经济主体一样，每个国家都有其适宜于生产的某些特定的产品的绝对有利的条件去进行专业化生产，其生产成本更低，然后彼此交换，这样能够使得各国的资源、劳动力和资本得到最有效的利用，将会大大提高劳动生产率，增加物质财富，对所有交换国家都是有利的。因此，亚当·斯密的这一理论被称为绝对优势理论。他反对重商主义者关于“金银是社会财富的唯一代表”，以及限入奖出的贸易保护主义的观点，认为一国发展外贸的目的不是为了通过顺差来获取金银，而

---

① 刘尧飞：《西方古典国际贸易理论述评》，载《经济视角》（下），2010年第7期，第25~26页。

是为了出口本国多余的产品，同时进口本国需要的其他种类的产品，从而促进国家物质财富的增长。①

亚当·斯密的绝对优势理论具有其科学性和进步意义，他将研究领域从流通转到生产，实现了研究领域的扩展；用自由贸易思想取代了重商主义的管制贸易思想；提出分工可以提高劳动生产率，这具有重大的现实意义。另一方面，亚当·斯密的绝对优势理论具有其非科学性。首先，交换引起分工的观点是错误的；其次，亚当·斯密的绝对优势理论不能回答当一国在所有产品生产上都不存在绝对优势时是否能从国际贸易中获利的问题。

李嘉图在亚当·斯密绝对优势理论的基础上提出了以自由贸易为前提的“比较优势理论”，这种更加一般化的国际贸易理论将自由贸易置于更加坚实的理论基础之上，奠定了西方国际贸易理论的核心基石，也为工业资产阶级提供了理论武器。②

19世纪初期，英国工业革命迅速发展，使当时英国成了“世界工厂”，但地主贵族阶级在政治生活中还起着重要作用。1815年，英国政府为维护地主贵族阶级的利益而修订了《谷物法》，引起英国粮价上涨，地租猛增，地主贵族显著获利，工业资产阶级利益却严重受损。粮价昂贵迫使工人工资提高，商品成本提高，利润减少，削弱了工业品的竞争力。出于发展资本提高利润的需要，英国工业资产阶级迫切要求废除《谷物法》，与地主贵族阶级展开了激烈斗争。亚当·斯密认为国际分工应按由于地域、自然条件不同而形成的绝对差异来分工，即一国输出的商品一定是生产上具有绝对优势、生产成本绝对低于他国的商品。但假如一国各种生产都比他国落后，没有一种绝对优势的产品，应当如何办？亚当·斯密没能解决这一问题。李嘉图针对“绝对优势理论”不能解决的问题，提出了“比较优势理论”。其基本含义是在国际贸易中，各国可以发挥本国的相对优势，劣中选优，优中选优。也就是“两利相权取其重，两弊相权取其轻”。例如：“如果两人都能制造鞋和帽子，其中一个人在两种职业上都比另一个人强一

① 邹来斌：《对外经济贸易理论与实务》，沈阳．东北大学出版社，1994年版，第14页。
② 刘尧飞：《西方古典国际贸易理论述评》，载《经济视角》（下），2010年第7期，第25~26页。

些，不过制帽时只强20%，而制鞋时则强33%，那么这个较强的人专门制鞋，而那个较差的人专门制帽，岂不是对于双方都有利么？”将这一道理推而广之，可以得出这样的结论：在比较优势的基础上，开展国际分工和贸易，就能给各国带来比较优势，从而能够提高世界范围的劳动生产率，增加世界财富。大卫·李嘉图的“比较优势理论”深刻地反映了资本主义上升时期经济外向发展的客观要求，为国际分工和贸易理论提供了比较完整的理论体系。①

比较优势理论在历史上曾起过进步作用。它为自由贸易政策提供了理论基础，推动了当时英国资本积累和生力的发展。在这个理论影响下，《谷物法》废除了，这是19世纪英国自由贸易政策所取得的最伟大的胜利。因此，比较优势理论在19世纪加速社会经济发展方面所起的作用是不容置疑的。但是另一方面，这个理论的出发点是认为这个世界是永恒的，是一个静态均衡的世界，是一个各国间、各经济集团间利益和谐一致的世界。他认为现存社会制度是当然的，资本主义国际分工和国际贸易是自然的永恒的现象，企图把工业国家的理论模式扩大到所有国家和社会。

（二）新古典对外贸易理论

新古典对外贸易理论中影响最大的是赫克歇尔和俄林的对外贸易理论。赫克歇尔和俄林理论的产生始于对斯密和李嘉图贸易理论的质疑。在斯密和李嘉图的模型中，技术不同是各国在生产成本上产生差异的主要原因，可是到了20世纪初，技术传播是一件很容易的事情，许多产品在不同国家的生产技术已非常接近甚至相同，但为什么成本差异仍然很大？赫克歇尔认为除了技术差异以外，一定还有其他原因决定各国在不同产品上的比较优势，而其中最重要的是各国生产要素的禀赋不同和产品中使用的要素比例不同，提出了建立在相对资源禀赋情况和生产中要素比例基础上的比较优势理论，俄林在赫克歇尔的基础上进一步发展了资源禀赋贸易学说。俄林的贡献可以概括为：揭示了区间贸易与国际贸易形成的原因；指

① 邹来斌：《对外经济贸易理论与实务》，沈阳．东北大学出版社，1994年版，第15页。

出了国际贸易中的生产要素禀赋的差异。[①]

由于亚当·斯密和大卫·李嘉图的优势来自于技术和劳动生产率的差异，而赫克歇尔—俄林的要素禀赋学说则认为相互依赖的多种生产要素旳差异是比较优势的源泉，因此要素禀赋学说是对亚当·斯密的绝对优势理论和大卫·李嘉图相对比较优势理论的扩展和补充。比较优势理论在基于偏好、技术和要素禀赋的一般均衡基本框架中得到系统的表达，此后的半个世纪一直在国际贸易理论中占绝对统治地位，被称为HO定理，后来由于萨缪尔森对这一理论的发展产生过重大影响，所以又被称为HOS定理。[②]

1933年，俄林发表了名著《域际和国际贸易》，俄林认为就某项工作而言，有些人的能力比另一些人强，不同的天资使一些人适合于做某项工作，另一些人适合于做他项工作。即使每个人的天赋才能都一样，长期从事一种职业或少数几种职业比每个人为自己生产全部产品更有利。俄林指出："地区同个人一样，在生产各种物品的便利条件方面，禀赋的差别也很大，原因之一是生产要素的供应有所不同。某一地区可能富于铁砂和煤，但只有少量的小麦耕地，而另一地区麦地很多，但缺少矿物资源的供应。显然，前者较适宜于生产铁砂，而后者适于种植小麦。因此，某地区生产要素的供给比例决定了该地区适合于什么样的产业。"HO理论指出，资本充裕的国家在资本密集型商品上具有相对优势，劳动力充裕的国家在劳动力密集型商品上具有相对优势，一个国家在进行国际贸易时，出口使用其相对充裕和便宜的生产要素的商品，而进口使用其相对缺乏和昂贵的生产要素的商品。

古典学派认为商品的价值是由生产商品所费劳动时间决定的，而以俄林为代表的新古典学派则反对这一学说。他们用在互相依赖的生产结构中的多种生产要素的理论代替了古典学派的单一生产要素的劳动价值理论。

---

① 祝孔海：《国际贸易理论演变及我国对外贸易政策的思考》，载《江西社会科学》，2004年第10期，第245~248页。

② 王世军：《比较优势理论的学术渊源和评述》，载《杭州电子科技大学学报》（社会科学版），2006年第2期第3版，第99~106页。

俄林把李嘉图的个量分析扩大为总量分析，不仅比较两国两种产品的单位劳动消耗差异，而且直接比较两国生产要素总供给的差异，从一国经济结构中的资本、土地、劳动等一些最基本要素来解释贸易分工的基础和贸易的格局。在各国参加国际分工、专业化生产的依据上，HO 学说比李嘉图的“比较优势理论”更为深入和全面，但是 HO 学说完全违背了劳动价值论。马克思主义认为，资本主义是一个剥削体系，资本的利润、土地的地租都是剥削收入。而俄林却认为它们都是正当的收入，每一类收入都代表着收入者对全部产品的“贡献”。他认为，地租是符合于土壤的自然肥性的，工资是符合劳动生产率的，利润是符合资本的生产率的。

（三）新贸易理论

在赫克歇尔和俄林的理论中，一国将出口密集使用其充裕要素生产的产品，所以贸易主要应该在存在一定要素禀赋差异的国家之间发生，即发达国家和发展中国家之间进行。但该理论与实际情况具有很大的反差，“二战”后，绝大部分国际贸易是发达国家与发达国家之间进行的横向贸易，而不是发生在有着较大要素禀赋差异的发达国家与发展中国家之间。而且大量的贸易是发生在同一行业和同类产品（如汽车，计算机等）之间，是同一产业内同类产品之间的交换，理论与现实存在着巨大的不一致。80 年代初以来，以保罗·克鲁格曼为代表的一批经济学家提出了一系列关于国际贸易的原因、国际分工的决定因素、贸易保护主义的效果以及最优贸易政策的思想和观点，被称为新贸易理论。起初新贸易理论旨在用实证的方法解释贸易格局，添补传统贸易理论的逻辑空白，后来发展成为以规模经济和非完全竞争市场为两大支柱的完整的经济理论体系。

克鲁格曼认为，各国并不一定因为本国的资源禀赋而参与国际分工，国际分工在一定程度是本国的历史、某个偶发事件和过去的政策的产物。国际贸易产生的原因也不完全是比较优势，而在很大程度上是由规模报酬递增驱动的。相当一部分国际贸易特别是经济特征相似国家之间的贸易，其产生的原因主要是报酬递增形成的国际分工，而不是国与国之间在资源禀赋上的差异。此外，某个偶发事件也作为一个形成国际分工模式的一个重要因素。①

1979 年克鲁格曼发表的《报酬递增、垄断竞争与国际贸易》一文从劳动力增长、贸易和要素流动三个方面考察贸易引发的市场规模扩大对封闭条件下均衡的影响，得出即使国家之间不存在偏好、技术和要素禀赋的差异，规模经济也可作为解释贸易产生的原因并从中获利的结论。1980 年克鲁格曼在《规模经济、产品差异和贸易模式》一文中证明一国某种产品的市场规模越大，其产量也就越高，同时也就越趋向于净出口该类产品，这就是著名的“母国市场效应”。1981 年克鲁格曼发表的《产业内分工与从贸易中获利》一文分析了要素禀赋相似程度与贸易类型的关系，指出国家之间禀赋越相似，两国间的贸易就越具有产业内贸易的特征，相反则产业间贸易模式将占主导地位，这表明新贸易理论与新古典贸易理论之间并不是对立的，而是互补的。②

克鲁格曼的新贸易理论最大的贡献是提高了理论解释现实的能力，克服了传统贸易理论所遇到的困境。最明显的就是新贸易理论能够解释产业内的国际分工，很好地吻合了现实中的贸易模式。同时，新贸易理论也说明了许多新兴产业和贸易模式的形成似乎更是一种偶然的机遇。克鲁格曼新贸易理论最突出的弱点就是在克鲁格曼的模型中所有的企业都是一样的，他没有考虑企业的异质性，对贸易开展之后企业之间的“竞争淘汰”效应和“规模变化”效应缺乏很好的解释，所以没有办法解释为什么有的企业规模会扩大，有的企业会被淘汰，也没有办法去解释贸易开放后由于企业优胜劣汰导致生产效率提高的好处。

（四）新兴古典贸易理论

新兴古典经济学是 20 世纪 80 年代以来由杨小凯等人创立的新的经济学流派。新兴古典经济学放弃了新古典经济学中生产者和消费者两分的假

---

① 王世军：《比较优势理论的学术渊源和评述》，载《杭州电子科技大学学报》（社会科学版），2006 年第 2 期第 3 版，第 99~106 页。

② 盛斌，王岚：《多样性偏好、规模经济和运输成本：保罗·克鲁格曼的世界——新贸易理论与新经济地理学评述》，载《经济科学》，2009 年第 3 期，第 74~83 页。

设，引入了专业化经济和交易费用作为核心概念，运用超边际分析的方法将古典经济学中最有价值的分工思想形式化，并在新的框架中将现代经济理论进行重新组织，对各种微观和宏观经济现象做出解释。

新兴古典贸易理论的代表性理论是内生性贸易理论。1992年，杨小凯提出随着交易效率不断改进，劳动分工演进会发生，内生比较利益会随着分工的发展不断被创造和增进，而经济发展、贸易和市场结构变化现象都是这个演进过程的不同侧面。杨小凯认为上述逻辑也是亚当·斯密关于不同专业之间生产率差别是分工的结果而不是分工的原因观点的正式表述。由此可知，一方面内生性贸易理论的观点继承了亚当·斯密的古典思想，另一方面该理论引入超边际分析的新工具，故此称之为新兴古典贸易理论。①

新兴古典贸易理论认为无论国内贸易还是国际贸易都是折衷专业化经济与节省交易费用之间两难冲突的结果。即使所有人（既是消费者，又是生产者）都天生相同，没有外生比较优势，只要存在专业化经济，每个人选择不同专业后都会产生内生比较优势。然而，生产专业化与消费多样化之间存在矛盾，只有通过贸易才能解决。而贸易又产生交易费用，当交易费用大于每个人的专业化经济时，贸易不能产生，在多样化需要的强制下，每个人只能回到自给自足状态。贸易产生的经济条件是分工经济大于交易费用，这时每个人就可以选择不同的专业，并通过贸易来满足多样化的需要，贸易便产生了。随着交易效率的不断提高，贸易由地区贸易发展为国内贸易，进而到国际贸易；如果存在多样化消费的好处，交易效率的改进会导致商品种类数的增加。一个社会的专业化程度、结构多样性、贸易依存度、商品化程度、经济一体化程度、生产集中度等组织结构问题都可以由此说明。

新兴古典贸易理论是内生动态比较优势模型，不仅将贸易原因内生化，还同时考察了分工演变的不同侧面，将产品种类、商业化程度、市场一体化程度、一国卷入贸易的程度、经济结构、收入分配、贸易政策等问题同时在模型中给出解释，把内生性贯彻到底。同时，模型中的内生比较

---

① 彭徽：《国际贸易理论的演进逻辑：贸易动因、贸易结构和贸易结果》，载《国际贸易问题》，2012年第2期，第169~176页。

利益会随分工的发展而不断被创造和增进，因此新兴古典贸易理论模型是动态优势模型。新兴古典贸易理论也存在缺陷，其最重要的缺陷在于贸易模式不确定，新兴古典贸易理论只能说明个人应贸易哪些专业化经济较大、交易条件较好的产品，但是哪个人或哪个国家买卖哪种商品是不确定的。①

（五）新新贸易理论

随着国际分工的进一步发展和企业活动国际化的深入，出现了以企业为核心的国际贸易新格局。当前国际贸易的现状是：大多数企业只供应国内市场，在服务国际市场的企业中，一部分采用出口贸易的形式，另一部分采用对外直接投资的方式；在生产组织上，一方面众多的企业采取内部化和一体化的生产结构，把产品生产的各环节和上下游产品都纳入企业内部以节约交易成本，另一方面企业又把部分生产环节外包出去。为什么会出现这些情况，以及这些情况对于企业的成长有什么作用，不同特征的企业会选择何种贸易和投资模式等等问题，以前的理论都不能够解释，这时就出现了以企业异质性、不完全竞争和规模经济为特征的新新贸易理论。②

梅里兹首次将企业生产率的差异内生到垄断竞争模型中，从而开启了贸易理论研究的新领域。梅里兹通过分析前人的研究成果构建了一个基于异质企业的贸易模型，也被称为梅里兹模型，它运用一般均衡框架下的动态产业分析方法扩展了克鲁格曼的垄断竞争贸易模型，从而成功将企业生产率内生到模型中，将贸易理论研究对象扩展到企业层面，形成了新新贸易理论的基本理论框架。新新贸易理论沿用了新贸易理论垄断竞争市场结构和规模报酬递增的假定，但放松了同质企业的假定，在最初的异质企业模型中，还假定了对称性国家和单一要素投入，但在最新的研究成果中，这些假定被逐渐放松。新新贸易理论的基本逻辑思路为：由于企业异质性的存在，贸易会导致市场份额在产业内企业间的重新配置，市场份额向高生产率企业靠近，而那些最低生产率的企业被迫退出，从而提高了行业生

① 李俊江，侯蕾：《新兴古典贸易理论述评》，载《江汉论坛》，2006 年第 9 期，第 30~33 页。
② 李春顶：《新—新贸易理论文献综述》，载《世界经济文汇》，2010 年第 1 期，第 102~117 页。

产率水平，这一效应在封闭经济中是无法实现的。

同传统贸易理论和新贸易理论一样，新新贸易理论也是研究国际贸易成因、利得与分配等基本问题。但新新贸易理论重点探讨单个企业的经营决策和行为模式，即企业是仅服务国内市场还是出口，抑或国外直接投资；企业是选择一体化还是外包。可见，新新贸易理论的研究内容是对传统贸易理论和新贸易理论的重要补充、完善和发展。新新贸易理论虽然对国际贸易理论研究做出了突破性贡献，但仍有一些方面需要进一步发展与完善。首先，需要系统梳理古典贸易理论、新贸易理论和新新贸易理论的内在逻辑关系，使国际贸易理论体系更加完善，解释能力更强，政策效应更好；其次，异质性企业模型和企业内生边界模型是新新贸易理论的主要内容，如何把二者有机结合起来，还有待于探讨；再次，新新贸易理论的隐含前提是国内市场交易成本小于国际市场交易成本，其真实性有待于进一步验证；最后，新新贸易理论主要以发达国家的企业为研究对象，其结论是否适用于发展中国家，特别是中国的现实，还有待进一步研究。①

第二节　中国对外开放理论与实践

中国对外开放理论是伴随着中国改革开放的实践而不断发展的。改革开放以来，中国始终坚持对外开放的基本国策，不断扩大开放格局，取得了举世瞩目的开放成果。中国对外开放的成功实践表明对外开放理论是适用于中国的国情的，对中国不断发展具有重要作用。

一、中国对外开放的历程

20 世纪 70 年代末期，中国所处的国际环境有了变化，国内也结束“十

① 孔欣，宋桂琴：《国际贸易理论新进展——新新贸易理论述评》，载《税务与经济》，2011 年第 5 期，第 16~21 页。

年动乱”。邓小平立足现实、纵观历史、横视世界，作出两个基本结论：“现在的世界是开放的世界”，“中国的发展离不开世界”。这也成为我们对外开放或者说我国把对外开放作为基本国策的最重要的依据。改革开放以来的对外开放可以划分为四个阶段：第一阶段是 1978–1996 年，这一阶段实施的是以“引进来”为主的开放战略；第二阶段是 1997–2006 年，这一阶段实施的是“引进来”和“走出去”相结合的对外开放战略；第三阶段是 2007–2012 年，这一阶段的对外开放原则是实施互利共赢的对外开放战略；第四阶段是 2013 年至今，这一阶段对外开放目标是推动形成全面开放新格局。

第一阶段：以“引进来”为主的开放战略（1978–1996）

1978 年 12 月，中共十一届三中全会召开，明确提出，“在自力更生的基础上积极发展同世界各国平等互利的经济合作，努力采用世界先进技术和先进设备”。1980 年中央工作会议邓小平正式使用了“对外开放”的表述。1981 年 11 月召开的五届人大四次会议上的政府工作报告，又进一步明确指出“实行对外开放政策，加强国际经济技术交流，是我们坚定不移的方针。”1982 年 12 月，对外开放政策被正式写入我国宪法。1984 年党的十二届三中全会把实行对外开放政策定为“长期基本国策”。1978–1996 年中国实行的是以“引进来”为主的开放战略。这一时期中国实施各种优惠政策。通过设立经济特区、开放沿海港口城市、设立沿海沿江沿边开放地点和设立各种保税区开发区等渠道，引进外方资金、技术、人才、管理经验等。

第二阶段：“引进来”和“走出去”相结合的对外开放战略（1997–2006）

1996 年 7 月江泽民在河北唐山考察工作时提出：要加紧研究国有企业如何有重点有组织地走出去，做好利用国际市场和国外资源这篇大文章。这是江泽民首次明确提出“走出去”的思想。1997 年 12 月 24 日，江泽民在接见全国外资工作会议代表时，首次把“引进来”和“走出去”作为一个重要战略提出来。江泽民指出：“‘引进来’和‘走出去’，是我们对外开放基本国策两个紧密联系、相互促进的方面，缺一不可。”2000 年 1 月

20日在中央政治局会议上，江泽民把抓紧实施“走出去”战略作为涉及党和国家工作全局、需要进一步研究和抓紧解决的七个重大问题之一加以论述。2001年底，中国正式加入世界贸易组织，标志着我国对外开放进入一个新的阶段，为我们实施“引进来”和“走出去”战略带来更多的机遇。2002年十六大报告指出：“坚持‘引进来’和‘走出去’相结合，全面提高对外开放水平。”2003年10月，党的第十六届三中全会通过的《关于完善社会主义市场经济体制的若干重大问题的决定》指出：“‘走出去’战略是建成完善的社会主义市场经济体制和更具活力、更加开放的经济体系的战略部署”。2005年，温家宝总理在政府工作报告中提出：“要进一步实施‘走出去’战略，加强对‘走出去’企业的引导和协调。”

第三阶段：互利共赢的对外开放战略（2007–2012）

早在1982年，党的十二大就提出，“按照平等互利的原则扩大对外经济技术交流，是我国坚定不移的战略方针。”1992年党的十四大强调：“我国坚定不移地实行对外开放，愿意不断加强和扩大同世界各国在平等互利基础上的经济、科技合作”。2002年党的十六大把“维护世界和平与促进共同发展”作为我们党在新世纪的三大历史任务之一。2005年党的十六届五中全会明确提出了“实施互利共赢的开放战略”，2006年“十一五”规划纲要又对此作出了进一步部署。2007年党的十七大全面阐述了坚持互利共赢对外开放战略的新思维和新蓝图，党的十八大更是强调我国将始终不渝奉行互利共赢的开放战略。由此可见，提出实施互利共赢的开放战略，是对过去一系列对外开放基本方针政策的继承和发展，表明我国将以更宽广的眼光谋划对外开放工作。

第四阶段：推动形成全面开放新格局（2013年至今）

党的十八大后，中国从过去的主要引进来，改变为主要走出去，以更加开放的姿态拥抱世界，形成了陆海内外联动，东西双向开放新格局。2013年十八届三中全会通过的《中共中央关于全面深化改革若干重大问题的决定》关于“构建开放型经济新体制”中明确了“建设全方位开放新格局”的战略目标。“全方位”是对新时代我国对外开放战略特征的高度总结与概括。2015年党的十八届五中全会提出打造陆海内外联动、东西双向开放的全面开放新格局，2017 年党的十九大报告进一步重申要发展更高层次的开放型经济，明确提出要推动形成全面开放新格局。这些重要论断和生动实践标志着我国已从过去那种被动适应式的开放转向更加积极主动的开放。我国国际影响力、感召力、塑造力进一步提高，为世界和平与发展作出新的重大贡献。

二、对外开放的成就与经验

改革开放以来中国对外开放成绩斐然：1978 年中共十一届三中全会的召开拉开中国改革开放的大幕，1979 年中央决定在深圳、珠海、汕头和厦门试办经济特区；1984 年中央决定进一步开放大连、秦皇岛、天津、烟台、青岛、连云港、南通、上海、宁波、温州、福州、广州、湛江、北海等 14 个沿海城市为开放城市；1985 年国务院决定在长江三角洲、珠江三角洲和厦漳泉三角地区开辟沿海经济开放区；1988 年国务院决定新划入沿海开放区 140 个市、县，包括杭州、南京、沈阳三个省会城市，同年七届人大一次会议决定设立海南省、建立海南岛经济特区；1992 年国务院批复设立上海浦东新区；2001 年世界贸易组织第四次部长级会议审议并批准中国加入世界贸易组织；2008 年第 29 届夏季奥林匹克运动会在北京举行，上海、天津、沈阳、秦皇岛、青岛、香港为协办城市；2013 年中国（上海）自由贸易试验区成立，同年中国国家主席习近平先后向世界发出建设丝绸之路经济带和 21 世纪海上丝绸之路的合作倡议；2015 年国际货币基金组织正式宣布人民币自 2016 年 10 月 1 日起加入国际货币基金组织特别提款权货币篮子；2017 年首届“一带一路”国际合作高峰论坛于北京举行；2018 年中国国家主席习近平出席博鳌亚洲论坛 2018 年年会开幕式并发表主旨演讲，宣布了一系列对外开放重大举措。40年的对外开放也积累了丰富的中国经验。

第一，始终坚持对外开放的基本国策不动摇。40 年来，无论国际风云如何变幻，无论国内出现什么情况，我们党都反复强调要毫不动摇地坚持对外开放基本国策。邓小平同志说，“改革开放是决定中国命运的一招”，“对外经济开放，这不是短期的政策，而是个长期的政策，最少五十年到七十年不会变，即使是变，也只能变得更加开放”。江泽民同志说：“实行对外开放，是中国推进现代化建设的一项重大决策，也是中国一项长期的基本国策。”在党的十七大报告中胡锦涛同志更加鲜明地指出：“改革开放符合党心民心、顺应时代潮流，方向和道路是完全正确的，成效和功绩不容否定，停顿和倒退没有出路。”习近平同志指出：“没有改革开放就没有当代中国的发展进步，改革开放是发展中国、发展社会主义、发展马克思主义的强大动力。”如今，开放与改革一样，已经成为建设中国特色社会主义、实现中华民族伟大复兴的必由之路。

第二，始终坚定走中国特色的社会主义道路。这一道路所包含的内容十分丰富，但要点主要是两个：一个是坚持社会主义方向，另一个是同时具有中国特色。坚持社会主义方向，主要就是坚持走共同富裕的道路，不能只是一部分人富裕，另一部分人贫困。尽管政府鼓励一部分人先富起来，但最终目标还是要实现所有的人都富裕起来，实现共同富裕。在中国特色方面，三个方面的特色尤其重要：一是中国所实行的一套政治制度与西方国家是不一样的；二是政府具有十分重要的作用，表现在促进经济、社会发展等各方面；三是源于中国历史、文化、传统中的因素对中国发展具有重要影响。

第三，始终坚持统筹国内发展和对外开放。中国的发展离不开世界，国内发展是实行对外开放的目的，对外开放是实现国内发展的手段；没有国内发展的开放是无意义的，甚至是危险的；没有开放的国内发展是无法实现的。40年来，我们始终坚持从长远发展出发，充分利用外部条件搞建设，大胆吸收和利用国外的资金、先进技术和管理经验，充分利用国际国内两个市场、两种资源，按照统筹国内发展和对外开放的要求，不断提高开放型经济水平，为现代化建设提供了强大动力。

第四，坚持在开放中维护经济安全，扩大开放与防范风险并重。处理好开放程度与承受能力的关系始终是我们的基本出发点。我们树立开放的安全观，既加快了开放进程，以开放提升产业技术水平和整体竞争力；又充分考虑到国内产业实际，避免出现大的外部冲击。我们坚持渐进、稳妥的开放策略，有效防范开放扩大后的国际经济风险。我们扩大开放时要充分考虑国内产业承受能力，由点到面，渐进式开放国内市场。在区域布局上，实行梯度推进，先沿海试点，后内地推广，确保对外开放稳步推进。发挥经济特区、经济开发区和沿海开放城市的先导和示范作用，为全国对外开放积累经验。[①]

第三节 精准扶贫与中国对外开放

对外开放不仅对中国经济发展产生了巨大影响，同时也对当前中国实施精准扶贫战略提供了新思路，各地在精准扶贫过程中越来越重视对外开放的作用，进行了很多成功实践。但是当前以对外开放推动精准扶贫也存在着一些困难和挑战，需要各方面积极合作，以对外开放思想创新扶贫模式，实现精准扶贫。

一、对外开放推动精准扶贫的路径

对外开放主要通过五种方式推动精准扶贫。一是对外开放拓展精准扶贫的国际交流空间，二是对外开放与精准扶贫互相促进，三是对外开放推动形成多元开放的扶贫新格局，四是对外开放有利于拓宽精准扶贫协同合作，五是对外开放理念是精准扶贫的重要保障。

第一，对外开放拓展精准扶贫的国际交流空间。在当前全球化广度与深度不断扩大与深入的发展大势下，精准扶贫工作也需要通过开放的国际平台与世界接轨。精准扶贫开发工作应在更大程度上争取国外的资金援助和技术支持，如在提倡扶贫主体多元化的脱贫攻坚进程中，我们需要尽可能地争取与国际 NGO 组织合作。开放发展能够促进贫困地区与国际区域间的交流与合作，为贫困地区脱贫空间争取更多的国外发展资源。如西南贫

① 王子先:《中国对外开放与对外经贸 30 年》，北京．经济管理出版社，2008 年版，第 80 页。

困地区，特别是广西、云南等省份具有面向东盟地区独特的区位优势，可以通过国际区域合作拓展精准扶贫的交流空间。

第二，对外开放与精准扶贫互相促进。习近平早在主政宁德时就说过：开放政策与扶贫开发是彼此融合、互相促进的。一方面，扶贫开发可以为对外开放提供良好的投资环境和夯实的物质基础；另一方面，对外开放又反过来促进资源的流动、整合和利用，有利于贫困地区将区位优势转化为资源优势，从而推动扶贫开发工作迈向新台阶。除此之外，扶贫开发的国际合作也是开放发展理念融入扶贫开发的又一体现。要加强与发展中国家、发达国家和国际机构在减贫领域的交流合作，以更加开放、虚心、包容的心态，借鉴和引入国际先进减贫理念与经验。①

第三，对外开放推动形成多元开放的扶贫新格局。开放不仅是一种发展理念，更是当下扶贫开发的时代潮流。而在精准扶贫的推行之中，贯彻开放的发展理念则更能推动多元开放的扶贫新格局：首先，开放不同组织间多元格局，全面调动社会企业与非盈利组织等非政府组织参与到新一轮的扶贫攻坚之中，打破政府孤军奋战的尴尬局面；其次，开放不同国家间的多元格局，加大与其他国家和国际组织间的合作交流，积极参与各项扶贫合作，推动先进扶贫经验与国际资源的相互流动；最后，开放不同区域间的多元格局，少数民族地区的扶贫发展更需要打破地区隔阂，团结一致共同前进，力图以全新的扶贫格局开展全新的扶贫工作。②

第四，对外开放有利于拓宽精准扶贫协同合作。通过对现阶段整体状况分析可以了解到，我国呈现着市场经济全球化发展的趋势，在这种趋势之下要想不断的提升精准扶贫工作质量与效果，必须要具有一定的开放发展理念，要综合社会资源与力量，拓展各种渠道与模式，通过对政府、国际组织等社会力量的整合，增强精准扶贫的力量，拓展精准扶贫的规模，进而构建一个多元化的精准扶贫模式，提升精准扶贫工作质量与效果。因

① 谢卓芝，程真：《全面建成小康社会以五大发展理念融入扶贫开发伟大实践》，载《实事求是》，2016年第5期，第16~20页。

② 祝慧，莫光辉，于泽堃：《新发展理念与少数民族地区精准扶贫的契合及实践策略——精准扶贫绩效提升机制系列研究之四》，载《改革与战略》，2016年第12期，第43~47页。

此，精准扶贫应秉持开放的扶贫发展理念，打造多元化的社会帮扶脱贫体系，这样既能够广泛吸取社会扶贫资源，又能够激发扶贫工作的现实活力，而且能够提高精准扶贫的工作效率。当前，精准扶贫工作应吸引更多优势资源，改变以政府主宰的传统扶贫模式，以开放参与的姿态，达到多元协同参与扶贫格局。应全面调动一切社会资本与发展资源参与到新一轮的扶贫攻坚之中，以期改变以往主体单一的扶贫模式，此外紧抓“一带一路”的战略机遇期，充分发挥扶贫地区核心区的优势，以开放包容的姿态加强区域间合作交流，强调“走出去”与“引进来”并重，打造开放扶贫窗口，建立内外交互的精准扶贫、脱贫体系。①

第五，对外开放理念是精准扶贫的重要保障

开放理念指导精准扶贫工作，就是必须要在精准扶贫中保持积极开放的姿态、状态和心态，这样才能在开放的环境中推进各项政策、举措和信息的开放透明，推进各项制度体系的不断完善，使精准扶贫的运行和实施更有公信力和保障力。首先，姿态的开放为精准扶贫赢得了广泛的舆论支持。国内会议和新闻媒体持续关注和报道精准扶贫的现实进展、存在的不足和有益经验等。这种国内外客观评价多年来扶贫成果、积极承认贫困现实、下定决心扶贫攻坚的开放姿态，不仅表明中国的真实坦诚，有利于国际社会更好地认识中国发展的整体状况，而且有益于推进国人认清现状，激励国人自尊自进，团结一致参与扶贫，这些都为精准扶贫的开展创造了良好的舆论环境，赢得了广泛的舆论支持。其次，管理的开放为精准扶贫提供了坚实的制度保障。一项措施的有效落实和最终效果的实际取得，关键在过程的有效管理，而有效管理将使开放透明的制度成为精准扶贫的充分保障。国家多年来积极探索扶贫县考核、约束、退出机制改革，并不断完善对扶贫工作的资金管理和对扶贫工作者的管控机制。这种着力创新扶贫考核机制、谋划制度保障的举措体现着管理全过程的开放，而这种开放

① 王永鹏，周建鹏，李文文：《五大发展理念视域下新疆精准扶贫路径探析》，载《牡丹江师范学院学报》（哲学社会科学版），2017 年第 2 期，第 74~79 页。

的举措也必将有效约束不良行为、取得实际效果。①

二、以对外开放推动精准扶贫的政策建议

为了更好以对外开放推动精准扶贫，可以从以下四个方面进行改进。一是形成政府力量和社会力量有机结合的新的组织推动机制，二是建立适应精准扶贫的合作与对口扶贫方式，三是着力培育支柱产业，增强贫困地区“造血功能”，四是引进先进发展模式、科学技术手段。

第一，形成政府力量和社会力量有机结合的新的组织推动机制。精准扶贫与传统扶贫相比，强调要精准满足贫困农户的个人需求，实现扶贫工作持续性地进村入户，这必然大幅度增加扶贫工作量，仅仅依靠扶贫部门极为有限的力量显然是力所难及。因此，在实施精准扶贫过程中，不能继续单一依靠有限的行政力量，必须拓宽视野，着力构建开放式的大扶贫工作新格局，形成政府力量和社会力量有机结合的新的组织推动机制。当前的关键是要以扶贫部门为主导，积极孵化和培育与扶贫相关的社会组织，通过政府购买服务、政府与社会组织合作等多种形式，解决实施精准扶贫过程中必然面临的组织资源供求严重失衡的矛盾。

第二，建立适应精准扶贫的合作与对口扶贫方式。深化集团扶贫、区县结对、定点扶贫、东西协作等对口帮扶机制，探索“项目+资金+政策+人才+服务”综合模式，调动更多力量参与扶贫开发。完善对口帮扶工作机制。巩固中央国家机关定点帮扶制度，深化渝鲁东西扶贫协作，继续实施对口帮扶政策，研究出台针对性帮扶举措，加大对特殊困难区县的定向帮扶力度。发挥市级扶贫集团牵头部门统筹协调作用，充实帮扶力量。发挥“万企帮万村”等对口扶贫方式的活力与优势。

第三，着力培育支柱产业，增强贫困地区“造血功能”。主要包括全力发展特色效益农业，积极发展生态、绿色、效益农业，促进贫困群众持续增收，探索龙头企业与贫困农户建立利益联结机制，支持发展配套加工产

① 贾蕾:《浅析五大发展理念在精准扶贫中的地位和作用》，载《北京农业职业学院学报》，2017年第1期，第53~58页。.

业，支持贫困区县发展产出强度和产业集中度较高的特色生态工业园，促进贫困农户稳步增收；大力发展特色旅游产业，整合旅游、扶贫、民族发展等资金支持乡村旅游扶贫。扶持贫困地区乡村旅游、生态旅游、休闲旅游发展，形成开发一片景区、带动一方发展的格局，建设美丽田园和美丽乡村，力争贫困区县旅游业成为当地经济支柱产业；积极培育新型科技产业，完善科研院所与贫困区县对接机制，支持市内外科研院所、高等院校在贫困区县建立分院和试验站，支持贫困区县技术推广和品种改良，选派科技特派员团队，培育科技型小微企业，推进农村信息化建设。

第四，引进先进发展模式、科学技术手段。坚持开放式精准扶贫要引进先进发展模式、科学技术手段，解决贫困地区发展水平低、力量弱、人才缺等制约拔穷根的根本问题。贫困地区农村应通过与企业的合作，引进旅游扶贫、光伏扶贫、构树扶贫、智力扶贫等多种资源。特别是要重视"互联网+"扶贫。许多贫困地区的风景、资源和产品都是独具特色的，养在深山人未识。互联网出现后，很多地区又感叹了解世界很容易了，但让世界知道自己很难；买世界很容易了，但卖世界很难了。也就是说"互联网+"扶贫并非是自然而然的，需要业界各方来帮助和支持，才能把农村绿色的、有机的产品让更多的城里人知道，卖到城市中去，增加贫困群众的收入；才能把贫困地区的青山绿水、人文风情、历史遗迹介绍到各个城市中去，介绍到海内外去，吸引更多的城里人走进大山，走进少数民族风情区，走进革命老区，走进祖国的边疆，为老少边穷地区集聚人气；同时还可以把贫困村、贫困户的需求放到互联网上去，对接互联网上经济较为发达地区有参与公益意向的群体这一资源，使"互联网+"扶贫不仅可以为贫困地区带来巨大的经济效益，还能带来显著的精准扶贫的社会效益。[①]

（本章撰稿人：刘艳梅、陈琦）

---

① 傅春荣：《精准扶贫需要开放思维》，2016年3月21日，《中华工商时报》。

第八章　精准扶贫与制度供给

制度是决定一国经济发展的关键要素。一套有效的制度安排，能够鼓励经济行为主体把自身的资源禀赋投入生产、交换、创新等创造财富的活动中，而无效的制度安排则会加剧社会的无序和财富的再分配，降低经济的运行效率。中国在经济转型进程中通过一系列行之有效的制度供给和制度创新，促进了新旧体制的平稳转轨，并且为经济社会的持续快速发展提供了重要的“制度红利”。在四十年的转型进程中，中国也逐步探索出一条具有中国特色的扶贫开发道路，为全球的扶贫减贫事业做出巨大贡献，为人类最终战胜贫困提供了中国智慧和中国方案。

第一节　发展经济学中制度供给理论

制度对于一国的经济发展至关重要。如何通过国家和社会的良性互动，不断提供有效的制度安排，增强制度对人的激励作用，促进资源的高效配置，成为发展经济学日益关注的一个重要研究课题。本节主要对制度的内涵、构成、主要功能以及制度供给的动因、主体和方式等问题进行探讨，从而为研究中国经济发展进程中的制度供给问题提供理论分析工具。

一、制度供给的内涵及其动因

所谓制度是指约束人们行为的一系列规则，它有助于抑制经济活动中的机会主义行为，使人们易于形成可预期的行为范式与利益激励机制，从而促进劳动分工、形成社会福利与经济发展。人类社会的制度安排不是一成不变的，而是会根据经济社会发展环境而不断发生变化。对于制度供给，新制度经济学家有很多论述，大致包含以下几个方面的内容：制度供给是一个制度创新的过程，制度创新一般是指制度供给主体通过建立新的制度从而获得追加利润的活动，主要包括三个方面：一是反映特定组织行为的变化；二是指这一组织与其环境之间的相互关系的变化；三是指在一种组织的环境中支配行为与相互关系的规则的变化。制度供给是指能够使制度创新者获得追加利益而对现有制度进行变革的种种措施和对策。制度供给是在既定的宪法秩序和规范性行为准则的约束下，制度供给主体解决制度供给不足，从而扩大制度供给的获取潜在收益的行为。制度供给是由产权制度创新、组织制度创新、管理制度创新和约束制度创新这四个方面的内容构成。制度供给既包括根本性制度环境的变革，也包括在制度环境不变的前提下具体运行的体制模式的转换。制度供给是一个制度不断演化的过程，包括新制度对旧制度的替代，原有制度的转化以及制度交易的过程。①

新制度经济学认为，制度供给行为之所以会发生，根本原因在于改变原有的旧制度或者创造新的制度能够给制度供给主体带来新的经济收益，当这种收益超过制度变迁花费的成本时，制度供给行为就可能发生。诺斯和戴维斯在研究制度变迁与美国经济增长问题时指出，通过制度变迁获得潜在收益的原因主要包括四个方面：一是获取规模经济效应。生产中的规模经济是一种技术现象，它反映出这样一个事实，最有效的（单位成本最低）的产出可能需要企业的规模很大，以至于要求有比单个所有者或合伙制形式能够负担的费用更大、组织更为复杂的企业。例如，在 19 世纪后半期的美国，技术变迁需要大规模生产以降低制造成本，同时，传统的业主制和合伙制企业由于资本供给有限，因而制约了这些组织形式扩张成大规模企业。为了获得规模经济效应带来的潜在收益，公司制被创造出来，以便增加企业资本，并通过创新将潜在的外部利润内部化，从而获取全部规

---

① 卢现祥：《新制度经济学》，武汉大学出版社，2004 年版，第 144 页。

模经济优势；二是将外部性内部化的需要。如果潜在利润（或增加产出的成本）不是由做出产出决策的单位来获取或承担的，“外部性”一词就是指有些成本或收益对于决策单位是外在的事实。无论这些外部成本和收益何时存在，它们都无助于市场产生最有效的结果。在这种情况下，一些允许对所有成本与收益进行计算的（无论是私人的还是外部的，即社会的）新的制度安排将会增加社会总的净收益。专利制度的出现，正是为了使发明者的私人收益与发明给社会带来的收益相一致，从而鼓励更多的创新行为；三是规避风险的需要。风险的有些形式在未来的交易中是不可能做出准确预测的，因而是削弱经济活动的一个重要因素。如果有些能够克服厌恶风险倾向的机制被创新出来，总利润就有可能增加，或者使得风险的结果相应于所获得的收益表现得更为确定，这通常需要通过发展一些专门的市场来实现，或者通过保险；四是降低交易费用的需要。新古典经济学假定所有市场是完全的，因而可以通过市场交易实现资源的最优配置。但是在现实中，由于信息不对称或不完备，导致市场具有较高的交易成本。如果通过制度创新，缓解信息不完备问题，降低信息成本，从而可以改善市场运行效果，提高资源配置效率。①

林毅夫指出，制度供给往往是由于制度非均衡状态所导致的。均衡是各种力量在某一时点上的平衡。所谓制度均衡，就是人们对既定制度安排和制度结构的一种满足或满意状态，因而无意也无力改变现行制度。但是随着经济社会发展环境的变化，制度均衡状态会被打破，从而从制度均衡走向制度非均衡。从某个起始均衡点开始，有四种原因可以引起制度非均衡：一是制度选择集合的改变。如同生产的可行性技术计划是由自然科学方面的知识决定一样，提供特定制度服务的可行性制度安排集合，也取决于我们在社会科学方面的知识。社会科学的进步能够改进人心的有界理性，因而不仅能提高个人管理现行制度安排的能力，而且还能提高他领会和创造新制度安排的能力；二是技术的改变。马克思认为，社会制度结构基本上以技术为条件。在《政治经济学批判》序言中，马克思指出：“社会

① 戴维斯，诺斯：《制度变迁的理论：概念与原因》，载 R. 科斯等著《财产权利与制度变迁——产权学派与新制度学派译文集》，上海三联书店，1994 年版，第 276–291 页。

的物质生产力发展到一定阶段，便同它们一直在其中活动的现存生产关系或财产关系（生产关系的法律用语）发生矛盾。于是这些关系便由生产力的发展形式变成生产力的桎梏，那时社会革命的时代就到来了。随着经济基础的变革，全部庞大的上层建筑也或慢或快地发生变革。”三是要素和产品相对价格的长期变动。要素和产品相对价格的长期变动，是历史上多次产权制度安排变迁的主要原因之一。某种要素相对价格的上升会使这种要素的所有者相比其他要素而言获得相对更多的利益。某种产品价格的上升，也会导致用来生产这种产品的要素的独占性使用更具吸引力。中世纪欧洲的从对人的产权到对土地的产权的转变，按照诺斯和托马斯的观点是人口和土地稀缺性增加导致土地相对价格提高的结果；四是其他制度安排的变迁。某个制度结构中制度安排的实施是彼此依存的。因此，某个特定制度安排的变迁，可能引起对其他制度安排的服务需求。正如刘易斯所说的那样：“一旦制度开始变迁，它们会以一种自动强制实施的方式发生变迁。老的信念和制度在变化，新的信念和制度彼此之间，以及新的信念和制度与相同方向上的未来变迁之间都逐渐变得调和一致。”①

获取潜在的经济收益是经济社会主体实施制度供给行为的重要动因，但是制度供给能否在实际中发生，还要受到制度供给成本的影响。每一项能够带来收益的制度安排都需要耗费成本，但是由于不同制度供给主体所具有的主观效用函数和约束条件各不相同，因此他们对某一项制度安排的收益和成本可能做出不同的效率评价。对于制度供给的成本和收益可以从不同角度做出评价：第一，个体成本和收益。这是从家庭、企业或某个利益团体的角度来衡量某项制度安排的成本和收益。该项安排可能给他们带来更多近期或远期收益，如更高的货币收入，企业的利润留成额增加，更大的自主权等，但也要为此付出相应的代价，如可能在增加货币收入的同时减少了非货币收入，工作更紧张，承担的风险增大等。只有在收益大于成本的条件下，微观经济主体才会产生制度创新的需求或对由政府安排的制度创新持赞同的态度。第二，社会成本与收益。这是从微观经济主体相

① 林毅夫：《诱致性变迁与强制性变迁：关于制度变迁的经济学理论》，载 R. 科斯等著《财产权利与制度变迁——产权学派与新制度学派译文集》，上海三联书店，1994 年版，第 384~389 页。

互联系的角度，考察某项制度安排为社会全体成员带来的收益和付出的成本。其社会收益主要表现为国民收入的增加和收入分配更加公平；其社会成本可分为两类：一是自改革过程开始之后一切由体制决定的“信息不完全”、“知识”不完全、制度预期不稳定所造成的效率损失，即实施成本；二是由新制度规则的引入所引起的人与人之间的利益冲突所导致的经济损失，即摩擦成本。摩擦成本存在于改革的“非帕累托改变”，在改革中失去既得利益或相对收入增加缓慢的一方会阻碍制度创新，阻力增大，摩擦成本增高。在一个分散型决策体制中，社会净收益大于零一般会诱发制度创新。第三，政治成本与收益。这是从权力中心的角度衡量的某项制度安排的成本与收益。政治规则主要不是按照效率原则确立的，它还受到政治、军事、社会、历史和意识形态等因素的影响。制度创新的政治收益主要表现为：因给予微观经济主体更大的政治或经济自由而强化了激励机制，导致更多的社会总产出，这不仅有利于增加财政收入，而且有利于国力增强，进一步有利于获得人民的政治支持和加强在国际政治经济中的谈判力量。但由此带来的政治代价也是明显的，如权力的扩散弱化了权力中心所下达指令的权威性，为控制代理人的偏差行为需支付更多的费用，经济自由化所诱发的多元化政治力量可能会对权力中心的执政地位产生某种潜在威胁，由利益关系调整引发的社会不稳定因素所产生的不安全感等。只有在制度创新的预期政治收益大于政治成本时，权力中心才会主动推进改革进程。①

总之，从经济学的角度来考虑，只有一种制度建立的收益超过成本的时候，推动制度变迁才是有效率的。一般而言，我们可以将一项新制度建立的条件归纳为制度变迁的预期净收益超过预期成本。制度变迁的预期净收益是指新制度建立后所实现的收益（R）减去实施制度变迁的成本（C_1），这一成本包括拆除旧制度的成本，设计、组织、推动制度变迁的成本，制度变迁带来的损失等。制度的预期成本是指维持新制度正常运转的成本（C_2）。制度变迁发生的条件可以用公式加以表示：$R-C_1 \geq C_2$。②

---

① 杨瑞龙：《论制度供给》，载《经济研究》，1993 年第 8 期。

② 黄秋菊：《经济转型进程中的国家制度能力演进》，经济管理出版社，2012 年版，第 44 页。

二、制度供给的主体和方式

从制度供给主体角度出发，制度变迁主要有两种方式。一种被称为“诱致性制度变迁”，主要是指现行制度安排的变革或替代，或者是新制度安排的创造，它由个人或一群（个）人，在响应获利机会时，自发倡导、组织和实行的。[①]诱致性制度变迁主要具有以下特点：第一，从制度供给的主体看，诱致性制度变迁的主体是一个人或一群人。因而作为制度变迁“初级集团”的行为具有明显的个人利益幼稚性。由于制度不均衡而产生了新的获利机会，对制度变迁的主体而言，预期收益大于预期成本是诱致性制度变迁发生的基本条件。第二，诱致性制度变迁具有自发性。诱致性制度变迁是相关的利益主体对新的获利机会的一种自发反映。这使其对制度变迁的结果往往缺乏明确的预期和自觉的变迁路径选择。因此，幼稚性制度变迁的过程是一个不断试错的过程，而其过程的绩效又往往取决于制度变迁的主体自身的素质及行动能力和环境。第三，诱致性制度变迁是一个渐进的制度改进过程。由于诱致性制度变迁起源于个别人的制度创新行为，因此，从制度变迁的角度看它必然是一个缓慢的渐进过程，影响其进程的基本因素，一是有制度创新主体提供的制度模式，二是受技术、市场及利益制约所决定的对新的制度模式的仿效效应。从经济制度发展的本质上看，诱致性制度变迁是经济制度变迁的基本和主导形式。

与诱致性制度变迁相对的另一种制度供给方式是强制性制度变迁。所谓强制性制度变迁是指，在国家和政府对制度变迁的目标模式具有理性认知的基础上，由政府通过法律和命令自上而下进行的制度变迁。与诱致性制度变迁相比，强制性制度变迁具备如下特点：一是强制性制度变迁的主体是国家和政府，制度供给是国家的基本功能之一；二是强制性制度变迁的效应与社会整体的财富最大化可能不一致。对国家而言，制度变迁的预期函数中除了经济因素外，还有政治因素等。如果一项制度变迁虽符合经济合理性原则，但却可能降低其他效用，特别是可能威胁统治者的政治稳

① 林毅夫：《诱致性变迁与强制性变迁：关于制度变迁的经济学理论》，载 R. 科斯等著《财产权利与制度变迁——产权学派与新制度学派译文集》，上海三联书店，1994 年版，第 384 页。

定时，虽然社会具有进行制度变迁的要求，但国家仍可能会继续维持无效率的制度模式或制度不均衡状态，而不去推行制度变迁或不允许实行新的制度安排；三是强制性制度变迁的绩效受诸多因素的影响。统治者的偏好及理性程度，国家的安全状况等因素都可能影响制度变迁的路径选择或对制度变迁的绩效产生影响。①

尽管由国家强制推动制度变迁，有助于克服由民众个体采取的诱致性变迁所导致的“搭便车”行为弥补自发制度供给的不足，但是在现实中，由于多种因素的影响，也可能出现国家维持一种无效率的制度安排或国家不能采取行动来消除制度的非均衡，这两种情况都属于政策失败。林毅夫认为，导致国家或政府政策失败的原因主要有以下五个方面：首先，一个国家的统治者的偏好是多元的，如财富最大化、权力最大化、国际威望最大化，这些偏好可能与社会利益相一致，也可能与之相背离。因此，有时一国的统治者有可能会为了满足自身的偏好，而采取牺牲国民福利的政策，从而导致制度供给失效。即便统治者想要采取与社会利益一致的政策，但是受理性有限的制约，以及了解制度不均衡及设计、建立制度安排的信息过于复杂，因而无法矫正现实中的制度供给不足；二是意识形态刚性约束。如果选民对统治者权威和现行制度安排的公平性有较强的认同，那么统治国家的交易费用就会下降。因此，统治者将发展一种服务于他的目的的意识形态。随着制度非均衡的出现，意识形态与现实之间的差距在凸显，但为了恢复均衡而强制推行制度安排并改变原来的意识形态，很可能会伤害统治者权威的合法性。因此，统治者可能不是去创造新的制度安排，而是去维持旧的无效率的制度安排；三是官僚机构问题。国家的统治者需要依靠官僚机构来执行法律和维持秩序、征收税款、惩处犯罪、保卫国家主权和提供公共服务。统治者效用最大化以及建立有效制度安排的能力，取决于有多少个官僚机构可以把统治者的目标视为它们自己的目标。官僚机构问题的存在恶化了统治者的有界理性，并增加了统治国家的交易费用，从而导致有效制度难以建立起来；四是利益集团冲突。制度安排的

① 林毅夫：《诱致性变迁与强制性变迁：关于制度变迁的经济学理论》，载 R. 科斯等著《财产权利与制度变迁——产权学派与新制度学派译文集》，上海三联书店，1994 年版，第 376 页。

变迁通常会在不同的利益群体之间重新分配财富、收入和政治权力。如果变迁中的受损者得不到补偿，他们将会明确反对这一变迁。一个强有力的集团也可能促进那些有利于这个集团收入再分配的新制度安排，尽管这种变迁将损害经济增长；五是社会科学知识的局限性。制度安排的选择集合受到社会科学知识储备的束缚。即使政府有心建立新的制度安排以使制度从不均衡恢复到均衡，但由于社会科学知识不足，政府也可能无法建立一个正确的制度安排。①

第二节　中国经济转型中制度变迁与制度供给

20 世纪 80 年代末、90 年代初，包括前苏联、东欧和中国在内的 30 多个国家踏上从计划经济向市场经济转型的道路。经济转型无疑是一个大规模制度变迁的过程，其变革不仅涉及经济领域，也涉及政治、社会、文化等各个领域。不仅包括正式制度的变迁，也包括非正式制度的变迁。由于各国的经济社会发展状况以及历史文化传统各不相同，各个国家在经济转型中选择了不同的改革方式和制度变迁模式。中国在经济转型过程中根据本国国情选择了一条稳健有效的渐进式改革道路，在此过程中探索和创新出一系列新的制度安排，不仅建立起社会主义市场经济体制，还走出一条独具特色的中国发展道路。中国经济转型所走过的路径和取得的优良绩效，生动诠释了制度变迁与经济发展之间的内在关系。

一、经济转型的两种模式

从社会主义国家的实践看，经济转型主要体现为四个相互关联的过程：一是经济体制的转变。从支撑计划经济体制的一整套制度安排转向支

---

① 林毅夫：《诱致性变迁与强制性变迁：关于制度变迁的经济学理论》，载 R. 科斯等著《财产权利与制度变迁——产权学派与新制度学派译文集》，上海三联书店，1994 年版，第 397–400 页。

撑市场经济体制的制度安排；二是经济运行机制的转变。从国家以强制性的指令性计划和非物质激励机制协调资源配置和经济活动，转向以价格、供求、竞争等市场机制和包括物质激励在的多种激励机制来进行资源配置和调节经济运行；三是经济结构的转变。从畸形、单一、僵化、封闭的经济结构转向正常、多元、灵活、开放的经济结构；四是经济发展方式的转变。从外延式、粗放型、非均衡的发展方式向内涵式、集约型、均衡、可持续的发展方式转变。[①] 从制度变迁的角度来看，经济转型的动因主要在于传统计划经济体制的运行成本过高，制度运行效率呈现边际递减状态，主要体现为：微观经济主体缺乏有效的激励机制，导致资源配置效率降低，整个经济缺乏创新发展的动力；宏观领域出现经济增长速度持续下滑，经济结构严重失衡，民众生活水平长期得不到改善。这种状况表明，计划经济体制的制度成本大大超过制度收益，因而出现了制度的非均衡状态。只有通过制度变迁，逐步过渡到一种新的体制，才能将潜在的收益内部化，实现从一种制度均衡状态向另一种制度均衡状态的过渡。

表 8.1　经济转型的两种模式

	激进式转型	渐进式转型
目标模式	美英自由放任的市场经济模式	符合自身国情的市场经济模式
转型方式和速度	“深渊不能分两步跨越”，抓住窗口期快速推进	“摸着石头过河”，小步慢跑式地循序渐进地推进
改革顺序	全方位、一次性推动政治、经济、社会等各领域变革	以经济改革为重点，安排好各项改革的顺序
对待传统体制的态度	与传统体制彻底决裂，砸烂旧世界、重建新世界	客观评价传统体制，增量改革与存量调整并行，确保改革的低成本、稳定性

从不同国家设定的转型目标的模式、转型的方式和速度、制度的改革顺序等维度出发，我们可以将经济转型划分为两种模式（如表 8-1 所示）。一种经济转型模式被称为是激进转型模式，这种模式的主要特点表现为：一是转型的目标模式明确，即以美国和英国为代表的盎格鲁—萨克

① 张慧君：《“中国模式”的政治经济学研究——基于国家构建与经济转型的分析视角》，中共中央党校出版社，2017 年版，第 24~25 页。

逊式的自由放任的市场经济。二是在转型方式和速度方面体现为采取快速转型的方式，抓住转型的机会之窗迅速推进变革，实现从计划经济体制到市场经济体制的“跳跃”。正如俄罗斯人所说的一句谚语：“深渊不能分两步跨越。”三是从改革的顺序看，全方位、一次性推进所有领域的改革，政治、经济、社会、文化等制度变革齐头并进。四是从对待传统经济体制的态度看，激进式转型对传统计划经济体制持彻底否定态度，主张与旧体制彻底决裂，只有完全摧毁旧世界，才能重建一个新世界。在现实中，这种经济转型模式以俄罗斯、波兰、捷克、匈牙利等转型国家为代表；另一种经济转型模式被称为渐进式转型。与激进式转型相比，渐进式转型的特征主要体现为：一是从转型的目标模式看，并没有先验地将某种已有的市场经济作为明确的目标模式，而是主张在不断引入市场机制的过程中，探索出一条符合自身国情的市场经济体制。在现实中，不存在一种唯一的、最优的市场经济，只有与本国国情相适应的、最适宜的市场经济。二是从转型方式和速度看，渐进式转型认为制度变迁需要一个长期复杂的演化过程，转型不是赛跑，不是看谁先冲过终点。新旧体制之间存在着巨大的制度鸿沟，不可能实现新旧体制的一步跨越。由于缺乏成功的经验，转型必然是一个“摸着石头过河”的过程，通过小步慢跑的方式逐步实现体制的转轨。三是从改革的顺序看，首先以经济体制改革为重点，推进社会变革，着力解决制约经济发展和民众生活水平提升的关键问题，使大多数人在改革中受益，从而为改革的持续推进赢得足够的支持，形成不断推动改革的内在动力。在经济体制改革的基础上，稳步有序推进政治、经济、社会等领域的改革，使各个领域的改革形成一种相互匹配、协调互动的态势。四是在对待传统体制的态度方面，渐进式转型秉持一种客观的历史主义态度，主张全面客观地评价传统计划经济体制，既要看到传统体制的内在缺陷，又要肯定传统体制在建立现代国民经济体系基础和推进国家现代化进程中的重要作用。在转型过程中，采取增量改革与存量调整并行的方式，将体制转轨打造成一个前后相继的连续过程，防止出现体制断裂形成的“制度真空”，确保将转型的成本保持在最低限度内。以中国、越南为代表的东亚转型国家则是采取渐进式转型的典型。

二、中国经济转型中制度变迁的路径轨迹

由于中国采取了渐进式转型模式，与俄罗斯等激进转型国家不同，中国经济转型中的制度变迁明显呈现出阶段性演进的特征。沿着时间的纵向维度，我们可以把中国的经济转型与市场化改革大致划分为五个阶段。[①]

第一个阶段是以农村改革为重点的经济改革起步阶段，时间大致为1978年至1984年。1978年，在上层执政者展开“思想解放”运动的同时，基层社会已经开始自发的改革试验，家庭联产承包制的秘密试验揭开了农村改革的序幕。由于农业和农村领域是既得利益和垄断租金最少的领域，因而偏离旧体制的改革不会导致许多人受损，反而会使大多数人受益，这是一种近乎于“帕累托改进”式的改革，从而比较容易推动。家庭联产承包制的推行，无疑是将市场机制引入计划经济体制外围的一次重要尝试。这个改革的实质是部分地赋予了农户财产权利，即在保留土地集体所有权不变的基础上，给予农民对剩余农产品的支配权，允许他们凭借自身的辛勤劳动致富，从而提供了强有力的激励机制。同时，由于对农产品的收购体制和价格控制体系逐步放松，价格和供求等市场机制和经济杠杆开始发挥调节资源配置和农产品生产的功能。

在农村改革稳步推进的同时，城市中的国有企业也开始试行扩大经营自主权、增加利润留成等形式的“放权让利”改革。为了解决返城知青和城市待业青年就业问题，政府默许个体经营、开办集体所有制企业，逐步发展出多种所有制经济成分。此外，在沿海地区创建“经济特区”，实行特殊政策的做法，也打开了对外开放的大门，外资经济也得到一定程度的发展，这也为市场机制的发育创造了有利条件。随着这些改革的实施，国家对于市场的认识也在逐步发生变化。1982年，中共十二大报告正式提出“计划经济为主、市场经济为辅”的改革原则，改变了长期以来将计划与市场视为水火不容的传统认识。不过，受特定制度环境约束以及思想认识上

① 张慧君：《“中国模式”的政治经济学研究——基于国家构建与经济转型的分析视角》，中共中央党校出版社，2017年版，第115~119页。

的限制，这一提法仍然强调了计划经济的基础和主导性作用，市场机制仅仅具有从属的补充作用。[①]

第二个阶段是以城市为重点的经济体制改革全面展开阶段，时间大致为1984年至1992年。前一阶段农村改革取得的巨大成效，鼓舞了国家和社会推进改革的信心和热情，因此中央决定将经济体制改革扩大至城市，并提出了阶段性的体制改革目标。1984年10月，中共十二届三中全会通过的《中共中央关于经济体制改革的决定》，成为中国经济改革的一个标志性事件。《决定》指出，"全面改革经济体制的条件已经具备"，要加快改革步伐，"推动以城市为重点的整个经济体制的改革"。"改革计划体制，首先要突破把计划经济同商品经济对立起来的传统观念，明确认识社会主义计划经济必须自觉依据和运用价值规律，是在公有制基础上的有计划的商品经济。"[②]这一改革目标的提出，是关于计划与市场关系探索中的一次重大理论突破。它首次确认中国的社会主义经济是公有制基础上的"有计划的商品经济"，首次将商品经济作为社会主义经济运行的基础框架，从而为市场机制作用的扩展奠定了基础，为经济体制改革的进一步推进提供了新的理论指导。正因为如此，邓小平对该《决定》做出高度评价，认为这个决定是马克思主义的基本原理和中国社会主义时间相结合的政治经济学。[③]

伴随国家与市场关系的进一步调整，经济体制改革在城市得以全面推开。与农村改革相比，城市经济体制改革更为复杂。改革不仅处处涉及计划经济的关键问题，而且也会触动原有的利益分配格局，容易形成反对改革的阻力。因此，城市改革的起步必须找准着力点，稳健而有效地推进。改革首先从扩大国有企业自主权入手，在进一步推行扩大企业自主权的同时，开始将各种形式的承包经营责任制作为深化国有企业改革的重点，并进行股份制改革试点。在计划体制改革领域，政府缩小计划指导范围，对关系国计民生的重要经济活动实行指令性计划，对大量一般性经济活动实

① 刘树成、吴太昌：《中国经济体制改革30年研究》，北京．经济管理出版社，2008年版，第4页。

② 《中共中央关于经济体制改革的决定》，中华人民共和国中央人民政府门户网站：http://www.gov.cn/test/2008-06/26/content_1028140.htm。

③ 刘树成、吴太昌：《中国经济体制改革30年研究》，北京．经济管理出版社，2008年版，第4页。

行指导性计划，对其他经济活动实行市场调节。这一时期市场化改革最为突出的特色就是价格管理体制的改革，即从单一的国家定价转变为国家定价、国家指导价和自由价格三种价格体系并存，并且在农产品和工业生产资料领域推行价格双轨制。这些改革措施使得市场机制作用的范围进一步扩大，各种市场主体的活力得到进一步激发。鉴于这一时期改革取得的成果，在1987年的10月召开的中共十三大上，进一步提出“社会主义有计划商品经济的体制，应该是计划和市场内在统一的体制”，新的经济运行机制是“国家调节市场，市场引导企业”。改革的阶段性目标再次向市场经济逐步逼近。

第三个阶段是社会主义市场经济体制目标的确立与经济转型全面推进阶段，时间大致为1992年至2002年。1992年，邓小平南方谈话和中共十四大的召开标志着中国的改革开放进入一个全面推进阶段。十四大确立了建设“社会主义市场经济体制”的改革目标。十四届三中全会通过的《中共中央关于建立社会主义市场经济体制若干问题的决议》则进一步阐述了社会主义市场经济体制的基本内容：一是在坚持以公有制为主体、多种经济成分并存的基础上，进一步转变国有企业经营机制，将“产权清晰、权责明确、政企分开、管理科学”的现代企业制度作为建立社会主义市场经济体制的中心环节。二是建立包括商品市场，以及资本市场、劳动力市场、房地产市场、技术市场、信息市场等生产要素市场在内的，统一、开放、竞争、有序的现代市场体系。三是建立和健全宏观调控体系，推进政府职能转变，建立以间接手段为主的宏观经济调控体系。四是形成以按劳分配为主体，多种分配方式并存的收入分配制度，效率优先兼顾公平。五是建立包括社会保险、社会救济、社会福利、社会互助以及医疗保险等多层次的社会保障体系。

从国家与市场关系来看，十四届三中全会最大的特色体现为明确提出“社会主义市场经济体制是同社会主义基本制度结合在一起的。建立社会主义市场经济体制，就是要使市场在国家宏观调控下对资源配置起基础性所用。”这一提法不仅正式为市场经济正了名，而且将市场机制的作用提升到资源配置的基础性作用这一重要地位。市场也终于摆脱了计划经济体制下的从属地位，在经济生活中发挥更加积极的作用。伴随社会主义市场经济体制目标的确立，中国经济体制改革也进入到一个整体改革与重点突破相结合，各项改革齐头并进的阶段。财税体制、金融体制、投资体制、计划体制、外贸体制等宏观领域的改革都取得突破性进展。

第四个阶段是完善社会主义市场经济体制阶段，时间大致为从 2002 年至 2012 年。2003 年 10 月，中共十六届三中全会通过了《中共中央关于完善社会主义市场经济体制若干问题的决定》，明确宣告中国已初步形成了社会主义市场经济，并提出了进一步完善社会主义市场经济体制的目标与任务。其后召开的中共十六届五中全会通过了《中共中央关于制定国民经济和社会发展第十一个五年计划的建议》，进一步强调了要坚持以科学发展观统领中国社会经济发展的全局，从而不断完善社会主义市场经济体制。[①] 上述一系列标志性事件表明，中国已进入和正在经历一个经济转型的深化与完善时期，中国的社会经济发展也出现了许多新的特点。尤其是经济在持续快速增长过程中，出现了一系列发展失衡和社会问题，如利益分配不公和贫富差距扩大，新弱势群体产生和社会冲突的出现等等。为了克服这些矛盾，需要通过全面而深入的制度创新和发展方式转变，跨越转型鸿沟，建立起更加成熟完善的社会主义市场经济体制。

十六届三中全会将完善社会主义市场经济体制的目标界定为："按照统筹城乡发展、统筹区域发展、统筹经济社会发展、统筹人与自然和谐发展、统筹国内国外发展和对外开放的要求，更大程度地发挥市场在资源配置中的基础性作用，增强企业活力和竞争力，健全国家宏观调控，完善政府社会管理和公共服务职能，为全面建设小康社会提供强有力的体制保障。"从这个目标来看，市场经济体制的框架虽然在中国得到基本确立，但是如何使市场机制在资源配置中发挥更大作用，仍然有很大的改进空间，特别是由于政府与市场的关系尚未理顺，权力介入市场产生的各种扭曲仍然明显，因此经济发展方式迟迟难以从粗放走向集约，经济增长与社会发展、生态环境之间的矛盾也日益突出。正是基于这些原因，这一时期

---

① 张宇著：《中国转型模式：反思与创新》，北京．经济科学出版社，2006 年版，第 103~104 页。

的经济体制改革呈现出如下特点：一是改革主要围绕贯彻落实科学发展观和构建和谐社会的总要求展开；二是强调体制创新和机制转换在促进经济结构调整、经济发展方式转变以及和谐社会建设中的作用；三是改革更加注重深层次经济社会问题和复杂利益关系的调整；四是更加注重各项改革的统筹协调和整体推进。[①] 在深化转型和完善社会主义市场经济体制阶段，改革的一个重点领域就是推进政府管理体制改革，转变政府职能，建设公共服务型政府。其次，以改善民生为重点的社会建设与社会改革成为改革的关键环节。最后，对经济结构进行战略性调整，加快转变经济发展方式，成为保持经济持续发展的重要战略举措。

第五个阶段是全面深化改革阶段。2012 年 10 月召开的中共十八大，将全面建成小康社会作为未来十年中国经济转型与发展的重要目标，而这一目标的实现需要全面深化改革，破除一切妨碍科学发展的思想观念和体制机制，构建起系统完备、科学规范、运行有效的制度体系。2013 年 11 月召开的中共十八届三中全会通过了《中共中央关于全面深化改革若干重大问题的决定》，进一步提出全面深化改革的总目标："完善和发展中国特色社会主义制度，推进国家治理体系和治理能力现代化。"在此基础上，从经济、政治、文化、社会、生态和党的建设等领域，对全面深化改革的各项任务作出全面部署，并且明确了改革的时间表：到 2020 年，在重要领域和关键环节改革上取得决定性成果，使各方面制度更加成熟更加定型。《决定》中提出的一个重大理论观点，就是明确指出"使市场在资源配置中起决定作用和更好发挥政府作用"。把市场在资源配置中的"基础性作用"修改为"决定性作用"，标志着中国共产党对于政府与市场关系认识的进一步深化。这一论断回答了市场和政府在资源配置中究竟谁应当发挥决定性作用的问题，明确了市场决定资源是市场经济的一般规律，市场经济本质上就是市场决定资源配置的经济，有利于在全党和全社会树立关于政府和市场关系的正确观念，以及进一步转变经济发展方式和转变政府职能。[②] 总

① 刘树成、吴太昌：《中国经济体制改革 30 年研究》，北京．经济管理出版社，2008 年版，第 400 页。

② 习近平：《关于 < 中共中央全面深化改革若干重大问题的决定 > 的说明》，载《党的十八届三中全会 < 决定 > 学习辅导百问》，学习出版社，2013 年版，第 46 页。

之，通过全面深化改革，充分激发市场活力，中国试图为经济的转型升级创造新的“改革红利”。

三、中国经济转型中的制度供给与制度创新

从上述经济转型的路径轨迹看，中国转型进程中的制度供给与制度创新具有如下特征：

首先，中国转型中的制度变迁遵循了一个从易到难、从简单到复杂、从增量到存量、从体制外到体制内、从分兵突进到综合协调式的演进过程。制度改革首先从农村这个相对容易、简单的领域开始，当农村改革取得明显成效后，再逐步向城市这个比较复杂的领域推进，城市改革也借鉴了农村改革中的某些经验，如国有企业采取的承包制。在改革初期，先不对国有经济存量进行大规模的产权改造和布局调整，而是先允许个体、私营、外资经济的发展，当这一市场经济的增量部分发展较为充分之后，再对存量国有经济进行较为深入的改革。在城市改革过程中，先发展商品经济，改善市场供应，先改革企业这一微观主体，激发其活力，然后再逐步推进到体制内，尤其是对政府体制、机构和职能进行改革。先在某些单个领域进行改革，采取试点的方式进行改革试验，形成成熟经验之后，再逐步推广，并且随着改革的深入更加强调改革的顶层设计与各领域改革的综合协调推进。

中国渐进式制度变迁体现出如下三个特点：一是充分认识到改革设计者具有理性的有限性，无法预先设计出一套完美的改革蓝图，然后按图索骥，采取工程学的方式来搭建出一个新体制。受有限的知识和信息的约束，社会经济主体面对新体制需要经历一个较长期的学习过程，只能采取“边学边干”、“边干边学”的方式积累适应市场经济体制运行的知识和信息。尽管政治体制、法律、政府规章等正式制度安排可以在一夜间实现变革，但诸如人的习惯、习俗、文化等非正式制度安排则是一种典型的“慢速推进型制度”，它们需要经历一个长期的演化过程，而后者恰恰对经济社会主体的行为会产生决定性的影响；二是大规模制度变迁要合理安排改革

时序，以有效化解改革阻力。制度变迁会涉及利益格局的大规模调整。如果一项制度变迁能够在每个时段使所有的利益主体都能够得到相对均衡的收益，那么社会将对制度变迁保持一致同意的支持，制度变迁的阻力将会减小为0。然而现实与理想的状态相去甚远，制度变迁总会使某些利益群体受损，这时受损的利益群体便会形成对制度变迁的强大阻力。中国在转型进程中充分考虑到大规模制度变迁产生的利益分配格局的调整，因而较为合理地安排改革时序，改革先从那些能够较快取得成效且能够使大多数人受益的领域启动，从而减小了改革的阻力，因而放松了改革的“事前政治约束”；通过不断的制度创新建立新制度，创造出支持改革的利益群体，因此又缓解了改革“事后的政治约束”，使改革更加不可逆转；[①]三是中国改革采取了在存量不变的条件下增量现行的方式，也就是在不拆毁旧体制的前提下，先建立新体制，当新体制成长壮大足以承载改革旧体制所造成的产出下降，和释放出的劳动力和沉淀资源之后，才对制度存量和原有生产结构进行大幅度调整，以确保经济社会的稳定发展，从而将经济转型打造成一个“创造性毁灭”的过程。

其次，从制度变迁的主体角度看，中国的经济转型把自上而下的强制性制度变迁与自下而上的诱致性制度变迁有机结合起来，充分发挥政府和民间等多元主体推进改革的积极性和主动性。从现实来看，强制性制度变迁和诱致性制度变迁各有优势和不足。诱致性变迁比较贴近于人们的实际需要，在局部范围内有较大的灵活性、适应性，并可调动个体参与的积极性。但由于需要进行复杂的讨价还价和巨大的交易成本，而且在国家大的法律环境没发生变化的条件下，自发的制度变迁还要承担很大的政治风险。因此单纯依靠诱致性变迁，通常会导致制度供给不足。国家推动的强制性变迁，虽然可以弥补制度供给的不足，但也存在着国家制度供给失效，国家压制个人自主创新动力的问题。因此，现实中的制度变迁往往是两种制度变迁的结合，充分发挥二者的优势，推动制度变迁的顺利进行。中国在经济转型过程中将两种制度变迁有机结合在一起。

---

① 罗兰：《转型与经济学》，北京．北京大学出版社，2001年版。

张宇指出，中国的改革无疑是在党和政府的领导下有组织、有计划地实施的。无论是改革理论的形成和发展、改革目标的提出和调整、改革方案的设计和选择、改革政策的制定和实施、市场规则的建立和重大改革举措的出台，都是党和政府自上而下推进的结果。与此同时，中国改革又明显带有自下而上的特征。改革的发动虽然是自上而下的，但是这不过是对社会中早已存在的改革需求的一种回应。改革是在统一领导下推进的，但各个部门、地区和单位的改革措施、内容以及步骤却各具特色。国家在改革进程中提倡基层大胆试验、大胆创新，当基层改革试验形成了成功的、可以复制的经验后，国家在进一步将改革经验普遍推广。个人、企业和基层单位在制度创新中发挥着重要的作用，“摸着石头过河”这一带有鲜明的实践理性的原则贯穿于中国改革与转型的始终。[①] 自上而下与自下而上相结合的制度变迁方式，充分适应了中国这样一个国情复杂的转型大国的实际情况，避免了因缺乏改革知识和经验过度盲动所带来的巨大风险，降低了制度变迁的社会成本。同时，将国家对改革的统筹协调与发挥基层主体积极性、主动性、创造性有机结合起来，既确保了经济转型进程的总体平稳，又激发了不同主体活力，使制度创新不断涌现。

再次，中国经济转型充分重视制度创新的重要性，通过制度创新为新旧体制转换架设桥梁，并为经济发展提供渊源不断的动力。对转型国家而言，建立新的经济体制大致有两种方式。一种被称为“制度移植”，主要表现为成套和大规模地引进、复制甚至全盘照搬发达国家成熟的制度安排，在旧体制的废墟上再造一个崭新的市场体制。制度移植虽然速度比较快，似乎在一夜之间就可以完成，但是在实践中往往出现被移植的制度与本国原有的制度环境、社会心理、历史文化传统和人们的行为习惯不相符合，导致“水土不服”，因而影响新制度的运行效率，出现制度移植的“南橘北枳”的问题。另一种被称为“制度创新”，也就是从本国的国情出发，创造性地探索出一系列更加适宜的新制度。制度创新既可以表现为用一系列新制度不断替代旧制度的过程，也可以表现为对旧的制度安排进行适当改造

① 张宇:《中国特色社会主义政治经济学》，中国人民大学出版社，2016 年版，第 368~369 页。

并不断植入新的因素，从而形成一种新旧兼容的“混合型”制度安排。从实践来看，制度创新通常比单纯的制度移植更有利于促进转型国家的体制顺利转轨与经济发展。

在中国经济转型中，制度创新的案例屡见不鲜。在农村改革进程中，家庭联产承包责任制的推行就是广大农民群众的一项伟大创举。以家庭联产承包为基础、统分结合的双层经营体制，将农户个体经营的优势与农村集体经济的优势有机结合，极大促进了农村生产力的发展。在确保土地集体所有不变的基础上，赋予农民承包经营自主权、剩余产品索取权，打破了传统体制下“平均主义”、“大锅饭”的弊端，形成了强有力的激励机制，激发了农民的积极性、主动性和创造性，使得农业劳动生产率得到极大提升。同时，保持农村土地集体所有的性质不变，也适应了中国人多地少的现实国情，防止在大规模市场化、工业化、城镇化进程中出现大量农民失去土地变成“流民”，从而形成城市大量“贫民窟”甚至引发社会动荡的“拉美化”现象。此外，在城镇化和社会保障体制均不完备、不完善的条件下，保持土地集体所有，做实农村集体经济，也为那些无法适应城市生活、无力承担市场竞争风险的农民提供了一个“退出”的渠道，为他们提供了维持生计的基本保障，也成为中国应对外部冲击（如国际金融危机冲击导致的失业）的一个重要手段。

与家庭联产承包责任制的推行相似，乡镇企业的异军突起，是中国改革进程中的又一重要制度创新。邓小平指出：“农村改革中，我们完全没有预料到的最大的收获，就是乡镇企业发展起来了，突然冒出搞多种行业，搞商品经济，搞各种小型企业，异军突起。这不是我们中央的功绩。”[①] 乡镇企业源于计划经济体制下的社队企业。改革开放后，随着家庭联产承包责任制的实行，农业劳动生产率得到大幅提升，因而有一部分农村剩余劳动力从农业中转移出来，从事乡村工业生产，为乡镇企业的发展提供了必要的劳动力。城市中的国营企业在放权让利改革的过程中也逐步获得了一些对计划外产品的支配权，这就使得一部分生产要素从计划体制的缝隙中

---

① 邓小平:《改革的步子要加快》,《邓小平文选》(第三卷)，人民出版社，1993 年版，第 238 页。

流入市场，最终流向社队企业，为乡镇企业提供了重要的生产资料。乡镇企业的兴起，为城市提供了大量工业品和消费品，改善了市场供应，克服了经济中存在的短缺问题，同时也成为形成市场竞争的重要主体和力量。从产权制度方面看，乡镇企业产权制度的一个基本特征就是乡镇集体所有制，也就是乡镇政府代表乡镇居民行使对乡镇企业的产权主体职责。在乡镇企业发展初期，这种制度安排在一定程度上弥补了国家对产权界定和保护的不足，帮助企业克服在生产和经营上遇到的一些困难，从而促进了乡镇企业的发展。乡镇企业的发展不仅成为促进中国经济快速增长的一支重要力量，而且乡镇企业的集体所有制性质决定了其一部分收益被乡镇政府用于农村基础设施建设、提供必要公共服务，从而为农村集体经济发展，完善农村基础设施、缩小城乡差距做出一定的贡献。

在城市改革进程中，价格双轨制的出现，也是一项重要的制度供给与创新。价格双轨制是指中国经济体制向市场经济过渡中的一种特殊的价格管理制度。在计划经济体制下，物资分配体制以行政区划为界，以行政指令为手段，通过层层申请、层层分配，并在此基础上有组织有限制地订货，价格完全由国家有关部门控制，结果是企业被管死，产品“多年一贯制”，物资和资金周转缓慢，各种浪费严重。从1981年开始，国家允许在完成计划的前提下企业自销部分产品，其价格由市场决定。这样就产生了国家指令性计划的产品按国家规定价格统一调拨，企业自行销售的产品的价格根据市场所决定的双轨制。这样一种双轨制过渡的渐进式价格自由化改革路径，不仅避免了“价格大爆炸”带来的恶性通货膨胀，同时也刺激了国有企业扩大生产。由于只要完成计划内的产量之后，多余的产品由市场价格出售，企业可以从中获利，这就促使国有企业生产出更多商品来供应市场，从而使得市场的范围逐步扩大。在这个过程中，乡镇企业、私营企业也可以获益，因为它们至少可以按照市场价格购买到企业生产所需要的原材料、中间产品。而过去在单一的计划定价条件下，它们无法获得自己所需要的生产资料。由此可见，价格双轨制的实施不仅使中国在改革过程中避免了出现恶性通货膨胀，保持了宏观经济的基本稳定，而且对于改进国有企业经营管理体制、促进非公有制经济的发展都发挥了重要作用。

当然，双轨制改革过程中也产生了一些负面效应，出现了一些“官倒”现象，但是进入90年代后，随着双轨制的并轨，原来的计划轨并入市场轨，绝大多数商品的价格都由市场来决定，这种现象逐渐得到消除。

正是在经济转型进程中，中国根据自身国情创造性的探索出一系列有效的制度供给和制度创新，为新旧体制的平稳顺利转轨建设了桥梁，并且在这一过程中形成了独具特色的社会主义市场经济体制。这一经济体制的基本特征可以概括为五个方面：一是形成了以公有制经济为主体、多种所有制经济共同发展的基本经济制度，充分发挥了公有制经济和非公有制经济的双重优势；二是形成了以按劳分配为主体、多种收入分配方式并存的收入分配制度，把按劳分配与按生产要素分配相结合，形成强有力的激励机制；三是把市场自发力量这只“看不见的手”与政府调控这只“看得见的手”有机结合，形成相互协调的经济运行机制；四是把坚持独立自主与对外开放有机结合，充分利用国际国内两种资源、两个市场推动经济快速发展；五是中国共产党的领导和有效的国家治理，形成支撑社会主义市场经济发展的制度保障和独特优势。由此可见，社会主义市场经济体制将社会主义的制度特征与市场经济的一般特征有机结合起来，既可以充分发挥社会主义制度的优越性，又可以充分利用市场机制的灵活性，从而提高生产力发展水平、促进经济持续快速发展。正因如此，社会主义市场经济体制的建立可以视为中国经济转型中最重要的制度创新。

最后，中国在制度变迁过程中，把改革、发展与稳定有效结合，确保了经济转型的平稳推进和经济社会的持续快速发展。第一，在中国共产党看来，发展是党执政兴国的第一要务。作为世界最大的发展中国家，持续快速的经济发展是解决中国一切问题的关键，是发挥社会主义制度优越性，实现最广大人民的根本利益的关键。改革需要“发展”使社会民众受益，赢得社会对改革的支持，稳定同样需要“发展”提供的雄厚物质基础，为国家缩小社会分化、扶持社会发展提供丰富的物质资源和手段；第二，改革是促进发展、保持稳定的根本途径。对经济发展而言，“改革还是最大的红利”。无论是家庭联产承包制的推行、乡镇企业的发展，还是民营经济的繁荣、经济特区的崛起，国家几乎没有投入太多资金和物质资源，恰恰是改革开放的政策，激发了微观经济主体创新的活力，改善了资源配置效率，促进了生产力的发展和社会财富的增长。同样，诸如收入分配差距扩大、城乡区域发展失衡、生态环境恶化等危及社会稳定的问题，也大多与原有的经济体制、政治体制和社会体制改革不到位有关，需要通过更加深入的改革来化解；第三，无论是推进改革还是促进发展，都需要以社会稳定为保障。从发展中国家的经验来看，稳定的社会秩序本身就是一种稀缺的资源。特别是当一国的人均 GDP 达到 1000–12000 美元的时候，是社会各个方面发生深刻变革的时期，通常会出现社会矛盾不断积累并日益凸显的局面，如果处理不好就会陷入"中等收入陷阱"，最终无法保持经济的持续稳定发展。有鉴于此，中国在转型过程中十分重视为经济改革与经济发展构筑一个稳定的环境：一是注重保持政治稳定，即坚持党和国家的基本路线方针不动摇，确保党和国家对改革方向、路径的有效掌控，保持改革政策的稳定性和连续性。二是注重保持经济稳定，即不断加强和完善国家宏观调控体系，避免经济出现剧烈波动，保持经济持续、平稳、快速发展。三是注重保持社会稳定，即通过利益协调机制、社会沟通机制以及社会保障体制建设等手段，克服改革进程中出现的社会分化，降低制度变迁的社会成本，实现在社会稳定中推进改革与发展，在改革和发展中实现社会的长期稳定。总之，改革、发展、稳定三者的有机统一，为社会主义市场经济的发展和完善创造了一个适宜的制度环境。①

第三节　精准扶贫与中国制度供给

消除贫困，实现共同富裕是社会主义的本质特征。改革开放四十年间，中国通过有效的制度供给与创新，走出一条具有中国特色的扶贫开发道路。党的十八大以来，中国扶贫开发进入一个崭新的阶段，即精准扶贫

① 张慧君：《"中国模式"的政治经济学研究——基于国家构建与经济转型的分析视角》，中共中央党校出版社，2017 年版，第 399~400 页。

阶段，国家确立了到2020年确保我国现行标准下农村贫困人口实现脱贫，贫困县全部摘帽，解决区域性整体贫困的宏伟目标。为实现这一目标，中国全面打响脱贫攻坚战，尤其是通过有效的制度供给和制度创新，为精准扶贫、脱贫攻坚提供强大而有效的体制机制支撑。

一、制度变迁与中国扶贫开发的阶段性演进

从制度变迁的视角出发，我们可以将中国的扶贫开发大致划分为五个阶段：①

第一个阶段为体制改革带动扶贫阶段，时间大致为1978年至1985年。从制度变迁的方式看，这一时期的扶贫开发带有明显的诱致性制度变迁特征。在改革开放初期，我国农村地区分布着2.5亿贫困人口尚未解决温饱问题，贫困人口占农村总人口的比重达到30.7%。家庭联产承包责任制的改革试验，是饥饿倒逼出来的改革，是中国农民的一项伟大创举，它极大调动了农民的生产积极性，提高了劳动生产率，不仅解决了长期困扰我国农村的饥荒问题，而且使农民的收入水平、生活质量明显提升。1978年，我国的人均GDP只有381.8元，农民人均纯收入只有133.6元，到1985年，这两个数字已经上升到858元和397.6元。在此期间，国家也相应出台了一些扶贫开发措施和政策。1983年，中央针对甘肃的河西、定西和宁夏的西海固地区（“三西”地区）开展区域性扶贫开发试验，每年国家投入2亿元，希望用10年时间使这些地区彻底脱贫。1984年9月，中共中央、国务院联合发布《关于帮助贫困地区尽快改变面貌的通知》，号召各级党委和政府采取切实可行的措施，保证贫困地区的人民摆脱贫困。总之，这一时期依靠经济体制改革释放的活力辅之以国家扶持的力量，我国的贫困人群数量从2.5亿减少到1.25亿，贫困发生率也从30.7%下降至14.8%。

第二个阶段大致为1986年至1993年，国家开始有组织地推进大规模的扶贫开发，制度变迁方式也从诱致性变迁为主转向强制性变迁。1986年

① 赖洁莲：《论中国扶贫制度的创新之路》，载《广东外语外贸大学学报》，2017年第6期；中共中央党校经济学教研部：《中国扶贫开发调查》，中共中央党校出版社，2013年版，第179~186页。

6月，国务院成立贫困地区经济开发领导小组，1993年更名为国务院扶贫开发领导小组。这一机构主要负责组织、领导、协调、监督和检查贫困地区的经济发展工作。国务院扶贫领导小组的成立，标志着我国进入以政府为主导实施大规模扶贫开发工作的阶段，脱贫方式也从自下而上的诱致性制度变迁转向自上而下的强制性变迁。这一时期，国家提出了"开发式扶贫"的概念，也就是在国家的必要支持下，贫困地区主要依靠本地区的自然资源，组织生产建设，不断培育贫困地区和贫困户的自我积累和自我发展能力，主要依靠自身力量脱贫致富，变"输血式扶贫"为"造血式扶贫"。为了支持开发式扶贫，在国务院扶贫开发领导小组的领导下，各地区各部门从多方面着手开展扶贫开发工作。1987年10月，国务院出台《关于加强贫困地区经济开发工作的通知》，要求提高扶贫开发资金使用效率，在"七五"时期使贫困地区大多数群众的温饱问题得到解决。1989年，国务院批准在全国26个省（区）贫困县实施中低档工业品以工代赈，帮助贫困地区兴修水利、道路等基础设施，为扶贫开发创造条件。1991年6月，国务院确定，国家在"八五"期间，每年拨10亿公斤粮食或等额工业品继续在贫困地区以工代赈。随着国家扶贫开发工作的有组织实施，农村贫困地区的经济发展速度明显加快，人民生产和生活条件也得到明显改善。全国贫困人口从1985年的1.25亿人减少到1993年底的8000万人。

第三个阶段为扶贫攻坚阶段，时间大致为1994年至2000年。到1993年底，我国剩余的8000万贫困人口主要集中在国家重点扶持的592个贫困县中，这些地区多为老少边穷地区，自然环境、生产生活条件极为恶劣。尽管贫困人口比重只占农村总人口的8.87%，但扶贫开发任务则异常艰巨。为此，国务院于1994年初决定实施《国家八七扶贫攻坚计划》，明确提出力争在7年内基本解决农村8000万贫困人口的温饱问题。《计划》分9个部分，对扶贫的任务、目标、途径、目标、资金、政策、各部门任务、社会动员、国际合作以及组织领导等做出详细规定，改变了以往以经济扶贫为主的扶贫方式，转向经济扶贫、教育扶贫、劳务输出、开发式扶贫等多种方式齐头并进的格局。完成"八七"扶贫攻坚计划的主要任务包括三个方面：一是到20世纪末，使绝大多数贫困户年均纯收入按1990年价格计算，达到500元以上，并形成稳定解决温饱、减少返贫的基础条件；二是加强基础设施建设，基本解决人畜饮水问题，使绝大多数贫困乡和有农贸市场、商品基地的地方通路、通电；三是改变文化、教育、卫生落后的状态，普及初等教育，基本扫除青壮年文盲，开展成人职业技术教育，防止和减少地方病，把人口自然增长率控制在国家规定范围内。经过艰苦努力，到2000年底，国家“八七”扶贫攻坚目标基本完成，农村贫困人口下降至3200万人。

第四个阶段是在全面建设小康社会目标引领下的扶贫开发阶段，时间大致为2001年至2012年。到20世纪末，我国已经基本解决农村贫困人口的温饱问题，扶贫开发工作站到一个新的历史起点上，需要实现在新的衡量标准下的从温饱到小康的历史性跨越，这将使中国的大规模反贫困进程继续深入推进。这一阶段，国家制定了《中国农村扶贫开发纲要（2001-2010）》，对扶贫开发攻坚工作做出整体规划，明确提出尽快解决少数贫困人口温饱问题，进一步改善贫困地区的基本生产生活条件，巩固温饱成果，提高贫困人口生活质量和综合素质，加强贫困乡村基础设施建设，改善生态环境，逐步改变贫困地区经济、社会、文化落后状况，为达到小康社会创造条件。随着《中国农村扶贫开发纲要（2001–2010年）》所确定的主要任务的完成，2011年12月初，中共中央、国务院印发了《中国农村扶贫开发纲要（2010–2020年）》，成为新时期我国扶贫开发的又一纲领性文件。《纲要》提出的目标是“到2020年，稳定实现扶贫对象不愁吃、不愁穿，保障其义务教育、基本医疗和住房，实现贫困地区基本公共服务主要领域指标接近全国平均水平”。“促进全体人民共享改革发展成果”，为全面建成小康社会打新一轮扶贫攻坚战。《纲要》提出，坚持“扶贫开发和农村最低生活保障制度有效衔接”，具体细化了贫困地区基础设施、文化教育、医疗卫生、社会保障等任务指标；将扶贫对象明确为“在扶贫标准以下具备劳动能力的农村人口”，将“连片特困地区”作为扶贫的主战场，并要求“做好连片特困地区以外重点县和贫困村的扶贫工作”。根据经济发展水平的变化，我国于2011年对扶贫标准做出大幅度调整，将农民每人每年纯收入2300元（2010年不变价）作为国家新的扶贫标准，这个标准比2009年的 1196 元的标准提高了 92%，与之相应的贫困人口规模到 2011 年底大约为 1.28 亿人，占农村户籍人口的比重为 13.4%。

第五个阶段为制度创新与精准扶贫阶段，时间大致为 2013 年至今。党的十八大以来，以习近平同志为核心的党中央，把扶贫开发摆到治国理政的重要位置，提升到事关全面建成小康社会，实现第一个一百年奋斗目标的新高度，纳入“五位一体”总体布局和“四个全面”战略布局进行决策部署。[①]2013 年 11 月，习近平总书记在湘西考察时首次提出“精准扶贫”，他指出：扶贫要实事求是，因地制宜。要精准扶贫，切忌喊口号，也不定好高骛远的目标。此后，以习近平总书记为核心的党中央提出了一系列关于扶贫开发的新观点新理论，中共中央办公厅也印发了相关文件，中共中央办公厅印发《关于创新机制扎实推进农村扶贫开发工作的意见的通知》、国务院出台《关于印发 < 建立精准扶贫工作机制实施方案 > 的通知》、《关于印发 < 扶贫开发建档立卡工作方案 > 的通知》。随后，习近平多次深入贫困地区，发表了一系列重要讲话，精准扶贫理念逐渐形成。2014 年 3 月，总书记在参加全国两会代表团审议时强调，“要实施精准扶贫，瞄准扶贫对象，进行重点施策”，进一步阐释了精准扶贫。2015 年 1 月，习近平在云南调研时强调，要打赢扶贫攻坚战，坚决不让任何一个人掉队。同年 6 月，总书记在贵州考察时提出了“六个精准”要求，即“扶持对象要精准、项目安排要精准、资金使用要精准、措施到位要精准、因村派人要精准、脱贫成效要精准”，强调了“四个切实”，即“切实落实领导责任、切实做到精准扶贫、切实强化社会合力、切实加强基层组织”，四个切实、六个精准成为习近平精准扶贫思想的本质，要求确保贫困人口到 2020 年如期脱贫。2015 年 10 月，总书记在减贫与发展高层论坛上将精准扶贫作为我国扶贫攻坚工作方略。随后，在第十八届五中全会上提出“到 2020 年确保我国现行标准下的农村贫困人口实现脱贫，贫困县全部摘帽，解决区域性整体贫困”。2015 年 11 月 23 日，习近平同志在主持召开的中共中央政治局会议中，再次强调扶贫开发工作的重要性，并部署了相关工作，审议通过

① 杨颖：《精准扶贫的制度演进分析》，载《特区经济》，2018 年第 3 期。

《关于打赢脱贫攻坚战的决定》，指出把精准扶贫、精准脱贫作为扶贫开发工作基本攻略，要求举全党全社会之力，共同打赢脱贫攻坚战。①

精准扶贫的提出是我国改革开放以来制度变迁与扶贫开发工作不断发展演进的必然逻辑。经过几十年的扶贫开发，我国使2亿多农村贫困人口脱贫，但剩余的贫困人口是扶贫攻坚的重点难点，并且面临着一系列困难和挑战：一是剩余的贫困人口数量仍然巨大，且大多处于深度贫困状态。到2014年底，按照新的国家贫困线标准，我国尚有7107万贫困人口。这些贫困人口主要分布在集中连片特困地区，而且致贫的原因十分复杂，扶贫的难度大，减贫的边际效应呈下降趋势；二是深度贫困人口更加缺乏自我积累和自我发展能力，因而存在较高的返贫率。我国许多贫困人口主要处于老少边穷地区，自然环境极为恶劣、基础设施极为薄弱，人的受教育程度很低，而且有不少贫困人口身患疾病或残疾，丧失劳动能力。这些贫困人群如果没有外部力量的有效帮扶，很难依靠自身的条件脱贫，而且因灾、因病、因学致贫返贫的可能性极高；三是传统的扶贫机制存在缺陷，导致扶贫的精准度、有效性较低。传统的扶贫方式具有单纯依靠政府主导、大水漫灌式扶贫的特征。由于缺乏科学的识别和瞄准机制，贫困居民的底数不清、扶贫对象确定不合理、致贫原因不明确，导致一些真正的贫困户得不到帮扶。许多扶贫项目缺乏针对性，难以满足贫困对象的多样化实际需求。一些地方出于政绩考核的压力，存在明显的唯GDP主义，把发展的重点放在能迅速提升GDP的行业和领域，而把扶贫脱贫工作摆在次要工作的位置上。此外，由于缺乏完善的考核机制，一些地区存在严重的扶贫形式主义问题，往往单纯应付上面的检查，而不注重扶贫的实效。这些问题的存在意味着原有的扶贫制度供给的效率和效益正处于明显的递减状态，难以完成全面建成小康社会对扶贫脱贫提出的历史任务。因此，必须转变工作思路和方法，以精准扶贫为牵引，通过制度创新探索出一条切实提高扶贫开发现实效益的道路。②

---

① 刘珂伊：《马克思主义视阈下精准扶贫理论与实践——以毕节试验区为例》，重庆工商大学硕士学位论文，2017年，第21~22页。

② 曹姝婷：《我国农村精准扶贫问题研究》，吉林大学硕士学位论文，2017年，第16~19页。

二、精准扶贫中的制度供给与创新

习近平总书记指出，要坚持精准扶贫、精准脱贫，重在提高脱贫攻坚的成效。关键是要找准路子、构建好体制机制，在精准施策上出实招、在精准推进上下实功、在精准落地上见实效。关键是解决好“扶持谁”、“谁来扶”、“怎么扶”的问题。在长期扶贫开发经验积累的基础上，经过各地的实践探索，我国逐步形成了一套支持精准扶贫的有效制度供给和创新，从制度供给效率角度看，这些新的制度安排有助于降低精准扶贫的制度运行成本，提高扶贫制度运行的潜在效益。

（一）形成了较为有效的贫困识别和动态调整制度

要实现精准扶贫、脱贫攻坚的目标，首先要准确识别扶贫对象，明确哪些人是需要帮扶的对象，如果不能完成准确识别任务，必然制约扶贫资源使用的效率和最终的扶贫效果。精准识别，最关键的是在识别贫困人口的基础上，对其建档立卡，并以此为依据对贫困户进行精准识别，充分了解贫困状况、致贫原因，弄清帮扶需求，明确帮扶主体，落实帮扶措施，进而开展考核监督，进行动态管理。[①] 从国际扶贫实践看，虽然一些发展中国家如巴西、哥伦比亚、菲律宾、印度尼西亚等国也做过贫困人口的识别尝试，但就其规模和复杂程度远不及中国面临的如此巨大。自 2013 年底以来，中国在全国范围内开展建档立卡工作，以 2013 年农民人均纯收入 2736 元的国家贫困线为识别标准，以农户收入为基本依据，综合考虑住房、教育、健康等状况，在全国共识别出 12.8 万个贫困村 3000 万家贫困户 8900 万贫困人口，从而为实施精准扶贫奠定基础。[②]

在进行扶贫对象识别过程中，我国不同地区根据实际情况经过反复探索，形成了一系列具有创新意义的识别方法和制度安排。一是以全国大样

---

① 杨秋宝：《2020：中国消除农村贫困——全面建成小康社会的精准扶贫、脱贫攻坚研究》，北京出版集团公司，2018 年版，第 43 页。

② 李培林，魏后凯，吴国宝：《中国扶贫开发报告（2017）》，社会科学文献出版社，2017 年版，第 9~11 页。

本居民收支抽样调查数据估算全国和各省的贫困人口数据，然后对贫困人口数据进行分解，开展对扶贫对象的精准识别工作；二是将自上而下与自相而上的方式相结合，运用可观察的多维贫困数据指标和方法，使得扶贫对象识别更加趋于精准。在第一轮识别过程中，将估算出的省级贫困人口逐级向下分解初步测算出各村庄的贫困人口，在村一级再由村干部按照他们对农户实际生活状况的了解确定扶贫对象，实现自上而下的识别过程。为克服数据估算与实际状况存在偏差的问题，2015 年 8 月至 2016 年 6 月，在全国范围内组织开展建档立卡“回头看”。这是一种自下而上地对扶贫对象进行再识别的过程。在这个过程中，各地结合自身的实际情况，探索出多种以可观察的多维贫困指标为依据，指标核查与农户参与相结合的扶贫对象识别方法。例如，贵州省威宁县首创了“四看法”，即一看房、二看粮、三看劳动力强不强、四看家中有没有读书郎，这一方法被各地所效仿。贵州省黔西南州开发了包括“一看房、二看粮、三看家中装备洋不洋、四看多少存款在银行、五看劳动力强不强、六看家中有没有读书郎”的《贫困农户评估表》，其中包含了住房、教育、健康、耐用消费品、生产条件、资产等多个维度的 21 个指标，并赋予不同的权重，根据综合评分进行贫困户的识别和分类管理。通过实施自下而上的“回头看”，全国共补录贫困人口 807 万人，剔除识别不准确人口 929 万人；三是建立对建档立卡贫困户的数据库，并进行动态管理，将已经稳定脱贫的贫困户剔除，将符合条件遗漏在外的贫困人口和返贫人口纳入，从而做到应扶尽扶。①

（二）发挥制度优势，建立了上下联动、多元并举的扶贫治理体系

对于中国这样一个超大规模的发展中国家，要解决世界上史无前例的扶贫攻坚历史课题，必须充分发挥中国特色社会主义的制度优势，形成强力而有效的扶贫治理体系。中国共产党践行以人民为中心的发展思想，把摆脱贫困、实现共同富裕作为执政兴国的价值理念和目标遵循。在这一理念的引领下，中国共产党充分发挥社会主义制度集中力量办大事的制度优

① 李培林，魏后凯，吴国宝：《中国扶贫开发报告（2017）》，社会科学文献出版社，2017 年版，第 9~11 页。

势，凭借长期形成的卓越组织领导力、广泛动员力、超强执行力和改革创新力，建立起一条上下联动、多元并举的扶贫治理体系。①

首先，强化扶贫攻坚领导责任制，实行中央统筹、省（自治区、直辖市）负总责、市（地）县抓落实的工作机制。为了落实中央精准扶贫的决策部署，2015年以后，中西部省（区、市）都建立起以省委书记、副书记担任组长的扶贫开发工作领导小组，省级扶贫办绝大多数达到了正厅级标准，少数省甚至安排省委副秘书长或省政府副秘书长兼任扶贫办主任，省级扶贫领导小组和扶贫办的组织、协调能力得到明显提升，进而在组织上为扶贫开发工作省负总责提供了制度保障。中西部22个省份党政一把手向中央签署脱贫攻坚责任书，立下军令状，贫困县党政正职攻坚期内保持稳定，从而形成省市县乡村“五级书记”一起抓脱贫的格局。

其次，明确扶贫开发、减贫脱贫有关各个行业各个部门的责任，充分运用社会各个行业各个部门的资源推进扶贫开发，提高不同部门的协调互动和扶贫资源配置效率。改革开放以来，我国形成了行业部门参与扶贫、东西协作扶贫、定点帮扶等多种形式的扶贫模式。在总结经验的基础上，国家进一步将专业扶贫、行业扶贫、社会扶贫纳入《中国农村扶贫开发纲要（2011–2020年）》，将其上升为扶贫开发的正式制度安排。但是长期以来，行业部门以及参与东西协作的政府扶贫责任尚未得到清晰界定，对于这些扶贫方式也缺乏具体的指导规划。2013年，国家决定实施精准扶贫之后，党中央和国务院明确了各相关部门和参与东西协作扶贫的政府的相关责任，多数参与扶贫的部门先后制定了本部门牵头扶贫任务的实施计划和行动计划。据统计，各部门出台了173个政策文件或实施方案；参与扶贫协作的东部地区的有关省、市政府也制定了具体的协作支持计划，从而使得各部门多元扶贫的治理体系运行更为顺畅有效。

最后，实施精准扶贫的基层治理体系更加完善。扶贫开发的有效实施离不开强有力的基层组织发挥作用。自上世纪80年代中期以来，我国就在贫困县建立了专门负责扶贫工作的领导小组及办公室。1996年出台的《中

① 张瑞敏，龙梅：《政治优势与制度优势：中国打赢扶贫攻坚的独特法宝》，载《中南民族大学学报（人文社会科学版）》，2018年第4期。

共中央国务院关于尽快解决农村贫困人口温饱问题的决定》进一步要求："贫困地区的党政一把手，特别是贫困县的县委书记和县长，要以高度的责任感和使命感亲自抓扶贫开发，抓解决温饱问题。"2001年出台的《中国农村扶贫开发纲要（2001–2010年）》中则进一步提出"省负总责，县抓落实，工作到村，扶贫到户"的扶贫工作机制，要求"扶贫开发工作重点县，必须把扶贫开发作为党委和政府的中心任务，以扶贫开发工作统揽全局。"尽管如此，长期以来我国扶贫开发的基层组织工作仍然薄弱，扶贫开发并没有成为许多贫困县的中心工作，基层扶贫机构也面临人员少、待遇差、知识和能力不足等问题。中央实施精准扶贫战略之后，出台了一系列创新性政策和制度安排，基层治理薄弱的局面得到明显改善。随着党委、政府扶贫绩效考核制度的建立以及相应的严格问责制度的实施，促使贫困县县级党委和政府真正把扶贫作为中心工作，县乡专职扶贫机构和人员得到扩充和加强。多数县扶贫办都配备了数十名甚至上百名专制扶贫工作人员。同时，乡镇扶贫工作机构也得到不断壮大，并开始认真履行扶贫工作的各项职责。按照中央的要求，为加强贫困村党支部和村委会能力建设，所有贫困村都配备了扶贫第一书记和扶贫工作队员。根据有关统计，全国共选派77.5万名干部驻村帮扶，中组部组织选派了19.5万名优秀干部到贫困村和基层党组织薄弱涣散的村担任第一书记，实现了所有扶贫工作重点村驻村帮扶和第一书记全覆盖。这只队伍成为基层扶贫治理体系的一支重要力量。①

（三）运用社会主义制度集中力量办大事的制度优势，组织动员社会各个方面各界力量参与扶贫，不断拓展多层次扶贫协作的有效途径，实现社会帮扶资源和精准扶贫的有效对接。

邓小平曾经指出，社会主义制度"有个最大的优越性，就是干一件事情，一下决心，一做出决议，就立即执行，不受牵扯……这方面是我们的优势，我们要保持这个优势，保证社会主义的优越性。"这实际上表明，

① 李培林，魏后凯，吴国宝：《中国扶贫开发报告（2017）》，社会科学文献出版社，2017年版，第12~13页。

中国共产党领导的社会主义中国所具有的一大独特优势，就是集中力量办大事。在实施精准扶贫过程中，举全国之力，全民动员，成为打赢扶贫开发攻坚战的一项重要举措。在长期扶贫实践中，我国已经初步形成了三大社会扶贫框架：一是东西部扶贫协作，东部共有 9 个省（市）和 9 个大城市对口帮扶西部 10 个省（区、市），以及对口支援西藏、新疆和四省藏区。十八大以来，根据脱贫攻坚期脱贫重点和难点变化和精准扶贫实施的特点，中央进一步调整了东西部地区的对口帮扶关系，将东西扶贫协作的重点向贫困深度较大的民族贫困地区转移，实现对全国 30 个民族自治州帮扶全覆盖；二是定点扶贫，中央层面共有 320 个单位帮扶 592 个重点县；三是军队和武警部队扶贫，目前全军和武警部队已在地方建立了 2.6 万多个扶贫联系点，使得扶贫重心进一步下沉，更多延伸到贫困村。[①]

除了上述社会扶贫措施外，近年来，国家进一步创新社会扶贫形式，鼓励和引导民营企业积极参与精准扶贫。2015 年，全国工商联、国务院扶贫办、中国光彩促进会联合开展“万企帮万村”行动，鼓励和支持民营企业运用产业扶贫、就业扶贫、公益扶贫等多种形式对贫困对象实施帮扶，组织中央企业设立贫困地区产业投资基金，开展“百县万村”扶贫行动。据统计，到 2017 年 6 月底，参与“万企帮万村”精准扶贫行动计划的民营企业达到 3.43 万家，帮扶对象包括 3.57 万个村的 538.72 万建档立卡贫困人口。企业共投入产业发展资金 433.48 亿元、公益资金 91.2 亿元，帮助 41.7 万贫困人口解决就业问题，为 44.2 万贫困人口提供职业技能培训。此外，国家还进一步整合专业技术力量和人力资源，组织动员医疗卫生系统、教育系统、科技部门、民主党派等各方力量参与扶贫，形成推动精准扶贫、脱贫攻坚的社会合力。[②]

① 张瑞敏，龙梅：《政治优势与制度优势：中国打赢扶贫攻坚的独特法宝》，载《中南民族大学学报（人文社会科学版）》，2018 年第 4 期。

② 李培林，魏后凯，吴国宝：《中国扶贫开发报告（2017）》，社会科学文献出版社，2017 年版，第 20~21 页。

（四）探索和创新出一系列更为有效的扶贫方式和制度安排

从制度供给的角度看，一种更为有效的制度安排，能够扩大经济行为主体的决策和行动空间，将原有制度无法吸纳的潜在收益内部化，从而改善现有资源配置效率，促进经济行为主体能动性的发挥，促进增长和社会福利水平的提升。从我国扶贫开发的经验来看，要改变传统扶贫模式的弊端，变大水漫灌式扶贫为精准扶贫、变输血式扶贫为造血式扶贫，不断提升贫困地区和贫困人群的自我积累和自我发展动力，需要实施一系列扶贫制度和扶贫方式的创新。党的十八大以来，在系统总结长期扶贫开发经验的基础上，中央进一步提出实施“五个一批”工程，则充分体现了扶贫方式和扶贫制度创新对于促进精准扶贫有效实施的重要意义。一是发展生产脱贫一批，引导和支持所有具备劳动能力的人依靠自己的双手开创美好明天，立足当地资源，实现就地脱贫；二是异地搬迁脱贫一批，贫困人口很难实现就地脱贫的要试试异地搬迁，按规划、分年度、有计划组织实施，确保搬得出、稳得住、能致富；三是生态补偿脱贫一批，加大贫困地区生态保护修复力度，增加重点生态功能区转移支付，扩大政策实施范围，让有劳动能力的贫困人口就地转成护林员等生态保护人员；四是发展教育脱贫一批，治贫先治愚，扶贫先扶智，国家教育经费要继续想贫困地区倾斜、向基础教育倾斜、向职业教育倾斜，帮助贫困地区改善办学条件，对农村贫困家庭幼儿特别是留守儿童给予特殊关爱；五是社会保障兜底一批，对贫困人口中完全或部分丧失劳动能力的人，由社会保障来兜底，统筹协调农村扶贫标准和农村低保标准，加大其他形式的社会救助力度。加强医疗保险和医疗救助，新型农村合作医疗和大病保险政策对贫困人口的倾斜。高度重视革命老区脱贫攻坚工作。①

结合中央提出的“五个一批”工程，各地在实践中充分发挥基层改革实践的积极性和能动性，结合本地实际，不断探索出一系列行之有效的扶贫方式创新。例如，在产业扶贫领域，探索出以贵州六盘水“三变”改革为代表的以股权、产品和就业连接为主的产业扶贫模式。这种模式使贫

① 习近平：《习近平谈治国理政（第二卷）》，外文出版社，2017年版，第85页。

困户能够享受土地和资金入股后的分红，同时贫困户也得到就业机会，进一步提高收入水平。这种模式突破了以家庭经营为单位的个体能力限制，有助于提高生产经营效率，抵御个体农户面临的自然风险和市场风险。在农村剩余劳动力转移方面，探索出以需求为导向的就业扶贫模式。主要体现为在东西部协作扶贫中，东部地区根据西部地区能够外出就业的劳动力的能力和特点推荐合适的工作岗位，实现劳动力供需双方的有效对接；东部地区的企业在西部贫困地区直接设立扶贫车间，就地解决贫困人口的就业问题；在贫困地区提供社区公共服务过程中，为当地贫困劳动力设置公益岗位，使他们直接就业。利用当地资源并结合国家产业政策实施产业扶贫。如利用贫困地区丰富的自然景观、生态、民族文化和红色旅游资源，进行旅游扶贫；在开发贫困地区自然资源过程中将形成的资产收益部分惠及当地贫困人群，实现资产收益扶贫；利用国家大力推广新能源的政策和有利时机，开展光伏扶贫，使当地贫困人口集体分享国家光伏产业优惠政策和开发资源形成的资产收益。在生态扶贫方面，各地探索出通过提高生态环境保护补偿水平、提供生产环境保护公益岗位等形式，促进贫困户在不离开居住地的条件下，参加生态保护和修复，增加收入，摆脱贫困。在异地搬迁扶贫方面，将移民安置和保障生计有机结合，不断完善移民搬迁新安置点的基础设施建设、公共服务和配套产业，使扶贫搬迁对象搬得出、留得住、有收入、能致富。最后，在健康扶贫和社保兜底扶贫方面，通过建立贫困家庭健康档案、采取乡村医生与因病致贫对象签约提供日常健康服务、减免贫困人口参加医保的缴费和实施大病保险等措施，以减轻贫困户的医疗负担。根据贫困户的劳动能力和生活自理能力的差异，形成差异化社会保障兜底扶贫，以提高社会保障资金的使用效率等。①

总之，通过改革与创新的方式，提供更多有效的制度安排和扶贫方式，有助于更好地解决“扶持谁”、“谁来扶”、“怎样扶”等关键性问题，降低扶贫制度的运行成本，提高制度扶贫的总体效益，从而确保精准脱贫的各项政策真正落到实处，做出实效。

---

① 李培林，魏后凯，吴国宝：《中国扶贫开发报告（2017）》，社会科学文献出版社，2017年版，第24~25页。

三、完善制度供给与深化精准扶贫

当前，我国已进入全面建成小康社会的决胜阶段，精准扶贫也进入一个攻坚拔寨的关键时期。顺利实现扶贫脱贫所确定的目标，必须依靠更加完善有效的制度供给，使精准扶贫不断得以深化。

首先，完善扶贫对象的精准识别制度。尽管通过几年的探索，我国已经建立起一套符合国情的贫困对象识别制度，但精准识别的基础性工作仍然有待扎实提升。一方面，扶贫对象信息系统中还存在一些贫困户基础信息不完全、不准确、不真实的问题，导致一些家庭并不符合扶贫条件；另一方面，在实践中，一些地方的多维识别体系缺乏科学合理的设计与评估，民主评议也缺乏客观性，导致评议结果与实际情况存在偏差。此外，由于基层组织扶贫效率不高，存在严重的形式主义，一些精准识别工作异化为“精准填表”；由于缺乏必要的鼓励脱贫的正向激励机制，不少地方出现了隐瞒收入和财产，争当贫困户的现象。最后，对于扶贫对象的动态调整机制仍然滞后，难以有效反映扶贫对象脱贫或脱贫后的农户再度返贫的真实情况。有鉴于此，要进一步完善现有的精准扶贫识别机制，建立相对统一的、科学合理的多维识别体系，提高民主评议的客观性；力戒扶贫过程中的形式主义，防止出现“数字脱贫”等问题；建立有效的正向激励机制，鼓励贫困人口通过辛勤的劳动、合法的经营尽快走上致富脱贫的道路，克服“等、靠、要”的思想，防止出现大家争当贫困户的现象。[①] 政府和相关机构要对已建档立卡的贫困户不定期的进行抽查核检，做到尽可能全面掌握贫困户的最新状况，根据中央关于贫困户退出机制的相关建议，认真执行贫困户的退出机制，并及时做好符合精准扶贫所要求扶持对象的建档立卡工作，实行贫困户动态管理机制，真正做到扶贫政策服务于真正的贫困户。[②]

---

① 李培林，魏后凯，吴国宝：《中国扶贫开发报告（2017）》，社会科学文献出版社，2017 年版，第 109~116 页。

② 朱肖怡：《国家精准扶贫框架下扶贫存在的问题及对策研究》，对外经济贸易大学硕士学位论文，2017 年，第 32 页。

其次，完善精准扶贫的治理体系。进一步完善现有的扶贫治理体系，把自上而下的强制性制度供给和治理与自下而上的诱致性制度变迁和治理有机结合起来，充分发挥多元扶贫治理主体的作用，尤其是强化基层组织在精准扶贫、脱贫攻坚中的作用。农村基层组织在脱贫攻坚中发挥着战斗堡垒的作用，一个强有力的基层组织往往能够发挥有效组织发动群众，优化整合扶贫资源，不断开拓创新多元扶贫方式的作用。如果基层组织软弱涣散，必然影响中央各项扶贫政策措施的贯彻落实，严重削弱精准扶贫的效果。习近平总书记曾指出，深度贫困地区脱贫攻坚，尤其要加强工作第一线的组织领导。打脱贫攻坚战的关键是人，这些年我们在贫困村选派第一书记、驻村工作队，有的还增加了大学生村官。深度贫困地区是坚中之坚，打这样的仗，就要派最能打的人，各地要在这个问题上下大功夫，否则有钱也不成事。要把夯实农村基层党组织同脱贫攻坚结合起来，选好一把手、配强领导班子，特别是要下决心解决软弱涣散基层班子的问题，发挥好农村党组织在脱贫攻坚中的战斗堡垒作用。[①]一是要发挥基层组织的领导作用，激发群众致富愿望。扶贫开发工作是一项艰巨的系统工程，农村基层党员干部要从国家发展大局的角度认识精准扶贫的重要战略意义，增强责任意识，形成推进精准扶贫的核心战斗力。基层干部要发挥表率作用，以实际行动，教育贫困群众克服等、靠、要的思想，激发困难群众的致富愿望，增强脱贫致富的信心；要通过细致深入的走访调查，了解贫困群众的真实需求，通过项目带动、生产帮助、资金扶持等方式，帮助和支持困难群众发展生产，增加收入；二是发挥基层组织的引导作用，不断探索扶贫脱贫的新方式。基层组织要集中党员干部智慧和力量，认真研究分析当地的优势和劣势，通过有效的举措将资源优势转化为经济优势；要充分利用好国家的各项扶贫优惠政策，使贫困群众真正深入了解这些政策、用好政策，依靠政策推动发展。积极探索农村基层党组织在扶贫开发工作中的新方法、新途径，制定有实效的新对策；三是发挥基层党组织的阵地堡垒作用，把扶贫开发的先进经验加以推广。农村基层党组织可以通过宣

---

① 习近平：《习近平谈治国理政》（第二卷），外文出版社，2017 年版，第 91~92 页。

传典型事迹、案例等方式推动扶贫开发工作。把农村中积极转变观念、脱贫致富的贫困户作为致富典型宣传，发挥榜样对全体贫困群众的带动示范效应。

再次，深化基础性制度改革，增强精准扶贫的内生动力。在推进精准扶贫过程中，要把制度供给和创新纳入国家整个经济体制改革进程中去通盘考量，尤其是需要国家在基础性制度领域实施一系列变革和创新。基础性制度改革能够拓展制度创新的边界，扩大经济社会主体行为选择的空间，从能够进一步激发贫困人口脱贫致富的内生动力，不断提升精准扶贫的实际效果。一是进一步推进户籍制度改革，消除阻碍贫困地区人口转移的城乡二元结构制度制约。2014 年以来，我国户籍制度改革得到大幅推进，中小城市基本可以自由落户，大城市的落户条件进一步明确、难度降低，这些都有助于促进城乡劳动力自由流动，尤其是为农村贫困人口借助新型城镇化的机遇，最终实现人口转移创造了条件。未来需要进一步推进户籍制度改革，并将这一改革与城乡公共服务、社会保障、城乡土地制度，乃至中央和地方的财税体制等综合配套改革结合起来，才能真正让户籍制度松绑，使贫困地区的人口顺利地转移，从而使贫困人口的绝对收入增加，在不影响其他地区的生活水平的同时，改善贫困地区的生活水平，实现区域经济的帕累托改进；二是推进公共财政制度创新。实施公共财政制度创新，就是要使公共财政和社会保障制度充分体现“社会公平”，尤其要体现“城乡公平”。长期以来，由于我国公共财政体系不完善，导致城乡公共服务不均等的现象十分突出，主要表现为农村公共服务缺乏足够的财力支持、城乡财政支出分配不合理。由于城市社会事业的发展给各级政府造成了很大的财政压力，导致了国家、地方财政对农村社会事业社会事业的投入严重不足。因此，为了实现城乡基本公共服务均等化，推进城乡一体化进程，应把完善公共财政体系作为政策取向之一，尤其是在社会保障制度、农业基础设施、农村义务教育等公共产品的提供方面，国家对于农村的投入应与城镇一样公平对待，同时加强对农村贫困群体的转移支付。三是对农村土地制度进行改革创新。目前我国已有十几个省开始整省推进试点的是农户承包地制度改革，主要是解决好权能的分置问题，即“三权分置”（落实集体所有权，稳定农户承包权，放活土地经营权）。把农民土地承包经营权分为承包权和经营权，实现承包权和经营权分置并行，这是我国农村改革的又一次重大制度创新。同时，推动农村土地征收、宅基地、集体建设用地和集体产权股份化等改革试点，也创造了增加农民财产性收入的条件。随着农村土地制度改革的深入推进，必将扩展农民利用土地这一重要资产发展经济、提高收入的渠道，也必然会促使农村贫困地区探索出更多有效的资产扶贫开发模式。[①]

最后，完善精准扶贫的考核机制与退出机制。扶贫开发工作已进入啃硬骨头、攻坚拔寨的冲刺期。因此，要建立科学严格的机制，精准扶持对象、精准项目安排、精准资金使用、精准措施到户，确保脱贫成效精准，如期实现到2020年脱贫的目标任务。一是探索建立村级精准扶贫考核机制，实现贫困县的考核从GDP向扶贫开发工作成效转变。对贫困县的考核，要坚决改变唯GDP的倾向，把贫困地区各级党政领导和部门的扶贫成效纳入主要的考核内容。改进考核办法和考核指标体系设置，将连片扶贫开发、投入帮扶、改善边远贫困群众生产生活条件、增加贫困人口收入和减少贫困人口数量纳入考核主要指标，进行量化管理；二是完善精准扶贫工作机制，进行统筹规划，分级负责，精准识别，动态管理，瞄准建档立卡贫困人口，加大资金、政策、工作等投入力度，提高扶贫质量，杜绝出现“数字脱贫”的问题；三是强化责任机制，制定“脱贫摘帽”时间表。实行中央统筹、省（自治区、直辖市）负总责、市（地）县抓落实的工作机制。国务院扶贫开发领导小组制定统一的退出标准和程序，负责督促指导、抽查核查、评估考核、备案登记等工作。省（自治区、直辖市）制定本地脱贫规划、年度计划和实施办法，抓好组织实施和监督检查。市（地）县汇总数据，甄别情况具体落实，确保贫困退出工作有序推进。坚持正向激励，贫困人口、贫困村、贫困县退出后，在一定时期内国家原有扶贫政策保持不变、支持力度不减，留出缓冲期，确保实现稳定脱贫。对提前退出的贫困县，各省（自治区、直辖市）可制定相应奖励政策，鼓励脱

① 李艳、汤瑞雪：《“制度扶贫”框架下农村基层组织管理“双创”模式构建》，载《天津经济》，2016年第12期；黄文华：《创新是农村制度扶贫的治本之策》，2003年3月29日，《农民日报》。

贫摘帽；[①] 四是建立奖惩机制，将“减贫摘帽”作为各级干部考核的重要指标，通过建立有效的奖惩机制，从根本上解决扶贫攻坚过程存在的“为官不为”等问题，让高素质的干部队伍成为扶贫脱贫的中坚力量。[②]

（本章撰稿人：张慧君、毕亚民）

① 《中共中央、国务院关于建立贫困退出机制的意见》，http：//www.xinhuanet.com//2016-04/28/c_1118764988.htm。

② 马志伟：《建立科学严格机制 确保精准扶贫到位》，2016 年 7 月 18 日，《人民政协报》。

第九章　精准扶贫与中国特色发展经济学理论体系

改革开放四十年来，中国经济发展取得了令人瞩目的成就，创造了人类历史上罕见的经济增长奇迹，为中国特色发展经济学理论体系的形成打下了坚实基础。党的十八大以来，以习近平同志为核心的党中央承前启后，把脱贫攻坚纳入“五位一体”总体布局和“四个全面”战略布局，使新时代精准扶贫取得了新的伟大成就。精准扶贫是中国特色发展经济学的新拼图、新成果、新高度，丰富了中国特色发展经济学。同时，中国特色发展经济学也随着中国特色社会主义发展实践的深化而迈向更高水平，不断指引着中国特色社会主义向前发展。

第一节　从精准扶贫看中国特色发展经济学的主要内容

党的十八大以来，以习近平同志为核心的党中央把精准扶贫、脱贫攻坚放到治国理政的重要位置，纳入“四个全面”战略布局，作为全面建成小康社会重要要求，提升到贯彻落实五大发展理念的高度，作出了一系列决策部署。以人民为中心的发展思想是精准扶贫的内在逻辑，也构成中国特色发展经济学的逻辑红线。精准扶贫实现共同富裕途径，共同富裕是党中央领导全国各族人民走中国特色发展道路的最终目标。精准扶贫离不开党的领导和广大人民群众力量，这是中国特色发展所依靠的重要力量，因而也是中国特色发展经济学的重要内容。

一、十八大以来我国精准扶贫成就

党的十八大以来，我国扶贫开发进入啃硬骨头、攻坚拔寨阶段，以习近平同志为核心的党中央攻坚克难，继续不遗余力地将中国的扶贫开发推进到一个新的战略进程，精准扶贫、脱贫攻坚取得令世人瞩目的显著成就。农村贫困人口大幅减少，贫困发生率持续下降。党的十八大以来，党中央、国务院对脱贫攻坚作出新部署，建立精准扶贫和精准脱贫的责任体系、政策体系、制度体系和社会动员体系，加大投入和动员力度，实施精准识别、精准帮扶，全国及各地区农村贫困人口大幅减少，区域性整体贫困明显缓解。

我国在反贫困领域取得新的非凡成就，为全球减贫事业作出巨大贡献。按现行国家农村贫困标准（2010 年价格水平每人每年 2300 元）测算，全国农村贫困人口由 2012 年的 9899 万人减少至 2016 年的 4335 万人，累计减少 5564 万人，平均每年减少 1391 万人。贫困发生率由 2012 年的 10.2% 下降至 2016 年的 4.5%，其中西部地区农村贫困发生率由 2012 年的 17.6% 下降到 2016 年的 7.8%，下降 9.8 个百分点；中部地区农村贫困发生率由 10.5% 下降到 4.9%，下降 5.6 个百分点；东部地区农村贫困发生率由 3.9% 下降到 1.4%，下降 2.5 个百分点。同时，特困地区贫困发生率显著下降，贫困人口规模大量减少。贫困地区农村贫困发生率年均下降 3.3 个百分点，集中连片特困地区农村贫困发生率年均下降 3.5 个百分点。①

贫困地区农村居民收入保持快速增长。党的十八大以来，党中央、国务院不断加大投入力度，因地制宜发展特色产业脱贫、引导劳务输出脱贫、实施易地搬迁脱贫、结合生态保护脱贫等，贫困地区农村居民持续增收能力不断增强，收入增速持续快于全国农村平均水平。2016 年，贫困地区农村居民人均可支配收入 8452 元，扣除价格因素，实际水平是 2012 年的

① 国家统计局：《精准脱贫成效卓著 小康短板加速补齐》，http：//www.stats.gov.cn/ztjc/ztfx/18fzcj/201802/t20180212_1583217.html。

1.5 倍。贫困地区农村居民人均收入连续保持两位数增长，2013–2016 年人均可支配收入名义增速分别是 16.6%、12.7%、11.7% 和 10.4%。2013–2016 年，贫困地区农村居民人均可支配收入年均实际增速比全国农村平均水平快 2.7 个百分点。其中，集中连片特困地区年均实际增长 10.5%，比全国农村平均水平快 2.5 个百分点；扶贫开发工作重点县年均实际增长 11.1%，比全国农村平均水平快 3.1 个百分点。

贫困地区农村居民生活消费水平持续提高。党的十八大以来，贫困地区农村居民消费逐渐由生存型向发展型升级，各项消费支出持续增长，居住条件不断改善，生活消费水平明显提高。2016 年，贫困地区农村居民人均消费支出 7331 元，扣除价格因素，实际水平是 2012 年的 1.44 倍，年均实际增长 9.6%。消费结构明显优化，吃饭穿衣支出稳定增长，占比下降。2016 年贫困地区农村居民人均食品支出为 2567 元，是 2013 年的 1.25 倍，2014–2016 年年均名义增长 7.6%；恩格尔系数为 35.0%，比 2013 年下降 3.2 个百分点。居住条件不断改善，住房质量提高。2016 年，贫困地区农村居民户均住房面积比 2012 年增加 19.1 平方米。传统耐用消费品拥有量持续增加。2016 年，贫困地区农村每百户拥有电冰箱、洗衣机、彩电分别为 75.3 台、80.7 台和 108 台，分别比 2012 年增加 27.8 台、28.4 台和 9.7 台，和全国农村平均水平的差距逐渐缩小。[①]

贫困地区农村基础设施明显改善，基本公共服务得到加强。党的十八大以来，中央和地方政府不断加大对水、电、路、网等基础设施和公共服务建设投资力度，“四通”覆盖面不断扩大，教育文化卫生设施获得明显提升，生产生活条件得到进一步改善，贫困地区农村面貌换新颜。基础设施条件不断完善。贫困地区“四通”覆盖面不断扩大。截至 2016 年，贫困地区通电的自然村接近全覆盖，通有线电视信号的自然村比重为 81.3%，比 2012 年提高 12.3 个百分点，通宽带的自然村比重为 63.4%，比 2012 年提高 25.1 个百分点。教育文化状况同样有显著改善，党的十八大以来，各地各部门积极推进教育文化扶贫，贫困地区农村受教育情况明显改善，教育文

① 国际统计局：《精准脱贫成效卓著 小康短板加速补齐》，http：//www.stats.gov.cn/ztjc/ztfx/18fzcj/201802/t20180212_1583217.html。

化设施状况获得较大提升。2016年贫困地区农村79.7%的农户所在自然村上幼儿园便利，84.9%的农户所在自然村上小学便利，分别比2013年提高12.1个百分点和6.9个百分点。医疗卫生水平显著提高，2012年以来，中央专项投资支持贫困地区医疗卫生机构基础设施建设，贫困地区医疗卫生服务条件获得较大改善。2016年，贫困地区农村拥有合法行医证医生或卫生员的行政村比重为90.4%，比2012年提高7.0个百分点。

党的十八大以来在精准扶贫方面的主要举措及其成就，表明它们已经构成了中国特色发展经济学逻辑体系中一个不可缺少的重要内容。基于上述实践状况的梳理，我们把精准扶贫对发展经济学理论体系建设的要求概括为以下的三个方面。

二、以人民为中心的发展思想

以人民为中心的发展思想，是中国特色经济发展的核心，也是精准扶贫的内在逻辑，当然也构成中国特色发展经济学的逻辑红线。坚持以人民为中心，以人民的利益为出发点，是马克思主义政治经济学阶级性的体现，是马克思主义政治经济学的根本立场。而精准扶贫则是新时期马克思主义与中国实践相结合的产物，在新的历史阶段坚持和丰富了人民主体的思想。对此习近平总书记在纪念毛泽东同志诞辰一百二十周年座谈会上的讲话强调，“检验我们一切工作的成效，最终都要看人民是否真正得到了实惠，人民生活是否真正得到了改善，人民权益是否真正得到了保障。我们必须再接再厉，使发展成果更多更公平惠及全体人民，朝着共同富裕方向稳步前进。”①

精准扶贫体现了以人民为中心的发展思想，因而也是中国特色发展经济学的重要内容。“小康不小康，关键看老乡”，为解决这里所讲的“老乡”问题，习近平总书记特别注重“扶贫开发”问题，提出了精准扶贫思想。从这个意义上说，精准扶贫是习总书记共同富裕思想的重要组成

① 中共中央文献研究室:《十八大以来重要文献选编》(上)，北京.中央文献出版社，2014年，第698页。

部分，也是其民本情怀的集中体现。“做好扶贫开发工作，支持困难群众脱贫致富，帮助他们排忧解难，使发展成果更多更公平惠及人民，是我们党坚持全心全意为人民服务根本宗旨的重要体现，也是党和政府的重大职责。”[①] 这充分体现出习近平总书记是把人民根本利益当作一切经济工作的根本标准或尺度，一切经济工作和经济发展都要尊重人民，以人民为中心。

习总书记将扶贫开发工作视为全面建设小康社会以及坚持社会主义道路和共同富裕道路的必然要求。他指出：“做好扶贫开发工作，支持困难群众脱贫致富，帮助他们排忧解难，使发展成果更多更公平惠及人民，是我们党坚持全心全意为人民服务根本宗旨的重要体现，也是党和政府的重大职责。”中国特色社会主义是人民主体地位和国家根本利益两者的统一，正如 2012 年 11 月习总书记在十八届中央政治局常委与中外记者见面会上所强调的，“人民对美好生活的向往，就是我们的奋斗目标。我们的责任，就是要团结带领全党全国各族人民，继续解放思想，坚持改革开放，不断解放和发展社会生产力，努力解决群众的生活生产困难，坚定不移走共同富裕的道路。”[②]

三、坚定不移走共同富裕道路

精准扶贫是我国共同富裕之路上的一道靓丽风景，而共同富裕就是党中央领导全国各族人民走中国特色发展道路的最终目标。这两者是相辅相成的。习总书记将扶贫开发工作视为全面建设小康社会以及坚持社会主义道路和共同富裕道路的必然要求。他指出：“做好扶贫开发工作，支持困难群众脱贫致富，帮助他们排忧解难，使发展成果更多更公平惠及人民，是我们党坚持全心全意为人民服务根本宗旨的重要体现，也是党和政府的重大职责。”[③] 共同富裕就是要消灭贫富悬殊和两极分化，但其内涵不是简单的平均富裕和同步富裕，而是在生产力发展的基础上，逐步实现全体人民

① 习近平：《做焦裕禄式的县委书记》，中央文献出版社，2015 年版，第 19 页。

② 习近平：《人民对美好生活的向往 就是我们的奋斗目标》，2012 年 11 月 16 日，《人民日报》。

③ 习近平：《在河北省阜平县考察扶贫开发工作时的讲话》，2012 年 12 月 30 日。

的普遍富裕，使人民共享发展成果。进入 21 世纪以来，党中央明确提出到 2020 年，要“全面建设惠及十几亿人口的更高水平的小康社会”，这开启了我国新时期的共同富裕之路。

习近平总书记指出，全面建成小康社会、实现第一个百年奋斗目标，最艰巨的任务是脱贫攻坚，这是一个最大的短板，也是一个标志性指标。我们共产党人从党成立之日起就确立了为天下劳苦人民谋幸福的目标。这就是我们的初心。打赢脱贫攻坚战，解决好贫困群众生产生活问题，满足贫困群众追求幸福生活的基本需求，这是我们的目标，也是我们的庄严承诺，我们一定要兑现这一承诺。2012 年 11 月，习近平总书记在十八届中央政治局常委同中外记者见面时鲜明宣示：“人民对美好生活的向往，就是我们的奋斗目标。”2012 年 12 月，习近平总书记第二次国内考察就选择河北阜平革命老区，进村入户看真贫。党的十八大以来，习近平总书记亲自挂帅、亲自出征、亲自督战，走遍了连片特困地区。先后在河北阜平、部分省区市扶贫攻坚与“十三五”时期经济社会发展座谈会、2015 减贫与发展高层论坛、中央扶贫开发工作会议、东西部扶贫协作座谈会、中央政治局第 39 次集体学习、中央政治局常委会会议审议《关于 2016 年省级党委和政府扶贫开发工作成效考核情况的汇报》时发表重要讲话，全面部署和推进脱贫攻坚。

消除贫困、改善民生、实现共同富裕，是社会主义的本质要求，是我们党的重要使命。习近平总书记多次主持召开重要会议，研究作出重大决策和重要指示。这一系列重要讲话、重要指示，深刻阐述了扶贫开发的极端重要性和艰巨性，系统阐述了打赢脱贫攻坚战的根本路径。脱贫攻坚是共同富裕之路上的硬骨头，这要求我们要披荆斩棘，攻城拔寨，迎难而上，用智慧和勇气搭建起通往共同富裕的桥梁。因此，脱贫攻坚任务重的地区党委和政府要把脱贫攻坚作为‘十三五’期间头等大事和第一民生工程来抓，坚持以脱贫攻坚统揽经济社会发展全局。同时，脱贫攻坚必须坚持问题导向，以改革为动力，以构建科学的体制机制为突破口，充分调动各方面积极因素，用心、用情、用力开展工作。综上可见，扶贫开发推进到今天这样的程度，贵在精准，重在精准，成败之举在于精准，扶贫不是慈善救济，而是要引导和支持所有有劳动能力的人依靠自己的双手开创美好明天。

四、党的领导与依靠人民相统一

精准扶贫的巨大成就离不开党的领导，离不开广大人民群众的力量，这是中国特色发展所依靠的重要力量，因而也同样是中国特色发展经济学的重要内容。精准扶贫必须要加强党的领导，发挥政治优势，落实责任。在党的领导下，我国精准脱贫形成了中央统筹、省负总责、市县抓落实的工作机制，层层落实脱贫攻坚责任，为打赢脱贫攻坚战建立了体制机制，提供了制度保障。第一，建立了脱贫攻坚责任体系。中央出台了脱贫攻坚责任制实施办法，强化“中央统筹、省负总责、市县抓落实”的管理体制，构建起责任清晰、各负其责、合力攻坚的责任体系；第二，建立了脱贫攻坚政策体系。党中央、国务院作出打赢脱贫攻坚战的决定并出台配套文件。中央和国家机关各部门出台100多个政策文件或实施方案，各地也相继出台和完善了“1+N”的脱贫攻坚系列文件，内容涉及产业扶贫、易地扶贫搬迁、劳务输出扶贫、交通扶贫、水利扶贫、教育扶贫、健康扶贫、金融扶贫、农村危房改造等。很多“老大难”问题都有了针对性的措施，打出了政策组合拳；第三，建立了脱贫攻坚投入体系。中央明确，扶贫投入力度要与打赢脱贫攻坚战的要求相匹配。在财政投入上，2016年中央和省级财政专项扶贫资金首次突破1000亿元，其中中央为667亿元，同比增长43.4%；省级为493.5亿元，同比增长56.1%。“十三五”时期，国家将向省级扶贫开发投融资主体注入约2500亿元资本金用于易地扶贫搬迁；第四，建立了脱贫攻坚监督体系。中央出台脱贫攻坚督查巡查工作办法，对各地各部门落实中央决策部署开展督查巡查。督查坚持目标导向，着力推动工作落实，坚持问题导向，着力解决突出问题；第五，建立了脱贫攻坚考核评估体系。中央出台省级党委和政府扶贫开发工作成效考核办法。从2016年到2020年，每年开展一次考核，由国务院扶贫开发领导小组组织进行。主要考核减贫成效、精准识别、精准帮扶、扶贫资金使用管理等方面，树立脱贫实效导向，确保脱贫攻坚质量经得起实践和历史检验。

精准扶贫需要依靠人民的力量，需要充分调动各方积极性，汇集多方力量打赢脱贫攻坚战。在脱贫攻坚的过程中，要坚持一切为了人民，一切依靠人民。这个“人民”不是抽象意义上的人民，而是现实生活中十三亿在共同富裕道路上奋勇前行的中国人民，他们是建设中国特色社会主义，推动中国向前发展的最根本力量。习总书记强调，“扶贫开发要切实强化社会合力，要动员和凝聚全社会力量广泛参与。只要群众对幸福生活的憧憬还没有变成现实，我们就要毫不懈怠团结带领群众一起奋斗。”[①] 因为始终坚持依靠人民，我们形成了专项扶贫、行业扶贫、社会扶贫等多方力量有机结合的“三位一体”大扶贫格局，以发挥各方面的积极性。我国正在建设国家扶贫开发大数据平台、省级扶贫开发融资平台、县级扶贫开发资金项目管理平台、贫困村扶贫脱贫工作落实平台和社会扶贫对接平台。开展健康扶贫、教育扶贫、金融扶贫等十大精准扶贫行动，实施贫困村提升、扶贫小额信贷工程等十项精准扶贫工程。提高东西部扶贫协作水平，加强党政机关定点扶贫，推进军队和武警部队帮扶，开展多党合作脱贫攻坚行动，动员民营企业、社会组织、个人参与脱贫攻坚，形成社会合力的局面。群众参与，就是尊重贫困群众扶贫脱贫的主体地位，不断激发贫困村贫困群众内生动力。为此，要充分发挥贫困村党员干部的引领作用，抓好以村党组织为核心的村级组织配套建设。培育具有较强经营创业能力、适应扶贫开发和新农村建设的致富带头人，充分发挥其示范作用。弘扬自力更生、艰苦奋斗精神，激发贫困群众脱贫奔小康的积极性、主动性、创造性，提升其自我组织能力、自我发展能力和参与市场竞争的能力。

展望未来，我国脱贫攻坚任务仍十分艰巨，到 2020 年实现现行标准下贫困人口脱贫，每年仍需减贫 1000 万以上，而且剩下的大都是条件较差、基础较弱、贫困程度较深的地区和群众，脱贫特别是深度贫困地区脱贫任务仍十分艰巨而繁重。让我们更加紧密地团结在以习近平同志为核心的党中央周围，运用好发展经济学原理，增强打赢脱贫攻坚战的责任感、使命

① 习近平:《习近平在内蒙古考察时讲话》，2014 年 1 月 30 日，《人民日报》。

感和紧迫感，以更大的决心、更精准的举措，众志成城，为确保实现到2020年所有贫困地区和贫困人口一道迈入全面小康社会的宏伟目标而努力奋斗。

第二节　中国特色发展经济学的框架

新中国成立以来，特别是改革开放以来，中国形成了一条适合中国国情的发展道路，也成了中国特色发展经济学。通过对中国实践，特别是扶贫开发的实践，我们探讨中国特色发展经济学的实现目标、理论基础、依靠力量和实践途径，这些也构成了中国特色发展经济学的框架。

一、中国特色发展经济学的研究目的和价值取向

始终以人民为中心，始终坚持走共同富裕道路，最终实现全体人民共同富裕，是中国特色发展的最终目标和不懈追求，当然也是中国特色发展经济学的理论分析实现目标。马克思和恩格斯在汲取前人思想精华的基础上，创立了唯物史观和剩余价值理论，实现了社会主义由空想到科学的飞跃。共同富裕作为科学社会主义基本内容之一，也逐渐由空想走向了实践。在我国，“共同富裕”概念第一次被明确写入党的中央文件是在1953年12月底中共中央委员会通过的《中共中央关于发展农业生产合作社的决议》中。在新中国的经济和社会实践中，毛泽东反复强调，“社会主义道路才是全体农民富裕和生产迅速发展的光明大道。”[①] 以邓小平为核心的第二代中央领导集体立足于中国现实国情，明确了社会主义的本质，提出很多具有建设性的实现共同富裕的新途径，创造性地继承并发展了前人共同富裕思想，是马克思主义在中国的新体现。从改革开放初始到1992年南方谈

① 毛泽东：《毛泽东文集》第6卷，人民出版社，1999年版，第432页。

话，邓小平总结了建国以来的经验教训，进一步阐明社会主义的本质，“没有贫穷的社会主义。社会主义的特点不是穷，而是富，但这种富是人民共同富裕”，[①]以及“社会主义的本质是解放和发展生产力，消灭剥削，消除两极分化，逐步达到共同富裕”。[②]

党的十八大以来，以习总书记为核心的党中央领导集体根据时代和实践的要求，在充分吸收前人共同富裕思想的基础上，实现了共同富裕思想的进一步发展。2015 年 11 月 27 日至 28 日，习总书记在中央扶贫开发工作会议上强调，“消除贫困、改善民生、逐步实现共同富裕，是社会主义的本质要求，是我们党的重要使命。全面建成小康社会，是我们对全国人民的庄严承诺。脱贫攻坚战的冲锋号已经吹响，我们要坚决打赢脱贫攻坚战，确保到2020年所有贫困地区和贫困人口一道迈入全面小康社会。”[③]可以看出，走共同富裕道路一直是中国共产党人的不懈追求和永恒主题。

党的十九大报告指出，要始终坚持以人民为中心，人民是历史的创造者，是决定党和国家前途命运的根本力量。[④]坚持以人民为中心的发展思想，发展为了人民，这是马克思主义政治经济学的根本立场。无产阶级的运动是绝大多数人的、为绝大多数人谋利益的独立的运动。坚持人民主体地位，坚持立党为公、执政为民，把人民对美好生活的向往作为党自始至终的奋斗目标，是党全心全意为人民服务根本宗旨的具体体现。正如习近平总书记在中央政治局第二十八次集体学习时指出，把增进人民福祉、促进人的全面发展、朝着共同富裕方向稳步前进作为经济发展的出发点和落脚点。这一点，我们任何时候都不能忘记，部署经济工作、制定经济政策、推动经济发展都要牢牢坚持这个根本立场。[⑤]

在过去四十年里，我国有超过 7 亿人摆脱贫困，占全世界减贫人口的 70%，这是党践行立党为公、执政为民誓言的伟大成果。坚持以人民为中

---

① 邓小平：《邓小平文选》第 3 卷，人民出版社，1993 年版，第 265 页。

② 中共中央文献研究室：《十四大以来重要文献选编》（上），人民出版社，1996 年版，第 406 页。

③ 习近平：《脱贫攻坚战冲锋号已经吹响 全党全国咬定目标苦干实干》，2015 年 11 月 29 日，《人民日报》。

④ 习近平：《决胜全面建成小康社会 夺取新时代中国特色社会主义伟大胜利》，人民出版社，2017 年版，第 21 页。

⑤ 习近平：《在十八届中央政治局第二十八次集体学习时的讲话》，2015 年 11 月 23 日，《人民日报》。

心的发展理念，不是空洞的口号，必须体现在制度上，落实在政策上，转化在行动上。必须坚持完善以公有制为主体的基本经济制度，更好发挥国有企业在保障人民共同利益方面的主力作用，更好发挥非公有制经济的活力，推动国民经济增长，带动就业和再就业，保障和改善民生。必须坚持以按劳分配为主、多种分配方式并存的基本分配制度，缩小收入差距，共享发展成果，实现共同富裕。必须从解决人民最关心最直接最现实的利益问题入手，下大力气解决好医疗、教育、就业、扶贫、食品安全等与人民生活息息相关的问题。必须发展人民民主，维护社会公平正义，保障人民平等参与、平等发展权利，充分调动人民积极性、主动性、创造性。

中国梦归根到底是人民的梦，改革发展成果要更多地、更公平地惠及全体人民，不断增强着人民群众的获得感、幸福感。经过改革开放四十年的发展，我国社会生产力、综合国力以及人民生活水平实现了历史性跨越，中国特色社会主义进入新时代，人民对美好生活的向往更加强烈，人民群众的需要呈现多样化、多层次、多方面的特点，期盼有更好的教育、更稳定的工作、更满意的收入、更可靠的社会保障、更高水平的医疗卫生服务、更舒适的居住条件、更优美的环境、更丰富的精神文化生活。

面对我国新时代经济发展呈现出新特征，我们要坚持辩证唯物主义和历史唯物主义的方法论，在构建中国特色发展经济学的过程中，坚持以人民为中心的根本立场，理论联系实际，历史结合现实，从党和国家事业发展大局出发，为人民谋福利，不断朝着全体人民共同富裕、社会全面进步的目标前进。

在中国特色发展经济学的理论体系中，坚持以人民为中心，就要始终坚定不移地走共同富裕之路。习近平总书记在主持中央政治局第 28 次集体学习时强调指出：“要坚持把增进人民福祉、促进人的全面发展、朝着共同富裕方向稳步前进作为经济发展的出发点和落脚点。”这就从经济发展的出发点和落脚点上，体现了其经济学思想的民本情怀。他强调指出，“要坚持和完善社会主义基本经济制度，毫不动摇巩固和发展公有制经济，毫不动摇鼓励、支持、引导非公有制经济发展，推动各种所有制取长补短、相互促进、共同发展，同时公有制主体地位不能动摇，国有经济主导作用不能动摇，这是保证我国各族人民共享发展成果的制度性保证”，又指出“要坚持和完善社会主义基本分配制度，努力推动居民收入增长和经济增长同步、劳动报酬提高和劳动生产率提高同步，不断健全体制机制和具体政策，调整国民收入分配格局，持续增加城乡居民收入，不断缩小收入差距”。不仅如此，“十三五”规划中关于“创新、协调、绿色、开放、共享”的发展理念，也体现着把人民当作目的、一切为了人民的思想，需要在中国特色发展经济学中予以体现。比如协调、绿色、共享，就是如此。协调和共享，是为了解决“一切为了人民”中的短板问题；绿色，是为了解决人与自然的和谐关系问题。

习近平总书记从基本经济制度与经济发展的出发点、落脚点出发，强调把人民当作目的、一切为了人民，体现了其经济思想的民本情怀，也对构建中国特色发展经济学理论体系提出了贯穿民本情怀的要求。习总书记共同富裕思想始终坚持以人民为中心，以人民共富共享为基本原则，结合中国现实情况，引领全面小康和现代化伟大实践，为实现中华民族伟大复兴的中国梦和最终实现共同富裕开辟了道路，也彰显了中国特色发展经济学理论体系所应实现的目标追求。

二、中国特色发展经济学的理论基础

中国特色发展经济学始终坚持以中国现实国情为依据，以马克思主义为指导，理论联系实际，不断促进两者的良性循环发展。正确认识国情是我们谋划发展的首要问题，这既是党的思想路线的根本要求，也是制定和执行正确路线、方针和政策的基本依据，更是建设中国特色发展经济学理论体系的出发点和立足点。正如习近平总书记指出：“强调总依据，是因为社会主义初级阶段是当代中国的最大国情、最大实际。我们在任何情况下都要牢牢把握这个最大国情，推进任何方面的改革发展都要牢牢立足这个最大实际。”社会主义初级阶段，是我们党从社会性质和发展阶段上对中国国情所做的全局性、总体性判断。我国处于社会主义初级阶段这一科学论断，包括两层含义：第一，我国是社会主义社会。这是对我国现有社会制度基本性质的总概括和总规定，是我国国情的基本面；第二，我国还处在社会主义初级阶段。我们必须从这个实际出发，而不能超越这一阶段。这是对我国现有社会发展水平的总认识和总判断，反映了我国社会生产力还不发达，生产关系、上层建筑、意识形态等方面都还不完善的实际情况。当前，我国的基本国情仍然没有脱离社会主义初级阶段的基本特征，仍然处于并将长期处于社会主义初级阶段。社会主义初级阶段理论是现阶段党和国家制定路线、方针和政策的总依据，一切从社会主义初级阶段的实际出发，是谋划中国特色社会主义建设的立足点与出发点。坚持我国仍处于并将长期处于社会主义初级阶段的基本国情没有变，就是要充分认识到我国社会主义初级阶段的长期性，并将这一认识贯彻于社会主义经济、政治、文化、社会和生态文明建设始终。习近平指出："不仅在经济建设中要始终立足初级阶段，而且在政治、文化、社会、生态建设中也要始终牢记初级阶段；不仅在经济总量低时要立足初级阶段，而且在经济总量提高后仍然要牢记初级阶段；不仅在谋划长远发展时要立足初级阶段，而且在日常工作中也要牢记初级阶段。"社会主义初级阶段是指导国内各领域建设和发展的长期依据。中国是世界上最大发展中国家，这是对我国的国际身份所作出的根本判断，是我国现阶段处理国际关系、承担国际义务的总依据。新中国成立以来，尤其是经过三十多年的改革开放和快速发展，我国的国际地位逐步提升，但与发达国家还相距甚远，仍将长期属于发展中国家。

马克思主义是科学的世界观和方法论，是我们认识世界和改造世界的锐利思想武器。具体来说，马克思主义以辩证唯物主义和历史唯物主义为思想内核，形成了以生产力和生产关系、经济基础与上层建筑之间矛盾为基础的分析框架，系统地剖析了资本主义经济的运行规律，深刻地揭示了人类社会的发展规律。同时，马克思主义还拥有鲜明的工人阶级立场，拥有为广大劳动者谋幸福，为整个人类解放和自由不懈奋斗的崇高理想。习近平总书记在全国宣传思想工作会议上强调，"宣传思想工作的根本任务就是要巩固马克思主义在意识形态领域的指导地位，巩固全党全国人民团结奋斗的共同思想基础。”[①]这一重要论断，对中国特色社会主义经济理论和实践的发展具有重要指导意义。

没有正确的理论就没有正确的实践。中国共产党自成立以来，始终坚持以马克思主义为指导，解放思想、实事求是、与时俱进，始终坚持把发展生产力作为一切工作的出发点，始终坚持以人民为中心的发展理念。正是在马克思主义强大思想的武装下，中国共产党才可以带领全国人民取得了革命、建设和改革的一个又一个伟大胜利。当前，中国特色社会主义进入新时代，面临一系列新任务和新挑战，历史和现实要求我们必须始终坚持马克思主义指导地位，同时还必须自觉抵制各种反马克思主义和非马克思主义特别是新自由主义思想对我国思想领域的侵蚀。

事实上，能否自觉运用马克思主义理论指导我国的经济改革与发展，并在经济改革与发展的实践中坚持和发展马克思主主义，在很大程度上决定着中国特色社会主义的命运。新时代坚持马克思主义的立场和价值观，就是要坚持从生产力和生产关系、经济基础和上层建筑辩证统一的角度思考中国改革发展的大方向，坚持在不断实践探索中检验真理，推进改革；就是要坚持以人民为中心，解放生产力，发展生产力，消灭剥削，消除两极分化，最终实现全体人民共同富裕；就是要坚持中国共产党的领导，坚持社会主义方向，坚定共产主义理想信念，既不走封闭僵化的老路、也不走改旗易帜的邪路。

马克思和恩格斯将唯物史观引入对资本主义经济社会运行规律和发展规律的分析，发现了商品经济和市场经济的一般规律，包括价值规律、供求规律和竞争规律等。同时也发现了生产力和生产关系矛盾运动下人类社会的发展规律，为社会主义取代资本主义提供了科学的理论支撑，也为构建中国特色发展经济学理论体系提供了科学的理论支撑。党的十一届三中全会以来，中国共产党把马克思主义基本原理与改革开放新的实践相结合，创立了中国特色社会主义经济理论。中国特色社会主义经济理论的内涵十分丰富，主要包括：关于社会主义本质理论，关于社会主义初级阶段

---

① 习近平:《胸怀大局把握大势着眼大事 努力把宣传思想工作做得更好》，2013年8月21日，《人民日报》。

的理论，关于社会主义市场经济理论，关于社会主义科学发展的理论等。这些理论在马克思主义的鲜亮底色上，加入了实践特色、民族特色和时代特色，涵盖了中国特色社会主义经济的生产、分配和交换等主要环节，初步形成了一个比较完整的理论体系。

党的十八大以来，以习近平同志为核心的党中央领导集体，坚持以马克思主义为指导，坚持立足中国特色社会主义实践和基本国情，提出了一系列新的重大战略思想和重要理论观点。主要包括：公有制为主体、多种所有制经济共同发展的基本经济制度是中国特色社会主义制度的重要支柱，也是社会主义市场经济体制的根基；经济体制改革的核心问题是处理好政府和市场的关系，使市场在资源配置中起决定性作用和更好地发挥政府作用；创新、协调、绿色、开放、共享新发展理念；适应和引领我国经济发展新常态需要坚持供给侧改革；坚持党对经济工作的领导等。这些战略思想和理论观点，进一步丰富完善了中国特色社会主义经济理论，开辟了当代中国马克思主义政治经济学发展的新境界。

正确的理论是对经济社会发展规律的科学总结，可以帮助我们更好地认识事物发展规律，从而更加有效地指导实践。改革开放四十年经济发展奇迹离不开中国特色社会主义经济发展理论的科学指导。例如，在建设中国特色社会主义经济的过程中，逐步形成了中国特色社会主义经济发展理论，集中体现为科学发展观以及创新、协调、绿色、开放、共享等发展新理念。科学发展观是马克思主义关于发展的世界观和方法论的集中体现，是中国经济社会发展的重要指导方针。科学发展观，第一要务是发展，核心是以人为本，基本要求是全面协调可持续发展，根本方法是统筹兼顾。创新、协调、绿色、开放、共享五大发展新理念着力破解发展难题、增强发展动力、厚植发展优势，是发展行动的先导，是“十三五”乃至更长时期我国发展思路、发展方式和发展着力点，是我们党认识把握发展规律的再深化和新飞跃。可以说，科学发展观和新发展理念是我国经济发展实践的科学总结，同时也是进一步实现中国特色社会主义经济全面协调可持续发展的理论指南，是中国特色发展经济学的重要组成部分，对于我国未来相当长的一段时期内的经济发展都具有重要指导意义。

同样地，十一届三中全会以后，随着我国对外开放实践不断向纵深推进，随着我国全方位、宽领域、多层次对外开放格局的形成，我国逐步形成了中国特色的社会主义对外开放理论。中国的发展离不开世界，不能关起门来搞建设，必须全面发展对外经济关系，学习和引进发达国家的先进技术、体制和管理经验。要统筹国际国内两个大局，融入世界经济体系，充分利用国际国内两个市场，两种资源。另外，在积极参与经济全球化进程中，要看到经济全球化的两面性，趋利避害，控制风险。最关键的是要实施独立自主，互利共赢的开放战略，在对外开放的过程中要把立足点放在依靠自身力量的基础上，同时要积极推动和深化与其他国家和地区的经济合作关系，为促进世界经济共同发展、共同繁荣做出贡献。这些都需要在中国特色发展经济学中得到体现。

三、中国特色发展经济学构建坚持的基本原则

（一）党的领导

党的领导是实现中国特色发展的重要力量，习近平总书记指出，坚持党的领导，全面从严治党，是改革开放取得成功的关键和根本；改革无论改什么、改到哪一步，都要坚持党的领导，确保党始终总揽全局、协调各方。这是我国改革开放40年的宝贵经验和重要启示，是确保全面深化改革开放正确方向的根本保证。党的十九大报告指出，要坚持党对一切工作的领导，统筹推进“五位一体”总体布局，协调推进“四个全面”战略布局，提高党把方向、谋大局、定政策、促改革的能力和定力，确保党始终总揽全局、协调各方。[①] 党的领导是中国特色社会主义最本质的特征、是中国特色社会主义制度的最大优势。办好中国事情，关键在党的领导，这是中国新民主主义革命和社会主义建设事业长期实践得出的一条基本结论。

中国共产党是中国特色社会主义事业的坚强领导核心，是最高政治

① 习近平：《决胜全面建成小康社会 夺取新时代中国特色社会主义伟大胜利》，人民出版社，2017年版，第20页。

领导力量，各个领域、各个方面工作都必须坚定自觉坚持党的领导。经济建设是党的中心工作，党的领导必然要在经济工作中得到充分体现。只有坚持加强党的集中统一领导，才能不断完善社会主义制度，把坚持以经济建设为中心同坚持四项基本原则、坚持改革开放统一起来，充分发挥经济和政治两方面的优势，确保我国经济发展始终沿着正确方向前进。我们党所推动的经济体制改革，核心就是要处理好政府和市场的关系，实现社会主义基本制度与市场经济的有机结合，实现国家治理体系和治理能力现代化。党的集中统一领导和政府作用更好发挥是有机统一的，党的坚强有力领导是更好发挥政府作用的根本保证。各级党委要彻底改变仅靠行政命令来管理经济的方式，更加自觉地运用法治思维和法治方式来深化改革、推动发展、化解矛盾、维护稳定，依法调控治理经济。

目前，我国经济发展进入了新时代，面对新形势和新任务。新时代需要我们继续以经济建设为中心，大力发展生产力，人们日益增长的美好生活需要同样离不开党的领导。正如习近平总书记指出："全面提高党领导经济工作水平履行党领导经济工作的职能，议大事、抓大事。发展是党执政兴国的第一要务，作为执政党，我们必须切实加强党对经济工作的领导，扎扎实实做好经济工作。"①

党的十八大以来，面对世界经济复苏乏力、局部冲突和动荡频发、全球性问题加剧的外部环境，面对我国经济发展进入新常态等一系列深刻变化，习近平总书记亲自主持召开100多次与经济工作相关的会议，中央政治局、中央政治局常委会经常审议关系经济社会发展全局的重大问题，形成了以新发展理念为指导、以供给侧结构性改革为主线的政策框架，贯彻稳中求进工作总基调，引领我国经济持续健康发展。以习近平同志为核心的党中央充分发挥总揽全局、协调各方的领导核心作用，让中国经济这艘巨轮行稳致远。

综上可以看出，加强党对经济工作的集中统一领导，不仅保证了我国经济沿着正确方向前行，还取得了改革开放和社会主义现代化建设的历史

---

① 习近平:《在中央经济工作会议上的讲话》，2012年12月15日，《人民日报》。

性成就，为续写改革开放经济奇迹奠定了坚实基础。

（二）一切依靠人民

实现中国特色社会主义的发展，有效运用中国特色发展经济学促进实践，必须要依靠广大中国人民的力量。当前我国正处在经济增速换挡期、结构调整阵痛期和前期刺激政策消化期，即进入经济发展新常态。经济发展新常态的实质就是要适应转换发展模式进程所形成的新的状态。从哲学上讲，过去我国传统的发展模式主要是“物质驱动”，靠物质性要素来拉动经济增长。这种发展模式主要立足于消耗自然资源、物质资本投资、开办高投入高消耗高污染的工厂和廉价的劳动力成本。从历史上看，这种发展模式功不可没，为我国物质财富的积累做出了重要贡献。然而，这种发展模式，使我国的发展空间越来越小，发展支点越来越不牢固，发展道路越走越窄，发展的代价越来越大。由此，必须转变发展模式，由物质驱动走向创新驱动，进而由政府推动走向政府推动和人的创新活力推动相结合。然而，当前中国经济创新活力明显不足，进而使得经济发展模式转型过程中的创新动能匮乏。因此，需要通过体制机制创新激发人民群众的创新活力，让千千万万人民群众的创新水滴汇聚成汹涌澎湃的创新洪流，实现动力转换，培育新的经济增长点和经济发展动力。在这种情况下，习近平总书记强调要坚持人民主体地位，充分依靠并激发广大人民群众的积极性、主动性和创造性。

习近平总书记所谈到的“供给侧结构性改革”，实际上已涉及到激发人的创新活力及经济增长动力转换问题，涉及到了把人民当做主体、一切依靠人民的问题。“十三五”规划中关于“创新”的发展理念，也体现着把人民当作主体、一切依靠人民的思想。习近平总书记从经济新常态下经济发展动力转换上强调把人民当做主体、一切依靠人民，也体现其经济思想的民本情怀。在走共同富裕的道路过程中，要坚持一切为了人民，一切依靠人民。这个“人民”不是抽象意义上的人民，而是现实生活中十三亿在共同富裕道路上奋勇前行的中国人民，他们是建设中国特色社会主义，推动中国向前发展的最根本力量。习总书记非常重视人民能力的提升，

2013年9月，习总书记在“教育第一”全球倡议行动一周年纪念活动上发表视频贺词时指出，中国要“努力发展全民教育、终身教育，建设学习型社会，努力让每个孩子享有受教育的机会，努力让13亿人民享有更好更公平的教育，获得发展自身、奉献社会、造福人民的能力”。中央关于制定“十三五”规划的建议将坚持人民主体地位作为发展的首要原则，体现促进人的全面发展的指导思想，要实现“就业、教育、文化、社保、医疗、住房等公共服务体系更加健全，基本公共服务均等化水平稳步提高”，充分体现了习总书记发展为了人民，发展依靠人民，以人民为主体走共同富裕道路的思想。

四、中国特色发展经济学的实践途径

（一）坚定不移深化改革

改革开放是中国经济实现腾飞的两翼，是中国特色发展最根本的途径，是引领中国经济迈向更高水平，更高层次的核心逻辑。习近平总书记强调，我们坚定不移全面深化改革，推动改革呈现全面发力、多点突破、纵深推进的崭新局面。党的十八届三中全会审议通过的《中共中央关于全面深化改革若干重大问题的决定》，提出了全面深化改革的指导思想，强调顶层设计和整体，注重系统性、整体性和协同性。党的十八届三中全会以来，以习近平总书记为核心的党中央带领中国人民，走过了改革进程中“夯基垒台、选材备料、立柱架梁”的历程。三年来，中央深改组共确定300多项重点改革任务，出台1200多项改革方案。这些高强度的改革政策取得了显著成效，国有企业、财税金融、科技创新、土地制度、对外开放、文化教育、司法公开、环境保护、养老就业、医药卫生、党建纪检等主要领域“四梁八柱”性改革全面铺开，标志性、支柱性改革基本出台，把改革进一步推向深入。

改革开放在更具体层面来说是一次对内改革、对外开放的伟大历史进程。在经济领域内对内改革的最重要的成果之一就是中国特色社会主义市场经济体系的构建，激发了微观主体的经济活力，建立了更加资源配置更加高效的市场机制，形成了相对成熟的宏观调控经济体制，增强了我国经济创新力和竞争力，为改革开放四十年经济腾飞奠定了坚实基础。中国特色社会主义市场经济体系的形成并不是一蹴而就，而是经历了一段曲折的探索过程。

1978 年，以党的十一届三中全会为标志，中国开启了改革开放的历史征程，1982 年，党的十二大明确提出“计划经济为主、市场调节为辅”的原则，是经济体制改革中的一个重大突破。随着改革经验的不断成熟和改革进程的不断推进，1984 年 10 月，党的十二届三中全会通过《中共中央关于经济体制改革的决定》，确定社会主义经济是“公有制基础上的有计划的商品经济”。1992 年党的十四大确立社会主义市场经济体制的改革目标，随后党的十四届三中全会通过《关于建立社会主义市场经济体制若干问题的决定》，我国正式确立社会主义市场经济的改革方向和基本内容。2002 年党的十六大提出到 2020 年建成完善的社会主义市场经济体制的改革目标，随后党的十六届三中全会对建设完善的社会主义市场经济体制做出全面部署。十八大以来，以习近平同志为总书记的党中央进一步深化中国特色社会主义市场经济改革，让市场在资源配置中起决定性作用，更好地发挥政府作用，使得中国特色社会主义市场经济向更加成熟、更加科学、更加高效的方向发展。

中国改革开放四十年循序渐进，稳扎稳打，走出了一条摸着石头过河的渐进式道路。改革首先从农村开始，逐步向城市推进，对外开放首先从经济特区开始，逐步向沿海乃至内地推进，在这个过程中会根据实践的需要和变化不断调整改革思路。经过四十年的不断探索和精心打磨，中国特色社会主义市场经济体系日益成熟，在微观层面、中观层面和宏观层面都取得了巨大发展。

微观层面主要表现为市场主体的发展，包括国有经济、集体经济、非国有经济以及三者之间相互融合的混合所有制经济已成为我国社会主义市场经济的微观基础。国有企业是中国特色社会主义市场经济最重要的主体，是我国社会主义初级阶段公有制经济的主要形式，是我国社会主义经济制度的重要支柱，是我们党的执政基础，在我国经济社会发展中具有多方面的重要地位和作用，因此改革开放以来党中央实施了一系列做大做强国有企业的重大战略方针。经过四十年中央和地方共同的摸索和努力，经过一个摸着石头过河的不断试错过程，目前国有企业基本上建立了现代企业制度，在体制、机制以及管理制度等方面基本上与社会主义市场经济体制相契合，增强了国有企业活力，提高了国有企业的经济效益，实现了国有资本保值增值。目前，我国国有企业在实现政府宏观经济管理和调控目标，在维护国家安全、保障就业、公共服务、环境保护、产品安全等各方面都具有十分重要的作用。

国有企业改革只有进行时，没有完成时。正如党的十八大报告指出，“要毫不动摇巩固和发展公有制经济，推行公有制多种实现形式，深化国有企业改革，完善各类国有资产管理体制，推动国有资本更多投向关系国家安全和国民经济命脉的重要行业和关键领域，不断增强国有经济活力、控制力、影响力。”

改革开放四十年以来，我国非公有制经济获得了长足发展，在促进经济增长、就业、税收、技术创新等各方面都发挥了重要作用，已经成为支撑国民经济高速增长的主要力量，成为中国特色社会主义基本经济制度以及中国特色社会主义市场经济的重要组成部分。在社会主义条件下，我国非公经济不仅仅具有一般资本主义企业的逐利性，同时它又受到国家法律和政策的鼓励、引导和约束，使其成为促进社会生产力发展，服务国家和社会需要的重要力量。

党的十八大以来，党中央一再重申“两个毫不动摇”的原则，并且在全面深化改革中，通过积极发展混合所有制和大力推进政府行政体制改革，继续为我国非公有制经济的发展创造各种更为有利的条件。实践证明，进一步促进我国非公有制经济的健康发展，是保持我国市场经济发展活力和进一步促进整个国民经济持续发展的重要途径。

改革开放以来，我们党一直在努力寻找公有制和基本经济制度有效的实现形式。1997 年，党的十五大报告提出：“公有制实现形式可以而且应当多样化。要努力寻找能够极大促进生产力发展的公有制实现形式。”2002

年，党的十六大报告提出："除极少数必须由国家独资经营的企业外，积极推行股份制，发展混合所有制经济。"2013年，党的十八届三中全会提出："鼓励非公有制企业参与国有企业改革，鼓励发展非公有资本控股的混合所有制企业。"混合所有制是初级阶段基本经济制度的重要实现形式。发展混合所有制经济，就是要强调公有经济、非公有经济"两条腿"走路，这样才能走远、走好。当然，我国混合所有制经济是以公有制为主体的混合所有制经济，国有经济主导作用是社会主义混合所有制经济的特质。

中观层面主要表现为市场体系的构建。建立社会主义经济体制，必须培育发展一个统一、开放、竞争、有序的市场体系，作为调节资源配置和协调整个经济系统运行的基础性机制。随着市场取向改革的不断推进，国民经济的市场化程度不断提高，市场机制在生产、分配、交换和消费等各个领域发挥着重要的调节作用。目前，产品和要素市场体系基本形成，农村的集贸市场在20世纪80年代就已非常活跃，城市的各种商贸市场现已非常发达。除了土地要素市场、资金要素市场、产权交易市场尚未完全形成外，其余要素市场（如劳动力、人才、技术、信息等）已基本形成。

市场体系的构建离不开价格机制的引导，经过持续不断的价格改革，我们已将原来计划经济体制下行政命令主导资源配置的模式改革为市场价格引导资源配置的模式。目前，除了利率、电价、油价、水价等金融、能源和城市公用事业领域的价格仍由国家计划控制外，绝大部分商品和服务的价格已由市场竞争决定。中国改革开放四十年来的进程，实际就是从计划作为配置资源的主要手段逐渐变革成为市场成为配置资源的主要方式过程。在这个进程当中，市场的力量从无到有、从弱小到壮大，直至党的十八届三中全会《决定》提出，使市场在资源配置当中发挥决定性的作用，这在中国的改革开放和市场经济发展历史中，具有里程碑式的意义。

宏观层面主要表现为国家宏观调控体系的构建。在改革开放前的计划经济时期，我国的经济主要依靠国家计划进行调控，财政政策和货币政策只能起到辅助性作用，特别是货币政策非常欠缺。十四届三中全会后，1994年初中国开始构建宏观调控体系，通过实施财税、金融、外汇、外贸、计划、投资等一系列重大改革，初步形成了市场经济体制下财政政策与货币政策双支柱的宏观调控基础框架，增强了政府稳定和调控经济的能力，对20世纪90年代中国经济实现软着陆，以及成功抵御亚洲金融危机发挥了重要作用。目前，原来的国家指令性计划已被现在的指导性计划和规划所取代，原来的国家计委已改为国家发改委，财政政策和货币政策对宏观经济的调控作用越来越强，同时我们也积累了越来越丰富的宏观调控经验。伴随着中国社会经济、政治、社会生活的各个方面发生的深刻变化，党的十九大对中国特色社会主义的新阶段、新时代作出了重大判断，并且明确了2035年和2050年的发展目标，这些都是要依靠我国社会主义市场经济体制去实现。因此，我们还要坚持全面深化改革，加快完善社会主义市场经济体制，以期续写改革开放四十年中国经济发展奇迹。

（二）坚定不移对外开放

党的十九大报告强调，开放带来进步，封闭必然落后。中国会继续推动形成全面开放新格局，中国开放的大门不会关闭，只会越开越大。同时，中国会坚持推动构建人类命运共同体，中国人民的梦想同各国人民的梦想永远息息相通。①

开放是国家繁荣发展的必由之路。必须顺应我国经济深度融入世界经济的趋势，奉行互利共赢的开放战略，坚持内外需协调、进出口平衡、引进来和走出去并重、引资和引技引智并举，发展更高层次的开放型经济，积极参与全球经济治理和公共产品供给，提高我国在全球经济治理中的制度性话语权，构建广泛的利益共同体。发展更高层次的开放型经济，有助于实现中国发展与世界发展的更好互动，在开放中增强自身的国际竞争力。

习总书记十分重视开放对中国经济发展的积极作用，2013年10月，他在亚太经合组织工商领导人峰会上强调，“我们将实行更加积极主动的开放战略，完善互利共赢、多元平衡、安全高效的开放型经济体系。”②2014年6月，他在和平共处五项原则发表60周年纪念大会上表示，“我们要共

---

① 习近平：《决胜全面建成小康社会 夺取新时代中国特色社会主义伟大胜利》，北京．人民出版社，2017年版，第34页。

② 习近平：《倡导发挥亚太引领作用 维护和发展开放型世界经济》，2013年10月8日，《人民日报》。

同维护和发展开放型世界经济，共同促进世界经济强劲、可持续、平衡增长。”[①]2014年7月，他韩国国立首尔大学演讲时指出，“中国将坚定不移奉行互利共赢的开放战略，坚持正确义利观，发展开放型经济体系，全方位加强和拓展同亚洲和世界各国的互利合作。”[②]

四十年改革开放实践表明，只有开放才能进步，才能让一个国家发展繁荣。开放永远在路上，必须与时俱进地不断扩大开放，否则就不可能抓住全球化带来的新机遇，也不可能利用国外资源更好地实现现代化强国目标。正如习近平总书记指出，融入世界经济是历史大方向，中国经济要发展，就要敢于到世界市场的汪洋大海中去游泳。在这个过程中，我们遇到过漩涡，遇到过风浪，但我们在游泳中学会了游泳，这是正确的战略抉择。[③]

中国开放的大门不会关闭，只会越开越大。过去40年中国经济发展是在开放条件下取得的，未来中国经济实现高质量发展也必须在更加开放条件下进行。这是对我国开放发展内在规律的科学判断和理论升华，为新起点上的对外开放指明了方向。新时代推动形成更高水平全面开放新格局，要以“一带一路”建设为统领，丰富对外开放内涵，提高对外开放水平，协同推进战略互信、投资经贸合作、人文交流，努力形成深度融合的互利合作格局，开创对外开放新局面。要重点推进“一带一路”建设，健全“一带一路”合作机制，畅通“一带一路”经济走廊，打造陆海内外联动、东西双向开放的全面开放新格局。在此基础上，全面推进双向开放，促进国内国际要素有序流动、资源高效配置、市场深度融合，提升利用外资和对外投资水平，加快培育国际竞争新优势。积极参与全球经济治理，推动国际经济治理体系改革完善，积极引导全球经济议程，维护和加强多边贸易体制，促进国际经济秩序朝着平等公正、合作共赢的方向发展，共同应对全球性挑战。开放发展涉及国际和国内两个大局，需要我们全盘考虑和宏观把握，不断推动对外开放向更高层次、更高水平迈进。

---

① 习近平:《强调弘扬和平共处五项原则 建设合作共赢美好世界》，2014年6月29日，《人民日报》。

② 习近平:《共创中韩合作未来，同襄亚洲振兴繁荣》，2014年7月5日，《人民日报》。

③ 习近平:《共担时代责任 共促全球发展》，2017年1月18日，《人民日报》。

经济全球化是不可逆转的时代潮流，要坚持走开放融通、互利共赢之路，构建开放型世界经济。世界已经成为你中有我、我中有你的地球村。各国人民同心协力、携手前行，努力构建人类命运共同体，共创和平、安宁、繁荣、开放、美丽的亚洲和世界，是对人类社会向何处去的深邃思考与明确回答。

中国人民的梦想同各国人民的梦想息息相通，实现中国梦离不开和平的国际环境和稳定的国际秩序。必须统筹国内国际两个大局，始终不渝走和平发展道路、奉行互利共赢的开放战略，坚持正确义利观，树立共同、综合、合作、可持续的新安全观，谋求开放创新、包容互惠的发展前景，促进和而不同、兼收并蓄的文明交流，构筑尊崇自然、绿色发展的生态体系，始终做世界和平的建设者、全球发展的贡献者、国际秩序的维护者。

对中国特色发展经济学进一步展望，我们认为需要在加强对中国经济发展战略研究、深化对全面建成小康社会的理论内涵和实践经验研究总结、推进对建设社会主义现代化强国的战略部署和实践路径的研究等方面下功夫。

（本章执笔人：贾华强、李英东）

主要参考文献

[1] 马克思. 资本论（第一卷）[M]. 人民出版社，2004.

[2] 中央编译局. 马克思恩格斯选集（第二卷）[M]. 人民出版社，1995.

[3] 中央编译局. 马克思恩格斯选集（第四卷）[M]. 人民出版社，1995.

[4] 中央编译局. 马克思恩格斯全集（第十九卷）[M]. 人民出版社，1963.

[5] 毛泽东. 毛泽东选集（第三卷）[M]. 人民出版社，1991.

[6] 毛泽东. 毛泽东选集（第五卷）[M]. 人民出版社，1977.

[7] 毛泽东. 毛泽东选集（第六卷）[M]. 人民出版社，1999.

[8] 毛泽东. 毛泽东选集（第七卷）[M]. 人民出版社，1999.

[9] 毛泽东. 毛泽东著作选读（下册）[M]. 人民出版社，1986.

[10] 邓小平. 邓小平文选（第二卷）[M]. 人民出版社，1983.

[11] 邓小平. 邓小平文选（第三卷）[M]. 人民出版社，1993.

[12] 江泽民. 江泽民论有中国特色社会主义（专题摘编）[M]. 中央文献出版社，2002.

[13] 江泽民. 全党全社会进一步动员起来，夺取八七扶贫攻坚决战阶段的胜利 [N]. 人民日报，1999-6-10.

[14] 江泽民. 江泽民文选（第一卷）[M]. 人民出版社，2006.

[15] 江泽民. 江泽民文选（第三卷）[M]. 人民出版社，2006.

[16] 江泽民. 江泽民在中央扶贫开发工作会议上的讲话 [N]. 人民日报，2001-9-18.

[17] 胡锦涛. 坚定不移沿着中国特色社会主义道路前进为全面建成小康社会而奋斗——在中国共产党第十八次全国代表大会上的讲话 [M]. 人民出版社，2012.

[18] 胡锦涛. 在中央扶贫开发工作会议上发表重要讲话 [N]. 人民日报，2011-11-30.

[19] 习近平. 摆脱贫困 [M]. 福建人民出版社，1992.

[20] 习近平. 习近平谈治国理政（第二卷）[M]. 外文出版社，2017.

[21] 习近平. 决胜全面建成小康社会 夺取新时代中国特色社会主义伟大胜利 [M]. 人民出版社，2017.

[22] 习近平. 胸怀大局把握大势着眼大事 努力把宣传思想工作做得更好 [N]. 人民日报，2013-8-21.

[23] 习近平. 在中央经济工作会议上的讲话 [N]. 人民日报，2012-12-15.

[24] 习近平. 共担时代责任 共促全球发展 [N]. 人民日报，2017-1-18.

[25] 习近平. 倡导发挥亚太引领作用 维护和发展开放型世界经济 [N]. 人民日报，2013-10-8.
[26] 习近平. 强调弘扬和平共处五项原则 建设合作共赢美好世界 [N]. 人民日报，2014-6-29.
[27] 习近平. 共创中韩合作未来 同襄亚洲振兴繁荣 [N]. 人民日报，2014-7-5.
[28] 习近平. 习近平在内蒙古考察时讲话 [N]. 人民日报，2014-1-30.
[29] 习近平. 在党的十八届二中全会第一次全体会议上的讲话 [N]. 人民日报，2013-2-26.
[30] 习近平. 人民对美好生活的向往 就是我们的奋斗目标 [N]. 人民日报，2012-11-16.
[31] 中共中央国务院. 中共中央国务院关于加快推进生态文明建设的意见 [N]. 人民日报，2015-5-6.
[32] 中共中央党史和文献研究院，国务院扶贫办. 习近平扶贫论述摘编 [M]. 中央文献出版社，2018.
[33] 中共中央文献研究室. 十四大以来重要文献选编（上）[G]. 人民出版社，1996.
[34] 中共中央文献研究室. 十五大以来重要文献选编（中）[G]. 人民出版社，2001.
[35] 中共中央文献研究室. 中国共产党第十五次全国代表大会文件汇编 [G]. 人民出版社，1997.
[36] 中共中央文献研究室. 十七大以来重要文献选编（中）[G]. 中央文献出版社，2011.
[37] 中共中央文献研究室. 十八大以来重要文献选编（上）[G]. 中央文献出版社，2014.
[38] 中华人民共和国农业委员会办公厅. 农业集体化重要文件汇编（上卷）[G]. 中央党校出版社，1981.
[39] 中共中央办公厅，国务院办公厅.2006—2020 年国家信息化发展战略 [EB].http：//www.gov.cn/jrzg/2006-05/08/content_275560.htm.
[40] 国务院扶贫开发领导小组办公室. 中国农村扶贫开发纲要（2001—2010）[EB]. http：//www.gov.cn/zhengce/content/2016-09/23/content_5111138.htm
[41] 习近平. 做焦裕禄式的县委书记 [M]. 中央文献出版社，2015.
[42] 阿恩特. 经济发展思想史 [M]. 商务印书馆，1997.
[43] 林毅夫. 新结构经济学 [M]. 北京大学出版社，2012.
[44] 谭崇台. 发展经济学 [M]. 山西经济出版社，2000.
[45] Currie L.Obstacles to Development [M]. Michigan State University Press.
[46] 郭熙保. 发展经济学 [M]. 中国金融出版社，2007.
[47] 钱纳里. 结构学派研究发展政策的方法. 外国经济学学说史研究会. 现代外国经济学论文选 [G]. 商务印书馆，1984.
[48] 金德尔伯格，赫里克. 经济发展 [M]. 上海译文出版社，1986.

[49] 张培刚. 发展经济学教程 [M]. 经济科学出版社，2001.
[50] 威廉 · 阿瑟 · 刘易斯. 二元经济论 [M]. 北京经济学院出版社，1989.
[51] 斯图亚特 · R. 林恩. 发展经济学 [M]. 格致出版社，2009.
[52] 陈宗胜. 发展经济学——从贫困走向富裕 [M]. 复旦大学出版社，1999.
[53] 于同申. 发展经济学——新世纪经济发展的理论与政策 [M]. 中国人民大学出版社，2002.
[54] 马尔萨斯. 人口原理 [M]. 陕西师范大学出版社，2008.
[55] 纳克斯. 不发达国家的资本形成问题 [M]. 商务印书馆，1966.
[56] 舒尔茨. 改造传统农业 [M]. 商务印书馆，2003.
[57] 赫希曼，曹征海. 经济发展战略 [M]. 经济科学出版社，1992.
[58] 董辅礽. 中华人民共和国经济史（下）[M]. 经济科学出版社，1999.
[59] 本书编写组. 党的十九大报告学习辅导百问 [M]. 党建读物出版社，2017 年版.
[60] 杨秋宝.2020：中国消除农村贫困——全面建成小康社会的精准扶贫、脱贫攻坚研究 [M]. 北京出版集团，2018.
[61] 李培林，魏后凯，吴国宝. 中国扶贫开发报告（2017）[M]. 社会科学文献出版社，2018.
[62] 魏后凯. 走中国特色的新型城镇化道路 [M]. 社会科学文献出版社，2014.
[63] 李培林，魏后凯，吴国宝. 中国扶贫开发报告（2017）[M]. 社会科学文献出版社，2017.
[64] 辛金国，龚恺著. 浙江省“四化”同步发展综合评价研究 [M]. 浙江大学出版社，2015.
[65] 胡德龙. 人力资本与经济发展：理论与实证 [M]. 南昌：江西人民出版社，2008.
[66] 郭龙，付泳. 人力资本理论问题研究 [M]. 成都：电子科技大学出版社，2014.
[67] 朱必祥. 人力资本理论与方法 [M]. 北京：中国经济出版社，2005.
[68] 杨希. 驱动创新增长的力量 [M]. 上海：上海交通大学出版社，2017.
[69] 孔祥国. 经济发展中的人力资本 [M]. 长沙：湖南出版社，1997.
[70] 张文贤. 人力资本 [M]. 成都：四川人民出版社，2008.
[71] 石婷婷. 人力资本产权制度分析 [M]. 中国经济出版社，2005.
[72] 高素英. 人力资本与经济可持续发展 [M]. 中国经济出版社，2010.
[73] 王金营. 人力资本与经济增长——理论与实证 [M]. 北京：中国财政经济出版社，2001.
[74] 谭永生. 人力资本与经济增长——基于中国数据的实证研究 [M]. 北京：中国财政经济出版社，2007.
[75] 宋晓梅. 经济增长中人力资本研究：一种制度分析的框架 [M]. 呼和浩特：内蒙古大学出版社，2006.
[76] 邹来斌. 对外经济贸易理论与实务 [M]. 沈阳：东北大学出版社，1994.

[77] 王子先. 中国对外开放与对外经贸 30 年 [M]. 经济管理出版社，2008.
[78] 诺斯. 制度、制度变迁与经济绩效 [M]. 格致出版社，2008.
[79] 科斯. 财产权利与制度变迁——产权学派与新制度学派译文集 [M]. 上海三联书店，1994.
[80] 陈宗胜. 发展经济学——从贫困走向富裕 [M]. 复旦大学出版社，1999.
[81] 卢现祥. 新制度经济学 [M]. 武汉大学出版社，2004.
[82] 黄秋菊. 经济转型进程中的国家制度能力演进 [M]. 经济管理出版社，2012.
[83] 张慧君. "中国模式" 的政治经济学研究——基于国家构建与经济转型的分析视角 [M]. 中共中央党校出版社，2017.
[84] 刘树成，吴太昌主编. 中国经济体制改革 30 年研究 [M]. 北京：经济管理出版社，2008.
[85] 张宇. 中国转型模式：反思与创新 [M]. 北京：经济科学出版社，2006.
[86] 本书编写组. 党的十八届三中全会 <决定> 学习辅导百问 [M]. 学习出版社，2013.
[87] 罗兰. 转型与经济学 [M]. 北京大学出版社，2001.
[88] 张宇. 中国特色社会主义政治经济学 [M]. 中国人民大学出版社，2016.
[89] 景维民. 转型经济学 [M]. 南开大学出版社，2003.
[90] 蔡昉. 四十不惑：中国改革开放发展经验分享 [M]. 中国社会科学出版社，2018.
[91] 中共中央党校经济学教研部. 中国扶贫开发调查 [M]. 中共中央党校出版社，2013.
[92] 李培林，魏后凯，吴国宝. 中国扶贫开发报告（2017）[M]. 社会科学文献出版社，2017.
[93] 中国国家统计局. 中国统计年鉴 [M]. 中国统计出版社，2017.
[94] 陶济. 二元结构理论的由来及发展 [J]. 资料通讯，2001（12）.
[95] 汪小勤. 二元经济结构理论发展述评 [J]. 经济学动态，1998（1）.
[96] 余波，郭敖鸿. 论人口控制政策对突破低水平均衡陷阱的促进作用 [J]. 人口学刊，2013（4）
[97] 董剑. 缪尔达尔经济思想评介 [D]. 对外经济贸易大学，2007.
[98] 姜汝祥. 莱宾斯坦的落后经济理论与中国贫困地区发展 [J]. 开发研究，1992（5）.
[99] 马新文. 阿玛蒂亚·森的权利贫困理论与方法述评 [J]. 国外社会科学，2008（2）.
[100] 李顺禹. 关于邓小平扶贫开发战略思想的探讨 [J]. 福建党史月刊.2014（22）.
[101] 宋志辉. 印度农村反贫困的经验、教训与启示 [J]. 南亚研究季刊，2009（1）.
[102] 石晶，李卿语. 孟加拉乡村银行模式对发展我国农村小额信贷的启示 [J]. 税务与经济，2010（2）.
[103] 施由明，刘清荣. 从毛泽东到胡锦涛：中国扶贫开发理论的不断深化 [J]. 农业考古，2007（6）.
[104] 季素娇. 习近平精准扶贫思想逻辑体系论略 [J]. 山东社会科学，2017（10）.
[105] 李安增，孙迪亮. 江泽民农村扶贫思想的逻辑蕴涵及时代价值 [J]. 党史研究与教

学，2007（4）.
[106] 黄承伟，刘欣. 新中国扶贫思想的形成与发展[J]. 当代中国史研究，2016（5）.
[107] 李志平，杨江帆. 胡锦涛农村扶贫思想论析[J]. 山西农业大学学报（社会科学版），2014（13）.
[108] 黄承伟. 党的十八大以来脱贫攻坚理论创新和实践创新总结[J]. 中国农业大学学报（社会科学版），2017（5）.
[109] 易棉阳. 论习近平的精准扶贫战略思想[J]. 贵州社会科学，2016（5）.
[110] 邓文飞. 习近平反贫困思想内涵、成因及价值[J] 宁夏社会科学，2016（5）.
[111] 蒋英州. 使命担当与理论开创：习近平精准扶贫思想的新时代意义[J]. 四川师范大学学报（社会科学版），2018（1）.
[112] 王军，王芝华. 习近平扶贫开发战略思想三维解析[J]. 湖湘论坛，2017（3）.
[113] 文建龙. 邓小平的扶贫思想及其时代意义[J]. 观察与思考，2014（11）.
[114] 吴承明. 论二元经济[J]. 历史研究，1994（2）.
[115] 张培刚，方齐云. 经济发展与二元经济的改造[J]. 求是学刊，1997.
[116] 李克强. 论我国经济的三元结构[J]. 中国社会科学，1991（3）.
[117] 任保平. 论中国的二元经济结构[J]. 经济与管理研究，2004（5）.
[118] 赵颖文，吕火明. 改革开放以来我国二元经济结构的历史演变与发展对策[J]. 农业经济与管理，2016（5）.
[119] 陈鸿彬，王兢，陈娟二元结构视角下我国人力资本投资差异及矫正对策[J]. 改革与战略，2010（6）.
[120] 兰京，金融二元结构下我国农村金融的发展研究[J]. 西南民族大学学报（人文社会科学版），2013（9）.
[121] 谢玉梅，胡基红. 农村信贷配给现状、成因及对策分析[J]. 商业研究，2013（1）.
[122] 张培刚. 发展经济学往何处去—建立新型发展经济学刍议[J]. 经济研究，1989（6）.
[123] 丁兆庆. "四化同步"关键是城镇化[J]. 学习时报，2014-7-21.
[124] 简新华，向琳. 论中国的新型工业化道路[J]. 当代经济研究，2004（1）.
[125] 李二超，韩洁. "四化"同步发展的内在机理、战略途径与制度创新[J]. 改革，2013（7）.
[126] 王振宇. 试析"信息化"发展与"四化同步"的关系[J]. 视听，2015（1）.
[127] 郝华勇. 提升城镇化质量引领"四化"同步发展的路径探讨[J]. 经济研究参考，2014（57）.
[128] 周叔莲，王伟光. 论工业化与信息化的关系[J]. 中国社会科学院研究生院学报，2001（2）.
[129] 郭翔宇. 加强融合与互动 促进"四化同步"发展[J]. 农业经济与管理，2013(1).
[130] 中共成都市委政策研究室. 关于成都市推进"四化同步"发展的对策研究[J]. 西

部经济管理论坛，2013（3）.
［131］陈锡文.走中国特色农业现代化道路［J］.求是，2007（22）.
［132］徐绍史.坚定不移走中国特色新型城镇化道路［J］.中国经贸导刊，2014（7）.
［133］何雄浪.扶贫开发视域下的中国农业现代化［J］.甘肃社会科学，2016（3）.
［134］莫光辉.大数据在精准扶贫过程中的应用及实践创新［J］.求实，2016（10）.
［135］措吉.精准扶贫开发视域下抓好农业现代化生产促进农村改革［J］.财经，2017（4）.
［136］郝华勇.提升城镇化质量引领“四化”同步发展的路径探讨［J］.探索，2014（3）.
［137］程启智.人的生命价值理论比较研究［J］.中南财经政法大学学报，2005（6）.
［138］惠宁，霍丽.试论人力资本理论的形成及其发展［J］.江西社会科学，2008（3）.
［139］张淑东，刘少杰.马克思人力资本思想的多维透视［J］.社会科学战线，2010（5）.
［140］桑光淇.新古典经济学人力资本思想的特征［J］.扬州教育学院学报，2012，30（2）.
［141］刘东丽.马歇尔人力资本思想评析［J］.商业经济研究，2014（12）.
［142］李义平.人力资本理论的脉络及其现实启迪［J］.国家行政学院学报，2002（3）.
［143］孙永生，陈维政.人力资本产权理论：前沿述评与研究展望［J］.科技进步与对策，2012，29（9）.
［144］罗明忠.人力资本产权理论及其现实思考［J］.南方经济，2002（3）.
［145］孔令峰，黄乾.人力资本产权理论研究述评［J］.学术论坛，2003（5）.
［146］林岗.国有企业改革的历史演进及发展趋势［J］.中国特色社会主义研究，1999（3）.
［147］胡兴旺.新一轮国资国企改革的问题及对策［J］.财政研究，2014（10）.
［148］罗志荣.国企改革：十年攻坚探出发展新路子［J］.企业文明，2013（3）.
［149］胡兴旺.新一轮国资国企改革的问题及对策［J］.财政研究，2014（10）.
［150］程承坪，胡姜.中国经济奇迹探析——写在中国改革开放40周年之际［J］.河北学刊，2018（3）.
［151］张建平，沈博.改革开放40年中国经济发展成就及其对世界的影响［J］.当代世界，2018（5）.
［152］李妍俐.论中国发展经验及其世界影响［J］.厦门特区党校学报，2018（1）.
［153］王成龙，刘淞月.改革开放40年青年教育发展状况［J］.青年探索，2018（1）.
［154］张俊，修稳君.从精准扶贫背景下看我国农村人力资本投资［J］.天津中德应用技术大学学报，2018，1.
［155］郝文武，李明.教育扶贫必须杜绝因学致贫［J］.教育与经济，2017，33（5）.
［156］邬志辉.教育扶贫的“最后一公里”［N］.光明日报，2016-7-5.
［157］刘航，柳海民.教育精准扶贫：时代循迹、对象确认与主要对策［J］.中国教育学刊，2018（4）.

[158] 张俊. 精准扶贫背景下农村职业教育的发展 [J]. 教育与职业，2018 (5).
[159] 申怡，夏建国. 论我国高等教育的“不平衡不充分”及其破解路径 [J]. 中国高等教育，2018 (1).
[160] 王业燕. 浅谈当前农村教育发展的困境及出路 [J]. 中国农村教育，2018 (2).
[161] 向昭颖，张冰松. 农村职业教育精准扶贫的意义、问题及机制 [J]. 教育与职业，2018 (4).
[162] 赵可心. 高等教育资源分配的差异及社会影响 [J]. 黑龙江生态工程职业学院学报，2017, (5).
[163] 关庆凡，崔建伟. 论重商主义对世界经济发展的影响 [J]. 企业经济，2012, (5).
[164] 陈焰，熊玉珍. 中心外围论及对中国的实证分析 [J]. 国际贸易问题，2005, (3).
[165] 刘尧飞. 西方古典国际贸易理论述评 [J]. 经济视角（下），2010, (7).
[166] 祝孔海. 国际贸易理论演变及我国对外贸易政策的思考 [J]. 江西社会科学，2004, (10).
[167] 王世军. 比较优势理论的学术渊源和评述 [J]. 杭州电子科技大学学报（社会科学版），2006，2 (3).
[168] 盛斌，王岚. 多样性偏好、规模经济和运输成本：保罗·克鲁格曼的世界——新贸易理论与新经济地理学评述 [J]. 经济科学，2009, (3).
[169] 彭徽. 国际贸易理论的演进逻辑：贸易动因、贸易结构和贸易结果 [J]. 国际贸易问题，2012, (2).
[170] 李俊江，侯蕾. 新兴古典贸易理论述评 [J]. 江汉论坛，2006, (9).
[171] 李春顶. 新—新贸易理论文献综述 [J]. 世界经济文汇，2010, (1).
[172] 孔欣，宋桂琴. 国际贸易理论新进展——新新贸易理论述评 [J]. 税务与经济，2011, (5).
[173] 董筱丹，薛翠，温铁军. 改革以来中国对外开放历程的演变及其内在逻辑 [J]. 中国经济史研究，2012, (2).
[174] 徐现祥，陈小飞：经济特区. 中国渐进改革开放的起点 [J]. 世界经济文汇，2008, (1).
[175] 沈传亮. 中国对外开放战略的历史演进 [J]. 辽宁师范大学学报（社会科学版），2014，37.
[176] 陈扬勇. 江泽民“走出去”战略的形成及其重要意义 [J]. 党的文献，2009, (1).
[177] 吴晓琨. 论互利共赢的对外开放战略 [J]. 党史博采（理论），2012, (12).
[178] 吴志成，袁婷. 互利共赢的开放战略论析 [J]. 外交评论（外交学院学报），2014, (3).
[179] 叶辅靖，李大伟，杨长湧：推动形成全面开放新格局 [J]. 宏观经济管理，2018, (3)
[180] 戴翔，张二震，王原雪. 全面开放新格局：内涵、路径及方略 [J]. 贵州社会科

学，2018，（3）.
［181］谢卓芝，程真. 全面建成小康社会以五大发展理念融入扶贫开发伟大实践［J］. 实事求是，2016，（5）.
［182］祝慧，莫光辉，于泽堃. 新发展理念与少数民族地区精准扶贫的契合及实践策略——精准扶贫绩效提升机制系列研究之四［J］. 改革与战略，2016，（12）.
［183］王永鹏，周建鹏，李文文. 五大发展理念视域下新疆精准扶贫路径探析［J］. 牡丹江师范学院学报（哲学社会科学版），2017，（2）.
［184］贾蕾. 浅析五大发展理念在精准扶贫中的地位和作用［J］. 北京农业职业学院学报，2017，（1）.
［185］向德平，叶青. 贵州开放式扶贫的探索与思考［J］. 贵州社会科学，2016，（2）.
［186］陈丹赤. "聚脑"开放式扶贫［N］. 经济信息时报，2015-7-1（2）.
［187］左停，杨雨鑫，钟玲. 精准扶贫：技术靶向、理论解析和现实挑战［J］. 贵州社会科学，2015，（8）.
［188］张挚. 社会组织参与精准扶贫的机遇、挑战与路径［J］. 长沙理工大学学报（社会科学版），2018，（1）.
［189］傅春荣. 精准扶贫需要开放思维［N］. 中华工商时报，2016-3-21（5）.
［190］邢成举，赵晓峰. 论中国农村贫困的转型及其对精准扶贫的挑战［J］. 学习与实践，2016，（7）.
［191］杨瑞龙.《论制度供给［J］. 经济研究，1993，8.
［192］张建平、沈博. 改革开放40年中国经济发展成就及其对世界的影响［J］. 当代世界，2018，5.
［193］赖洁莲. 论中国扶贫制度的创新之路［J］. 广东外语外贸大学学报，2017（6）.
［194］杨颖. 精准扶贫的制度演进分析［J］. 特区经济，2018（3）.
［195］张瑞敏、龙梅. 政治优势与制度优势：中国打赢扶贫攻坚的独特法宝［J］. 中南民族大学学报（人文社会科学版），2018（4）.
［196］李艳、汤瑞雪.《"制度扶贫"框架下农村基层组织管理"双创"模式构建［J］. 天津经济，2016（12）.
［197］黄文华. 创新是农村制度扶贫的治本之策［J］. 农民日报，2003-3-29.
［198］马志伟. 建立科学严格机制 确保精准扶贫到位［J］. 人民政协报，2016-7-18.
［199］王颂吉. 中国城乡双重二元结构研究［D］. 西北大学，2014.
［200］马利. 我国二元经济结构转化的新思路［D］. 中央民族大学，2007.
［201］李永亮. 农村土地制度对二元经济结构转化的影响研究［D］. 西北农林科技大学，2011.
［202］刘珂伊. 马克思主义视阈下精准扶贫理论与实践——以毕节试验区为例［D］. 重庆工商大学，2017.
［203］朱肖怡. 国家精准扶贫框架下扶贫存在的问题及对策研究［D］. 对外经济贸易大

学，2017.
[204] 曹姝婷. 我国农村精准扶贫问题研究 [D]. 吉林大学，2017.
[205] 王俊文. 当代中国农村贫困与反贫困问题研究 [D]. 华中师范大学，2007.
[206] 中共中央党校经济学教研部课题组. 促进新型工业化、信息化、城镇化、农业现代化同步发展研究 [D]. 打印稿，2015.

后　记

中国特色发展经济学，特在哪里？中国是社会主义国家，共同富裕是社会主义的本质要求，扶贫开发是实现共同富裕的重要手段，中国特色社会主义最本质的特征是中国共产党的领导。扶贫开发中最重要的是党对扶贫开发工作的领导。随着中国扶贫开发的推进，贫困户更加分散，致贫原因更加多元，2013 年习近平总书记提出精准扶贫精准脱贫，提出一个人都不能落下，一个民族都不能落下，一个地区都不能落下。精准扶贫理念和实践是我国社会主义性质的必然要求，中央要求五级书记抓扶贫，在精准扶贫中党员要发挥模范带头作用，党员要和贫困户结对子，带领贫困户脱贫。中国的扶贫开发，特别是精准扶贫，突出体现了中国特色，因而研究精准扶贫与中国特色发展经济学具有重要意义。

在中国实践中，扶贫减贫取得了举世瞩目的成就，至今累计减少农村贫困人口 7 亿多人，为全球减贫事业作出了巨大贡献。农村贫困人口全部脱贫是 2020 年全面建成小康社会、实现第一个百年奋斗目标的标志性指标。中国减贫成效的取得，既来自于中国减贫政策，更来自于中国经济发展，因而减贫和中国农业现代化、工业化、城镇化、信息化及改革开放等都联系在一起。理论来自于实践，中国实践，特别是扶贫开发的实践，为中国特色发展经济学提供了重要内容，进一步丰富和发展了发展经济学，也将为世界减贫提供可以借鉴的经验。对精准扶贫与中国特色发展经济学的研究，必将进一步从理论和实践层面增强我们对中国特色社会主义的道路自信、理论自信、制度自信、文化自信。

本书是中央党校创新工程《精准扶贫与中国特色社会主义》的结项成果。《精准扶贫与中国特色社会主义》中央党校创新工程首席是施红教授，成员有贾华强教授、张慧君教授和刘艳梅教授，参与本书写作的还有徐祥临教授，以及中央党校博士生郝武峰、宋高旭、杨玉林、王可心、毕亚民、贺璇、李英东、陈琦，贾文韬、楼俊超、熊瑛、黄林芝、刘冰、顾梦佳、岳帅、程玉伟、蔡冈谕、刘旭辉、邓舒仁、杨名硕等都参与研究。

回顾精准扶贫与中国特色发展经济学创新工程项目研究，最初在课题题目形成和研究内容确定中，韩保江主任多次和我们进行讨论，确定研究题目和内容。在三年研究中，我们项目组多次到云南、贵州、四川等地方进行调研。在本书的写作过程中，每位老师带领博士生深入研究，形成书稿，课题组外的徐祥临教授也参与写作。回顾项目确立、调研和写作过程，充满感谢。首先，感谢中央党校通过创新工程，为我们提供了研究平台；其次，感谢中央党校经济学部对课题组的支持；再次，感谢课题组的老师，老师们团结和谐，相互关心，相互启发；最后，感谢我们老师带的这些博士生们，感谢他们积极参与到课题调研和写作中来。

施　红

2018 年 10 月于中央党校